日本企業の勝算

人材確保×生産性×企業成長

小西美術工藝社社長
デービッド・アトキンソン

東洋経済新報社

はじめに

早いもので、前作『日本人の勝算』(東洋経済新報社)を発表してから1年以上が経ちました。おかげさまで前作は非常にたくさんの方に読んでいただき、人口減少という危機に直面している日本の将来をどうするかという議論が、日々、盛んになっている印象を受けます。

残念なことに、私が来日してからの31年間で、世界一輝いていた日本は先進国の中で第2位の貧困大国になってしまいました。生産性にいたっては第28位まで下がり、大手先進国中最下位になってしまいました。

しかも、このままでは少子・高齢化の進行にともない、日本の貧困はさらに進み、国家存続の危機を迎える事態になることすら予想される状態が続いています。なぜなら、1950年には12・1人の生産年齢(15歳以上64歳未満)の人間が1人の高齢者を支えていましたが、2050年には1・3人で1人の高齢者を支えることになるからです。現役世代の1人ひとりが、高齢者1人分の年金と医療費の76・9%を負担しなくてはいけなくなるのです。この割合は1950年には8・3%でしたので、負担比率は実に9・3倍も膨らむのです。

現役世代は当然、自分の生活を守らなくてはなりません。その上で高齢者を支える負担がのしかかってくるのですから、とにかく仕事の付加価値を高め、給料をより多く増やしてもらわなければ、とても耐えることなどできません。

日本に残された唯一の道は「企業が強くなる」こと

日本で現役世代の給料を増やすための方法は、たった1つしか残されていません。日本企業が強くなること、それだけです。

ご存じのように、日本企業の大半は、規模の非常に小さい中小零細企業で占められています。この構造を、大企業と中堅企業を中心とした産業構造に再編することが、日本人全体の給料を増やすための唯一の方法です。産業構造を大企業と中堅企業中心に変えることができれば、日本でも生産性が上がり、給料も増えます。

本書で明らかにしていくように、そもそも国によって生産性が異なる最大の要因は、それぞれの国でどの規模の企業に労働者を分配しているかの違いにあります。

たとえば、3000人の労働者を従業員数1000人の3社に分配するか、従業員数1000人の1社と従業員数2人の1000社に分配するかによって、その国の生産性は大きく変わります。小さい企業が増えるほどその国の生産性が下がるのは、世界共通の現象です。

日本は人口が多く国内にも大きな市場があり、技術レベルも高いので、本来であれば企業の平均規模が大きく、生産性が高い国のはずでした。しかし、今までとられてきた経済政策の影響で、日本企業の平均規模は異常とも言えるほど小さいままになっています。

あるデータによると、日本企業の平均規模はアメリカの45・3％にすぎません。製造業以外だと、日本企業の規模はアメリカのたった26・7％です。つまり日本企業は小さすぎ、それゆえに弱すぎるのです。企業の規模が小さくなればなるほど生産性が下がり、給料も下がるのは経済学の原則です。

日本の生産性が低い原因は、全企業の半分強の企業の売上が平均して5000万円しかないくらい、小さい企業が多いからです。

簡単に言えば、日本では経済合理性の低い産業構造のまま、規模の小さい企業に労働者が大量に分配されてしまっています。だから、せっかく能力の高い人材が豊富にいるにもかかわらず、彼らの力が有効に活用されることなく、多くがムダにされているのです。

その結果として、せっかくの技術力が発揮されない、給料が上がらない、過酷な労働環境で働かなくてはいけない、有給休暇が取れない、女性活躍が進まないなど、さまざまな弊害が生じてしまっているのです。これが国家の貧困化、年金不足、少子化の進行へとつながっています。

日本の産業構造は非常に歪んでいますが、その原因は国の政策にあります。経営者が国の政策に対応した結果、小さな企業を中心とした産業構造が生まれました。政策によって生まれた歪みですから、政策によって是正することができます。

日本企業は「成長」しなければならない

人口増加の時代が終わり、人口減少のフェーズに変わるのであれば、日本企業も変わらなくてはいけないのが道理です。経済合理性を高めるしかありません。

経済合理性を高めるとは「dynamism」を高めることです。企業の成長です。中小企業は中堅企業か大企業を目指す。それができない企業は、今後ますます貴重になる「人材」という資源を、成長する企業に譲るべきです。

それには、国の政策転換が必要となります。まずは、経済政策の最大の目標をGDP成長率や雇用確保から、生産性向上にシフトするべきです。それを実現するために、企業規模を基準にした従来の単純な中小企業支援策を、企業の成長を促す支援に変えていかなくてはなりません。

たとえば日本には「中小企業庁」がありますが、これを「企業育成庁」に変えることが求められます。企業の合併・統合を促し、中小企業にかぎらず、あらゆる企業の成長を応援する政策に舵を切るのです。

企業にとって、中小企業であることは目的でも終着点でもありません。中堅企業や大企業に成長していくための通過点であるという認識を、日本経済の産業政策の軸にすえる必要があります。

あわせて、日本企業の大半を占める成長しない中小企業の経営者を動かす必要があります。国際的に見て極端に低い日本の最低賃金は、中小企業にとって最大の優遇策となっています。これを毎年5％引き上げることで、産業構造の歪みを是正し、経済を再び輝かせることが急務です。

当然、多くの経営者はこうした政策変更には反対しますが、実はこれらの政策変更は、彼ら経営者のためでもあるのです。

これからは人口減少が進むので、人材の確保はどんどん難しくなります。それにともない、給料も上げなくてはいけなくなります。すると、生産性を上げ、より高い給料が支払える企業に人が集まる一方、生産性向上ができない企業は人材確保が難しくなり、結局廃業を余儀なくされます。結果として、これからも日本企業の数は大きく減ります。

企業の数が減ることに関しては「失業者が増える」と懸念する声もあります。しかし、冷静にデータを精査して真面目に分析すれば、懸念自体が的外れなのがすぐにわかります。2011年に比べて、すでに企業の数は60万社以上も減っているのに、雇用は370万人も増えているのです。

先入観を捨て客観的に分析すれば、日本企業はもっと強くなれる

「サービス産業の生産性が低い原因は、日本にはおもてなしの文化があり、対価を求めないからだ」「生産性が低い原因は、日本人の価値観にその根源がある」「生産性を高めると、海外のように各種サービスが雑になって、きめ細かさがなくなる」。日本では、こういった類の根拠のない都市伝説のような主張をよく耳にします。

日本のサービス産業の生産性が低い最大の理由は、サービス産業の企業規模がきわめて小さいからにすぎません。しかし日本には、物事の因果関係を検証することもなく、生産性が低いことと、その業界の特徴を無理やり結びつけて、強引な理屈を振りかざす人が少なくない印象を強く持っています。

このように客観的な分析ができないのは、この国の最大の欠点のように思います。バイアスがかかりすぎなのです。どうしても現状維持をしたい、日本の制度を肯定したい、さらには自分の言い分を正当化したいと、ただ単にわめいているような印象を受けることも、正直少なくありません。

しかし、それは無駄な努力です。

今の日本企業は、人口が増加していた時代にできた制度に過剰適応しています。人口減少時代に変わった以上、根本から変革するしか選択肢はないのです。

これからの日本企業が進むべき道を見極めるには、冷静な分析が不可欠です。

本書の最大の目的は、日本企業のあるべき姿を見極め、日本経済の新しい時代をつくることに役立つ提言を行うことです。これは私のこの国に対する恩返しでもあります。

日本企業の問題点と日本経済の再生策をできるかぎり冷静かつ客観的に検証するために、日本国内だけではなく、世界174人のエコノミストが発表している論文を参考にしながら考証を展開しています。思い込みを排除し、日本では常識と言われていることも、根拠を探して、データを分析し、検証していきます。

日本企業が世界に誇れるくらい強くなる。それによって日本は、貧困のない、ひかり輝く国になる。本書がその一助になることを、切に願っております。

2020年2月

デービッド・アトキンソン

【目次】

第1章

実力はあるのに「結果」が出せない日本企業

第2章

「沈みゆく先進国」の企業には共通の課題がある

第3章

日本企業の生産性が低いのは、規模が小さすぎるからだ

第4章

「中小企業を守る」政策が日本企業の首を絞めている

第５章

「低すぎる最低賃金」が企業の競争を歪めている

第6章

日本の「経営者の質」が低いのは制度の弊害だ

第７章

人口減少で「企業の優遇政策」は激変する

第8章

人口減少時代の日本企業の勝算

第1章

実力はあるのに「結果」が出せない日本企業

人口が減る以上、生産性を高めなければならない

日本では、今後数十年にわたり、先進国の中でも突出したスピードで人口が減っていきます。減少の規模も突出しています。2060年までの生産年齢人口の減少幅は、世界第5位の経済規模を誇るイギリスのGDPを支えている労働人口3211万人よりも多い、3264万人にものぼります（図表1−1）。

生産年齢人口が減ってしまう一方、猛烈な勢いで高齢化が進みます。つまり、社会保障の負担が大きくなる一方で、その負担を担う労働者が激減するという「ダブルパンチ」を食らう、きわめて厳しい状況に直面することになるのです。今現在、労働者1人・1時間あたりの社会保障負担額は824円ですが、2060年には2150円まで大きく膨らみます。

社会保障費を確保するためには、経済の規模、すなわちGDPを少なくとも現状のまま維持する必要があります。

GDPは「生産性×人口」という簡単な数式で表すことができます。人口が減るのであれば、生産性＝1人あたりの付加価値を上げなくては、日本経済の規模を維持することはできません。

図表**1-1**　極端に大きい日本の人口減少率

国名	人口（千人）		
	2016年	2060年	増減率（%）
アメリカ	322, 180	403, 504	25. 2
中国	1, 403, 500	1, 276, 757	−9. 0
日本	**127, 749**	**86, 737**	**−32. 1**
ドイツ	81, 915	71, 391	−12. 8
インド	1, 324, 171	1, 745, 182	31. 8
イギリス	65, 789	77, 255	17. 4
フランス	64, 721	72, 061	11. 3
イタリア	59, 430	54, 387	−8. 5
ブラジル	207, 653	236, 014	13. 7
カナダ	36, 290	45, 534	25. 5
ロシア	143, 965	124, 604	−13. 4
韓国	50, 792	47, 926	−5. 6
スペイン	46, 348	43, 114	−7. 0
オーストラリア	24, 126	35, 780	48. 3
メキシコ	127, 540	166, 111	30. 2
世界	7, 466, 964	10, 165, 231	36. 1
G7	758, 074	810, 869	7. 0
日本を除くG7	630, 325	724, 132	14. 9

出所：国連データより筆者作成、2019年のGDPランキング順

図表1-2　総人口と生産年齢人口あたりの生産性目標

年	0〜14歳（千人）	15〜64歳（千人）	65歳以上（千人）	総計（千人）	生産性目標（千円）	
					総人口あたり	生産年齢人口あたり
2015	15,827	76,818	33,952	126,597	4,392	7,238
2020	14,568	73,408	36,124	124,100	4,480	7,574
2025	13,240	70,845	36,573	120,659	4,608	7,848
2030	12,039	67,730	36,849	116,618	4,768	8,209
2035	11,287	63,430	37,407	112,124	4,959	8,766
2040	10,732	57,866	38,678	107,276	5,183	9,608
2045	10,116	53,531	38,564	102,210	5,440	10,387
2050	9,387	50,013	37,676	97,076	5,727	11,117
2055	8,614	47,063	36,257	91,933	6,048	11,814
2060	7,912	44,183	34,642	86,737	6,410	12,584
増減率（%）	−50.0	−42.5	2.0	−31.5	**46.0**	**73.9**

出所：国立社会保障・人口問題研究所「日本の将来推計人口（平成24年1月推計）」（出生中位・死亡中位推計）より筆者作成

現在のGDP約560兆円を、現在の生産年齢人口7700万人弱で割ると、約724万円になります。2060年には生産年齢人口が4400万人強まで減少するので、GDPを維持するためには、1人あたりの生産性を1258万円まで上げなくてはいけないのです（図表1―2）。

さきほども説明したとおり、日本ではどの先進国より早いスピードで、しかも大規模に人口が減るので、どの先進国よりも大きく生産性を上げる必要があります。日本の貧困率は、先進国ではすでにアメリカに次ぐ第

2位です。生産性が上がらないと、貧困率はさらに上がり、先進国では世界第1位の貧困大国になります。

前代未聞の危機が目前に迫っているのですが、国民も専門家も、政治家も、あまり危機感を覚えていない印象を受けます。

人口が減少する日本では、消費する人の数が減るのに加え、労働者の減少によって企業が人材確保に苦しむので、GDPに悪影響が出るのは必至です。

日本の生産性は世界第28位と低位ですが、世界経済フォーラムの分析によると日本の2018年の国際競争力は世界第5位です。現在の世界第28位という非常に低い生産性を、世界第5位という国際競争力の順位にまで高めていけば、GDPの規模を維持することも可能です。これはけっして不可能ではありません。なぜならば、生産性と国際競争力との間には、強い相関関係があるからです。

「釈迦に説法」になってしまうかもしれませんが、ここで「生産性」の基礎を確認しておきましょう。まず、生産性の定義は「1人あたりのGDP」です。

GDPはその国で創出された付加価値の総和です。原料などを加工して、さまざまな工夫を

図表1–3　そもそも「生産性」とは？

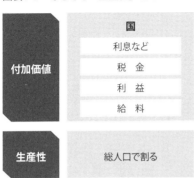

	国	企業
付加価値	利息など 税　金 利　益 給　料	売上から他社に支払うコストを引く
生産性	総人口で割る	社員数で割る

施して販売し、その売上から外部に払ったコスト（材料費など）を引いたものです。付加価値の総和を別の切り口で説明すると、給料、利益、税金、利息などの総額ということになります（図表1―3）。

ちなみにこの本では、国際比較をするときに、購買力調整済みの数字を使います。これは簡単に言えば、同じ物を買うために何時間働かないといけないのかを表すものです。このような調整をするのは、各国における物価水準の違いと為替の影響を調整するためです。

「生産性」と「労働生産性」の関係

生産性には主に2つの種類があります。まずは付加価値総額を総人口で割ったもので、こちらはシンプルに「生産性」と言います。もう1つが、付加価値総額を労働者の数で割った「労働生産性」です。

生産性＝付加価値総額÷総人口
労働生産性＝付加価値総額÷労働者の数

生産性と労働生産性は、労働参加率によってリンクしています。労働生産性に、就労している国民の割合（労働参加率）をかけると、生産性が算出できます。たとえば、労働生産性が1000万円で、労働している人が国民全体の50％ならば、生産性は500万円となります。

生産性＝労働生産性×労働参加率

国全体の生産性を上げるためには、主に2つの方法があります。労働生産性を高める方法と、労働参加率を高める方法です。

たとえば失業率が下がる、生産年齢人口の占める割合が大きくなるなど、人口に占める労働者の比率が高くなると、仮に労働生産性が上がらなくても、全体の生産性が上がります。さきほどの例で言うと、労働生産性が1000万円のままで、労働参加率が60％になった場合、全体の生産性が500万円から600万円まで上がります。これが1つ目の方法です。

もう1つは、労働生産性を上げて、全体の生産性を上げる方法です。さきほどの例だと、労働参加率は50％のままでも、労働生産性を1000万円から1200万円まで増やせば、全体の生産性は同じように500万円から600万円まで上がります。

生産性の違いは人口動態と深い関わりがある

このように、生産性は失業率などの労働市場の状況や、高齢者比率などの人口構成によっても変わります。

たとえば、人口に占める子どもの割合が高くなると、生産性は低くなります。なぜなら子どもは働かない、つまり生産活動をしないのが一般的ですが、一国民として生産性を計算する際の分母には含まれるからです。また、年金をもらうだけで働かない高齢者の比率が高くなると、同じ理由で生産性が低くなります。

逆に、総人口に占める生産年齢人口の割合が高くなると生産性が上がります。特に40代の比率が高くなればなるほど生産性が高くなる傾向にあることが、ＩＭＦなどの研究で明らかになっています。また、女性の労働参加率が高くなり、同一労働・同一賃金化が進めば進むほど、生産性は高まります。

国によって人口動態や文化が異なりますので、生産性の国際比較は単純にはできません。世界各国の生産性を比較するときには、生産年齢人口の割合、高齢者の割合、男女の比率、子どもの割合、失業率、労働参加率などをすべて考慮する必要があります。

日本国内ではこのような要因分析を徹底していないことが多く、国による生産性の違いの説明が感覚的で、時には誤解のまま終わってしまっている例が多く見られます。逆に、非常に細かい違いがあることを理由に、特殊な例を取り上げ、生産性世界第28位という日本にとって不都合な事実を覆い隠そうとする動きも見られます。たとえば生産性の国際比較は信用できないという適当な理屈を立てたり、他の先進国のほうがより海外進出しているにもかかわらず、日本企業が海外に工場を移した影響を過剰に評価したりする意見です。これは、とても残念なことです。

たとえば、石油資源に恵まれた国の生産性は総じて高いです。日本ではその理由をただ単に資源国だからと説明する人が多いのですが、実はそれだけでは説明はつきません。もちろん石油があることと生産性が高いことには因果関係はありますが、人口動態も大きく関連しているのです。

産油国のデータを見ると、総人口に占める若い人の比率が高く、また、男性比率が圧倒的に高いという人口構成の特徴が確認できます。また、失業率が低いという特徴もあります。

世界一生産性が高いカタールの労働参加率は、OECD加盟国の平均57％よりはるかに高く、87％です。これは労働参加率では世界一です。

国連によると、2019年の世界の男性を100としたときの女性の人口比率は98・3ですが、カタールは世界一低い32・7です。つまり、圧倒的に男性が多いのです。

また、世界銀行のデータによると、2018年の総人口に占めるカタールの生産年齢人口比率は85％で、これも世界一です。ちなみに、OECDの平均は65％でした。

カタールがこのような人口構成になっているのは、当然、石油があってこそなのですが、同じイスラム圏から数多くの若い独身男性の労働者を受け入れているからです。

このような人口構成が、カタールの生産性を高くしている大きな原因です。石油があるから数多くの人が海外からやってきていますが、違う受け入れ方をしていれば、ここまで生産性が高くなることはなかったはずです。少なくとも、単に「資源国は生産性が高い」と主張するのは乱暴にすぎます。

カタールの例からもわかるとおり、一般論として、生産性を高めるには、労働生産性を高めるよりも労働参加率を高めるほうが容易だと言えます。

図表1-4　2065年までの人口の推移

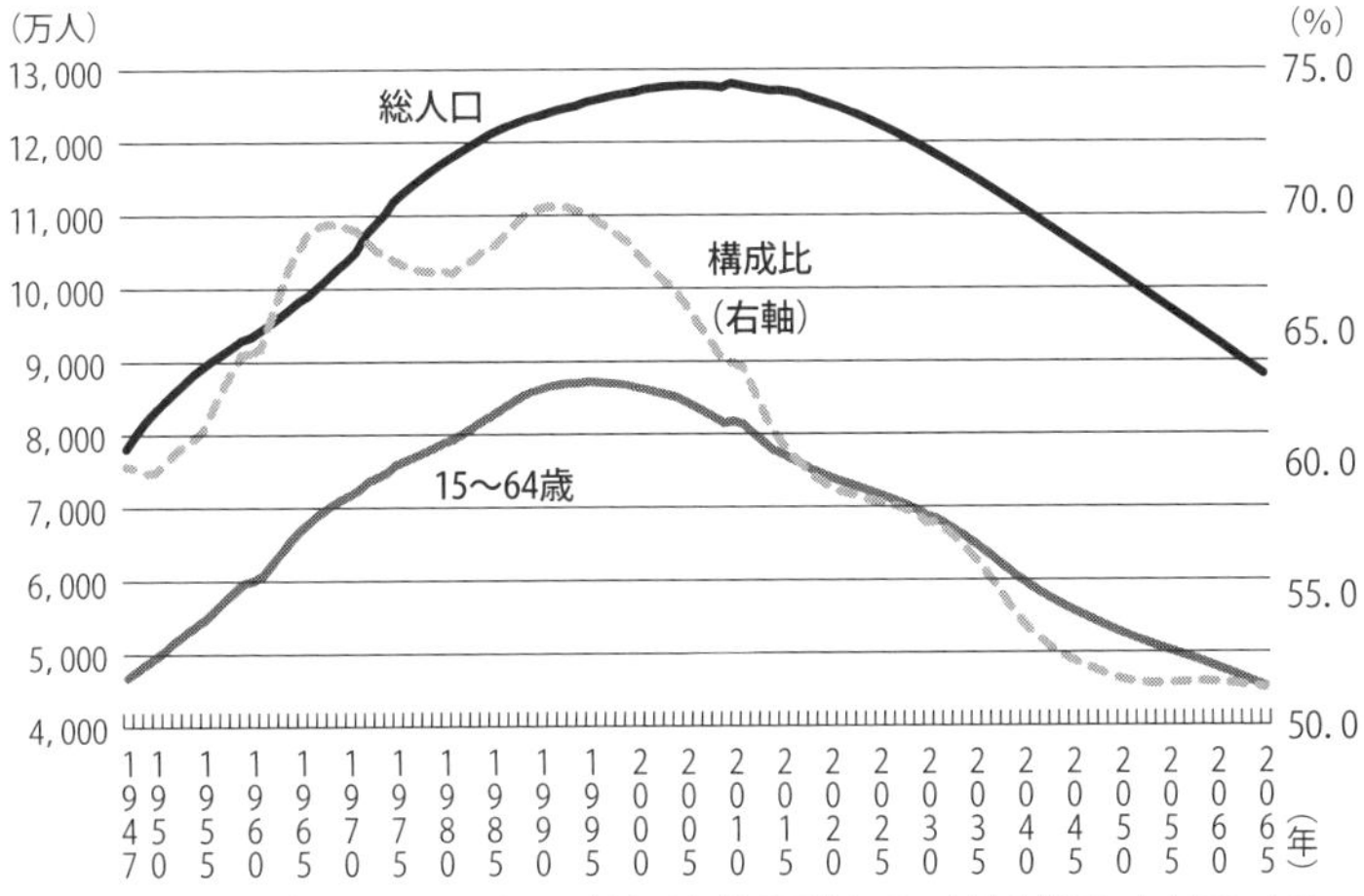

注：総数には年齢「不詳人口」を含み、割合は年齢「不詳人口」を按分補正した人口による。1971年以前は沖縄県を含まない

出所：2017年まで：総務省「国勢調査」、「人口推計（各年10月1日現在）」、2018年以降：国立社会保障・人口問題研究所「日本の将来推計人口（平成29年4月）」（出生中位・死亡中位推計）

アベノミクスの生産性政策はもう限界

ここで、日本の課題が1つ見えてきます。今後、日本の総人口に占める生産年齢人口の比率は急激に下がるので、国全体の生産性に大きなマイナスの影響が出ます。2065年までに、生産年齢人口の比率は1947年以降の最低水準である51・4%にまで下がると予想されています（図表1-4）。生産年齢人口の割合が低下することによって、全体の生産性に悪影響が出るのは確実です。

第2次安倍内閣の発足以降、総人口に占める生産年齢人口比率の低下の悪影響を緩和させるために、主に女性の労働参加率を高めることで、なんとか全体の生産性を維持してきました。2011年から2018年の間、生産年齢人口は618万人も減っているのに、労働者数は371万人も増加しました。増加した371万人のうち、65歳以上の高齢者が291万人を占めています。15歳から24歳の若年層も81万人増加しました。男女別に見ると女性の増加数が292万人と、全体の79％にのぼりました（図表1―5）。

このように、アベノミクスでは主に女性の労働参加率を高めることで生産性を維持してきたのですが、女性の労働参加率はほぼ男性の参加率に近い水準まで高まってきましたので、これからの寄与度は低下します（図表1―6）。

また、女性、若年層、65歳以上の高齢者の場合、低賃金で働く人が多いという問題もあります。労働参加率が高まるなど、数の上では特に女性の雇用環境が改善しているように見えますが、「150万円の壁」などがあり、自ら収入を抑えようとする人が少なくありません。さらに雇用主も女性の賃金を相対的に低く抑える傾向があります。そのため、労働参加率が高まった割には、女性は生産性の向上に貢献していません。

図表**1-5**　年齢・男女別就業者数（万人）

年	生産年齢人口	就業者数	15〜64歳	15〜24歳	65歳以上
2011	8,134	6,293	5,722	481	571
2012	8,018	6,280	5,684	472	596
2013	7,901	6,326	5,690	483	637
2014	7,785	6,371	5,689	486	682
2015	7,728	6,401	5,670	488	732
2016	7,656	6,465	5,695	512	770
2017	7,596	6,530	5,724	519	807
2018	7,516	6,664	5,802	562	862
増減	−618	371	80	81	291
増減に占める割合（%）			21.6	21.8	78.4

年	男性			女性		
	総数	15〜64歳	65歳以上	総数	15〜64歳	65歳以上
2011	3,639	3,289	349	2,654	2,433	222
2012	3,622	3,258	365	2,658	2,426	231
2013	3,620	3,231	390	2,707	2,459	247
2014	3,635	3,220	416	2,737	2,469	267
2015	3,639	3,196	443	2,764	2,474	288
2016	3,655	3,193	462	2,810	2,502	308
2017	3,672	3,188	483	2,859	2,535	324
2018	3,717	3,206	512	2,946	2,596	350
増減	78	−83	163	292	163	128
増減に占める割合（%）	21.0	−22.4	43.9	78.7	43.9	34.5

出所：総務省統計局「労働力調査（基本集計）平成30年（2018年）平均（速報）結果の要約」

図表1-6　15歳以上人口の労働参加率

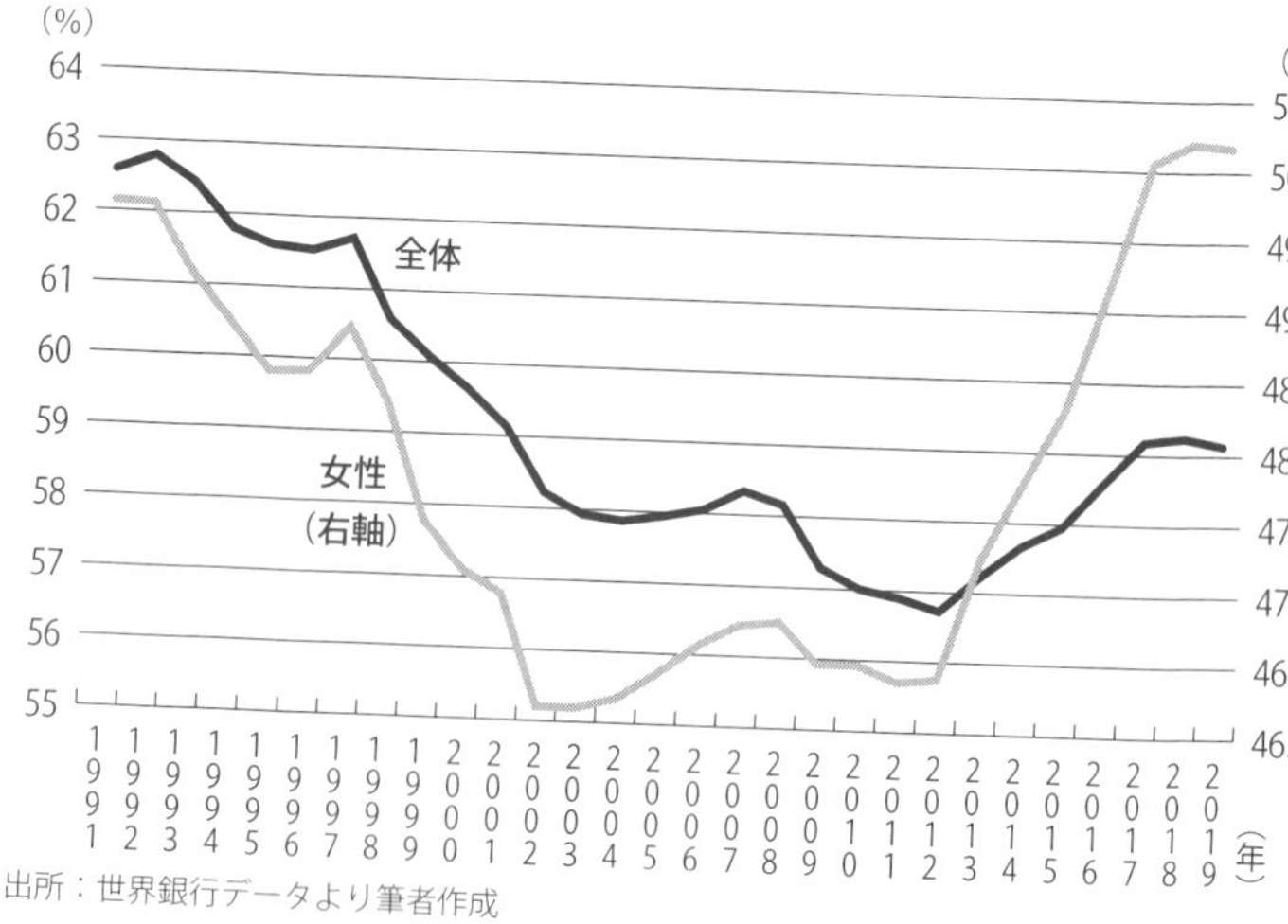

出所：世界銀行データより筆者作成

これからは「労働生産性の向上」が必要になる

つまり、アベノミクスの下ではあくまでも労働参加率が上がったことで全体の生産性が上がっただけで、労働生産性はそれほど上がっていないのです（図表1-7）。さきほども述べたように、労働参加率を上げるのはすでにほぼ限界に近づいているので、今までのアベノミクスの生産性向上のための政策は限界にきていることがわかります。

人口が減少しても労働参加率を高めていけば、2020年代の後半までは6664万人の就業者数を維持することはできますが、その後は15歳以上の人口減少によって、どうし

図表**1-7**　生産性と労働生産性の推移

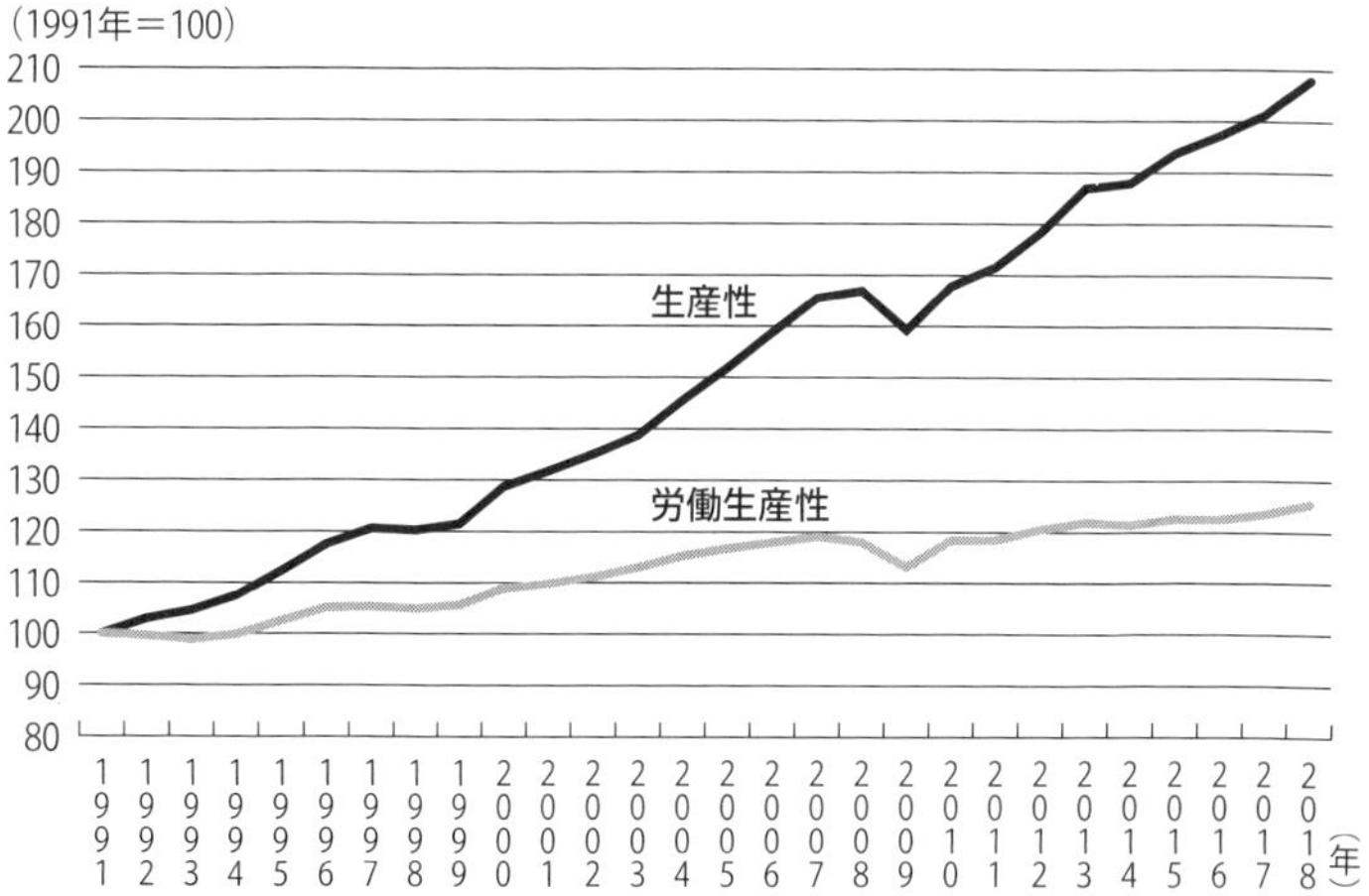

出所：世界銀行データより筆者作成

ても減少に転じる見通しです。ちなみに、生産年齢人口が６６００万人を割り込むのは２０３５年と予測されています。

結局、これからは本格的に労働生産性を高めるしか、日本には選択肢が残されていないという結論になるのです。

計算上、２０６０年に現在と同じ５６０兆円のＧＤＰを維持していくためには、生産性を今の１・３倍に高める必要があります。生産年齢人口の減少を加味すると、これを実現するためには労働生産性を１・７倍に引き上げなければならないのです（図表１−８）。

図表**1-8**　GDP560兆円を維持するための生産性と労働生産性の推移

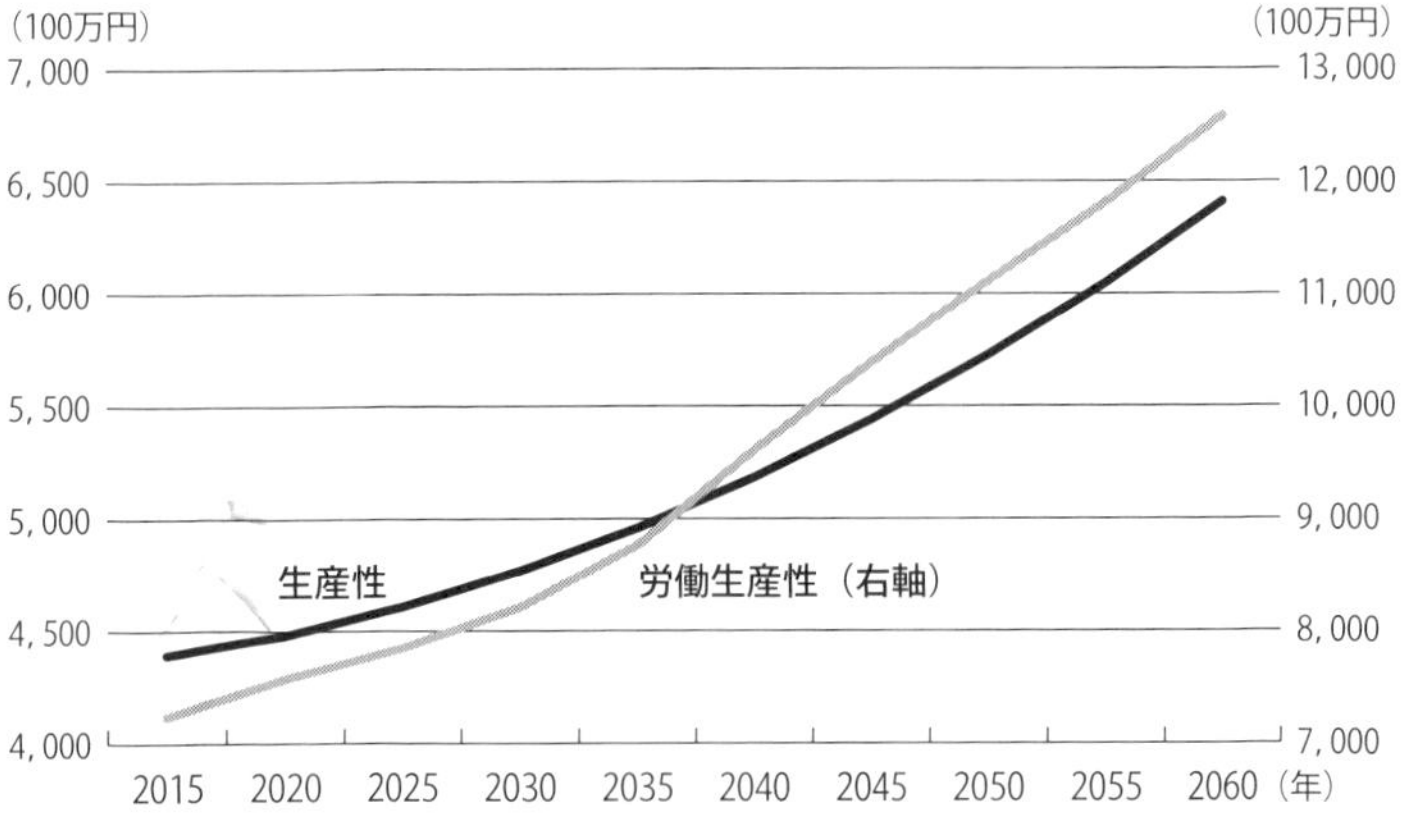

出所：筆者計算

各国の生産性は何で決まるのか

労働参加率を高めるのはやがて限界を迎えますので、生産性を高めるためには、どうやって労働生産性を上げられるかが課題となります。

そこで、まずは国によって労働生産性の水準が異なる理由について考えていきたいと思います。

ここから41ページまでが、この本で私が主張したい最大のポイントで、この本全体の基礎ともなっています。ぜひ熟読し、真剣に考えを巡らせていただきたいと思います。

生産性は3つの要因に分けることができます。

まずは人数や時間で測れる「人的資本の生産性」、次に資本金を使う、すなわち機械を購入したりする設備投資などの「物的資本の生産性」、そして、この2つに含まれない要素をすべて含む「全要素生産性」です。

全要素生産性というのは、簡単に言えば、人と設備投資で説明ができない生産性です。たとえばブランド力やデザイン、特許などの技術、社員のスキルアップ、ビジネスモデルの改革、規模の経済などが、この全要素生産性に含まれます。

全要素生産性は一般的にこのように説明されることが多いのですが、「Why Do Some Countries Produce So Much More Output per Worker than Others?」という論文では独自の面白い定義をしています。

この論文では、「長期的な経済成長を促す主要因である全要素生産性は、社会インフラによって決まる」と論じられています。ここで言う社会インフラとは、その国の社会制度と政策が引き出す、個人や企業のインセンティブを指しています。

政策により生み出されるインセンティブは、スキルの取得や蓄積、新商品や技術の開発を促すなど、生産性に貢献するプラス面もありうる一方、既得権の発生、経済的地代、盗難、腐敗などを引き起こすなどのマイナス面もありえます。

図表1-9　各国の生産性と寄与度（アメリカ＝1）

国名	生産性	寄与度		
		資本	人材	全要素生産性
アメリカ	1.000	1.000	1.000	1.000
カナダ	0.941	1.002	0.908	1.034
イタリア	0.834	1.063	0.650	1.207
西ドイツ	0.818	1.118	0.802	0.912
フランス	0.818	1.091	0.666	1.126
イギリス	0.727	0.891	0.808	1.011
香港	0.608	0.741	0.735	1.115
シンガポール	0.606	1.031	0.545	1.078
日本	0.587	1.119	0.797	0.658
127カ国平均	0.296	0.853	0.565	0.516

出所：Why Do Some Countries Produce So Much More Output Per Worker than Others?

この論文はデータが少し古いのですが、調査実施時の日本の生産性はアメリカの0・59倍だったとあります。このような違いが生じた要因を分解した結果、資本は日本がアメリカの1・12倍で、人材は0・80倍、全要素生産性は0・66倍だったと紹介されています。つまり、日米の生産性の違いは、主に全要素生産性の違いによって説明されるのだそうです（図表1－9）。

この分析は127カ国を対象に実施されたものですが、国全体の生産性を決定するのは資本や人材ではなく、こういった資源をいかに有効に活用するか、有効に配分するかだと結論づけられています。つまり全要素生産性の違いが生産性の違いを生むのです。相関係数は0・889と、非常に強い相関関係が確認されています。

大切なのは資源配分の効率性

この結論からは、先進国の生産性の違いを決定づけるのは、人的資本や物的資本という、経営資源のよし悪しだけではないことがわかります。

生産性とは「それぞれの国において、付加価値創出のために資源をどれだけ有効に、効率的に配分しているのか」を測る尺度だと捉えることができるのです。違う言い方をすれば、生産性は「産業構造の合理性と効率性」を反映しているとも言えます。

たとえば「はじめに」にも書いたように、ある国で3000人の労働者を3社に1000人ずつ配分した場合と、同じ3000人のうち、1000人を1社に、残りの2000人を1000社に2人ずつ配分した場合、どちらのほうが生産性が高くなるかを想像していただけると、わかりやすいかもしれません。

実際、資本と人材に大きな違いのない2つの国でも、生産性が大きく異なる例はたくさんあります。資源配分の効率性に差があるからです。

同じ国の中でも、業種によって生産性が違うだけではなく、同じ業界の中の同じような規模の会社であっても、生産性がまったく異なることも少なくありません。このような差が出るのも理由は同じで、資源配分の効率性に差があるからなのです。全要素生産性の違いです。

このことは、感覚的にも理解できます。社長が変わるといきなり輝く会社も、ダメになる会社もあります。また、社員がまったく変わっていないのに、規制が変わったことで急に生産性が変化することもあります。

国でも中国のように、ある日突然、経済が爆発的に成長することがあります（図表1‐10）。このような極端な変化が生じる理由は、資源や人材だけではなかなか説明がつきません。やはりトップが変わったことで、社会インフラが変化したことが大きいのでしょう。

経営者の能力が生産性を左右する

全要素生産性は、何人を雇い、どれぐらいの設備投資をしたかという物理的な資源の投入量よりも、それらの組み合わせをどれだけ工夫し、効果が引き出されているかを測る尺度です。

図表1-10　中国のGDP推移（購買力調整済み）

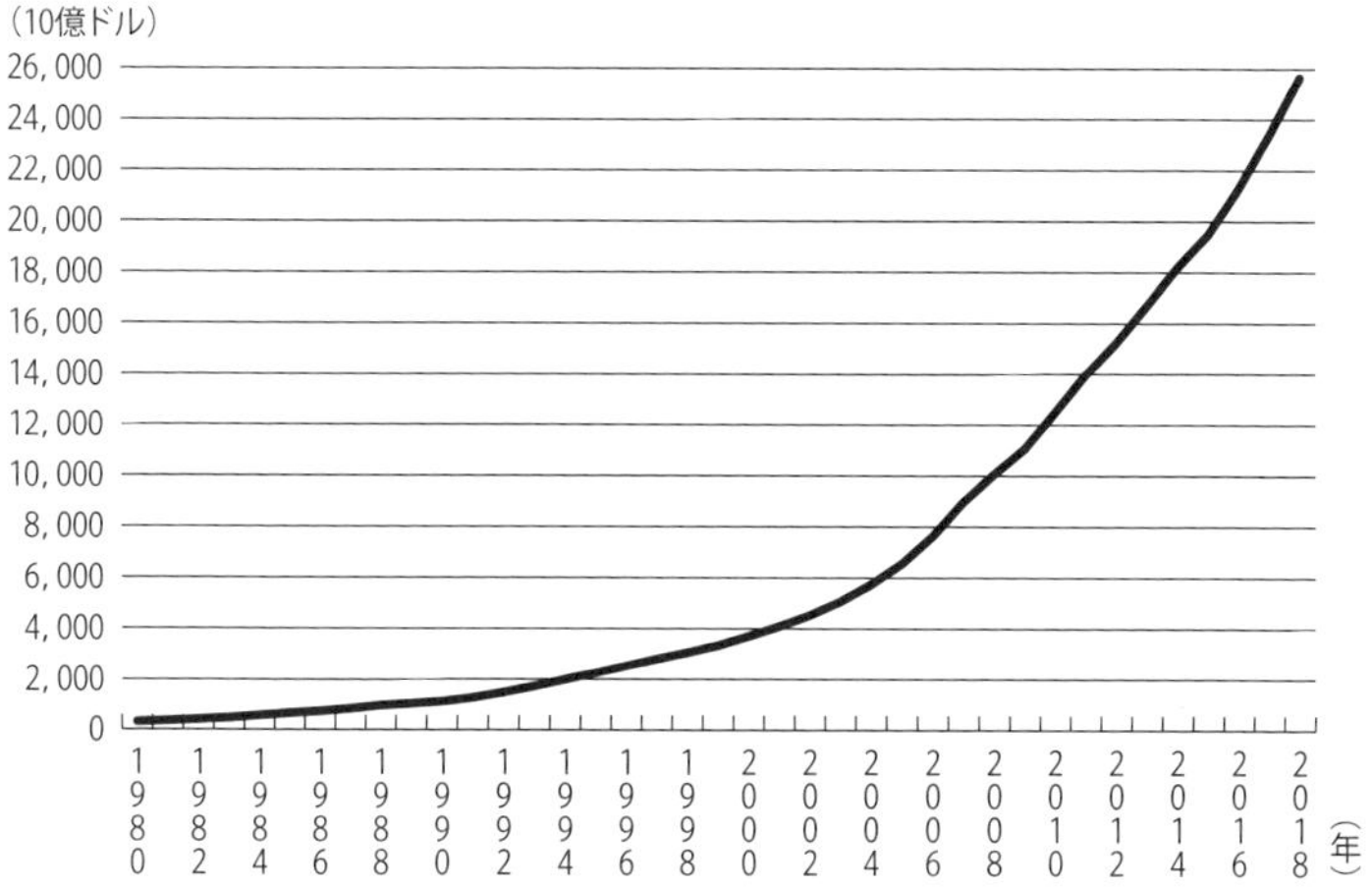

出所：IMF データより筆者作成

別な言い方をすれば、経営者の能力が全要素生産性を左右するのです。

数字を確認すると、日本経済も例外ではないことがわかります。日本の生産性は1995年から2015年までの間、もっとも低迷していました。この期間を経た結果、日本の生産性のランキングは世界第28位になってしまいました。

その間の日本の生産性向上率はG7平均の2・1%に対してわずか1・3%で、イタリアよりも伸びていません。何が向上率に貢献したのかを見てみると、人的資本の向上率はG7平均の0・5%に対して0・4%、物的資本は平均0・9%に比べて0・8%でした（図表1－11）。これら2つは、他の国とほとんど変わりません。

図表1-11　G7各国の経済成長要因（1990〜2007年、%）

	カナダ	フランス	ドイツ	イタリア	日本	イギリス	アメリカ	平均
マクロ経済								
インフレ率	2.3	2.0	2.3	3.9	0.4	2.6	3.3	2.4
実質GDP成長率	2.6	1.9	1.7	1.5	1.3	2.9	3.0	2.1
内訳								
人的資本	0.9	0.4	0.2	0.3	0.4	0.3	0.8	0.5
物的資本	1.1	0.8	0.7	0.7	0.8	1.0	1.3	0.9
全要素生産性	0.9	0.7	0.8	0.5	0.2	1.7	1.0	0.8
労働生産性	1.5	1.2	1.4	1.0	0.8	2.5	1.8	1.4
内訳								
資本／労働者	0.6	0.5	0.6	0.5	0.6	0.8	0.8	0.6
全要素生産性	0.9	0.7	0.8	0.5	0.2	1.7	1.0	0.8
人口動態								
高齢化	2.8	4.1	8.6	8.3	15.8	−0.9	−0.4	5.5
人口増減	1.1	0.5	0.2	0.3	0.2	0.3	1.1	0.5

出所：IMF

一方、全要素生産性は平均の0・8%に対してわずか0・2%でした。全要素生産性向上の低迷によって全体の生産性が低迷した理由の8割を説明することができます。つまり日本の生産性が低い原因は、全要素生産性にあったのです。

経済学は洋の東西を問わない

日本経済は特殊で、西洋の経済学と違う日本型資本主義が形成されているため、一般的な経済学のルールは当てはまりにくいという意見も耳にします。しかし日本経済低迷の原因を冷静に分析すれば、この意見が間違いであるのは明白です。むしろ日本経済は、他の先進国以上に経済原則どおりに動いていますし、日本の経営者も教科書どおりの経営を行っています。日本経済が特殊だと思っている人は、ただ単に勉強が足りないのではないかと思います。

また、日本では経済規模の大きさや業界の生産性を、国民性や労働者の質を根拠に説明したがる傾向もありますが、これもまた勉強不足によるものです。たとえば、「製造業は日本人に向いているから生産性が高い」「日本にはおもてなしの文化があるから、サービスに対して対価を払う文化がなく、サービス業は生産性が低くなってしまう」などといった意見を耳にすることが多くあります。

たしかに、一般的に日本では製造業の生産性は高く、サービス業の生産性が低いのですが、現実はそこまで単純ではありません。製造業の同じ業種でも、各企業の生産性はピンキリで、生産性の高い会社もあれば低い会社もあります。サービス業の中でも、製造業より高い生産性の会社も当然存在します。

日本の製造業の生産性がサービス業より高いのは、平均値を比較しただけにすぎないので、「製造業のほうがサービス業より、総じて生産性が高い」と言うのが正しいのです。

徹底的に要因分析をすると、国民性や労働者の質などといった感覚的な説明は論理の飛躍であることがわかります。これまではあまり明確にされてこなかったのかもしれませんが、日本と他の先進国の違いは、普通の経済学を使えば十分に説明することができます。日本の製造業の生産性がサービス業より高いことには、日本が抱える最大の「病根」が関係しているのです。この点については、後ほど詳しく検証していきたいと思います。

日本企業の病根

現在の日本の生産性は大変低く、ＩＭＦが発表しているランキングでは世界第28位に低迷しています。これは大手先進国の中では最低水準です（図表1－12）。

現状の生産性が低いことをもって「伸び代がある」と言えないこともありません。たしかにこの低さを是正することができれば、人口減少を補填することができます。

とはいえ、現実問題として日本の生産性がきわめて低いのは事実です。先ほどの分析から、これは資源の配分が他国に比べて非効率であることを意味しているのは間違いありません。この状況を是正するのは簡単ではありませんし、軽く考えるべきものでもありません。

経済学の専門家の中には、人口が減少してもイノベーションによって生産性を向上させることができれば、人口減少分を補完できると主張する方が少なくありません。

教科書的な理屈ではそのとおりです。しかし、やはりそれだけでは十分ではありません。企業にイノベーションを起こすインセンティブがあり、そのイノベーションを可能にする適切な産業構造になっているという条件も満たさなくてはいけません。

図表**1-12**　各国の生産性ランキング

ランキング	国（地域）	生産性（ドル）	伸び率（%）
1	カタール	132, 886. 4	2. 4
-	マカオ	114, 363. 0	−1. 4
2	ルクセンブルク	108, 950. 7	2. 4
3	シンガポール	103, 181. 2	1. 7
4	アイルランド	83, 399. 3	4. 5
5	ブルネイ	80, 383. 6	2. 5
6	ノルウェー	76, 684. 5	3. 0
7	アラブ首長国連邦	69, 434. 8	0. 3
8	クウェート	66, 386. 7	−0. 4
9	スイス	66, 196. 1	1. 8
10	アメリカ	65, 111. 6	3. 4
—	香港	64, 927. 6	1. 1
11	サンマリノ	61, 575. 5	2. 0
12	オランダ	58, 340. 7	3. 2
13	アイスランド	56, 066. 3	0. 2
14	サウジアラビア	55, 704. 3	0. 0
—	台湾	55, 078. 2	3. 6
15	スウェーデン	54, 628. 1	1. 8
16	デンマーク	53, 881. 9	3. 0
17	ドイツ	53, 566. 9	2. 2
18	オーストリア	53, 558. 4	2. 6
19	オーストラリア	53, 378. 5	1. 9
20	バーレーン	50, 931. 5	1. 7
21	カナダ	50, 725. 4	2. 0
22	ベルギー	49, 528. 9	2. 4
23	フィンランド	47, 974. 7	2. 9
24	マルタ	47, 405. 0	4. 7
25	オマーン	47, 365. 9	−1. 2
26	フランス	47, 222. 6	2. 8
27	イギリス	46, 827. 0	2. 3
28	日本	45, 546. 2	2. 9
29	韓国	44, 740. 4	3. 2
30	スペイン	41, 592. 3	3. 4
31	キプロス	41, 406. 9	3. 4
32	ニュージーランド	40, 942. 6	2. 1
33	イタリア	40, 470. 3	2. 0

注：生産性は1人あたりGDP、購買力調整済み
出所：IMFデータ（2019年）より筆者作成

これからの対策を考える上では、今の日本が生産性を上げられる状況にあるかどうか、その要因分析がきわめて重要です。

私は、日本の生産性が低いのは「日本の産業構造自体が非効率である」という、きわめて深刻な事実が隠れているからだと分析しています。また、日本の人材配分、産業構造の非合理性に目をつぶって理屈を言うだけでは、イノベーションなど進まないとも思っています。

次章以降で説明しますが、ここでは「日本の産業構造が非効率である」ということを、キーワードとして覚えておいてください。

沈みゆくSINKING国家

実は先進国の中にも、日本と同じように生産性の低い国が存在します。スペイン（S）、イタリア（I）、韓国（K）、イギリス（I）、ニュージーランド（N）、ギリシャ（G）といった国々です。

少し恣意的な感じがするかもしれませんが、これらの国の頭文字を並べ、イタリアのIと韓国のKの間に日本の頭文字Nを入れると、「SINKING」という言葉ができます。

図表1-13　SINKING国家の経済状況

国名	国の借金の対GDP比（%）	純借金の対GDP比（%）	生産性（ドル）	格差（GINI係数）	貧困率（%）	女性活躍ランキング	人口減少率（%）	出生率（%）
スペイン	95.1	86.3	40,139	34.3	15.3	29	−6.7	1.36
イタリア	127.5	119.9	39,637	33.3	13.7	70	−9.0	1.47
日本	234.2	153.0	44,227	29.9	16.1	110	−18.9	1.46
韓国	38.3	6.6	41,351	30.7	13.8	115	−6.5	1.30
ギリシャ	181.8	—	29,123	33.2	14.8	78	−15.6	1.31
イギリス	85.9	78.2	45,705	32.8	10.9	15	15.8	1.87
ドイツ	55.8	45.1	52,559	29.0	9.5	14	−11.2	1.46
デンマーク	35.1	16.3	52,121	25.3	5.5	13	11.3	1.74
オランダ	50.9	46.2	56,383	26.6	7.9	27	1.4	1.74

出所：IMF データ（借金＝2018年、純借金＝2017年、生産性＝2018年・購買力調整済み、人口減少率＝2060年まで、出生率＝直近）、世界経済フォーラムデータ（女性活躍ランキング）より筆者作成

英語のSinkは「沈む」という意味で、進行形のSinkingは「沈みゆく」という意味になります。少し固い言葉で言い換えると「凋落する」「没落する」です。

これらSINKINGの国々は沈みゆく先進国のグループで、実際、各国とも似たような問題を抱えています。

このグループの中で、特に気になる国がスペイン、イタリア、ギリシャ、そして日本です。このグループの国々には、いくつかの不健全な共通点があります（図表1－13）。

まずはこれらの国々の財政状況を確認しておきましょう。

2018年の数字では、日本の国の借金はGDPの234・2%にもなっていて、世界最悪です。次はギリシャで181・8%でした。イタリアは127・5%、スペインも95・1%と高いです。

韓国のように例外はありますが、これらの国は総じて国の借金のGDP比率が高いと言えます。国の借金から資産を引いたネットの借金を見ても、やはり日本はこのグループの国々と同様に不健全になっています。

これらの国の生産性が低いことは言うまでもないのですが、格差が大きく、ワーキングプアの比率が高いことも共通しています。一般的には生産性が高くなればなるほど貧困率が下がり、格差は小さくなるので、当然と言えば当然です。アメリカは生産性が高いのに貧困率が高いのですが、これは例外中の例外です。

このグループの国々には、出生率が低く、女性活躍も進んでいないという共通の特徴もあります。

日本がSINKING国家だという事実には違和感がつきまとう

さきほど日本も不健全な共通点のある国の一員だと述べましたが、私自身の感覚では、日本がこのグループに入っていることに違和感を覚えています。本書を読んでいただいている方も、日本がこのグループのメンバーに名を連ねることに抵抗を覚える人は少なくないでしょう。

しかし、事実は事実です。GDPを全人口で割った生産性では日本は世界第28位で、スペインやイタリアより少し高いだけです。GDPを労働者の数で割った労働生産性では、なんと日本はスペインとイタリアよりも下なのです。このことにも違和感を覚える方も、きっと少なくないでしょう。

多くの皆さんがこの日本の順位に違和感を覚えるのは、おそらく次に挙げる2つの理由によって、日本の実力について間違った認識を持ってしまっているからではないかと推察します。

1つは、日本が世界第3位の経済大国であるという事実。そしてもう1つは、日本が長らく技術立国として高く評価されてきたというこれまでの経緯です。

まず、日本のＧＤＰが世界第3位であることが、本来何を意味しているかを説明します。その国のＧＤＰ世界ランキングをその国の技術力と関連づけて解釈し、「高い技術力があるおかげで、経済が大きい」と考える人が多いのですが、先進国の場合これは完全な誤解です。

さすがに最近ではずいぶん少なくなりましたが、以前私が「東洋経済オンライン」で連載していたとき、見当違いのコメントがしばしば投稿されていました。たとえば「日本のＧＤＰはイギリスの倍だから、技術力もイギリスの倍だ。イギリスは目立った製造業もない。電車だって日立につくってもらっているではないか」という内容のものです。

賢明な読者の皆さんには説明不要だと思いますが、このような意見はいくつかの事実を適当に並べて、理屈らしきものに仕立てているだけです。正直、まったくお話にもならないので相手にもしたくないのですが、このように論理が飛躍している意見を述べる人がいることに、毎回驚かされます。

誰もが知っている当たり前のことですが、先進国である以上、どの国もある程度以上の技術力を備えています。ただし、どの分野が得意か不得意かという点に関しては、国によって事情が異なります。

そもそも、先進国のＧＤＰランキングを決めるもっとも重要な要素は人口の数であって、技術力ではありません（図表1-14）。日本のＧＤＰがイギリスの倍なのは、日本の人口がイギリ

図表1-14　先進国のGDP、生産性、人口

国名	GDP（10億ドル）	生産性（ドル）	人口（人）
アメリカ	21,439.5	65,153	329,064,917
日本	5,747.5	45,306	126,860,301
ドイツ	4,444.4	53,215	83,517,045
イギリス	3,131.2	46,367	67,530,172
フランス	3,061.1	47,001	65,129,728
イタリア	2,442.8	40,343	60,550,075
韓国	2,319.6	45,282	51,225,308
スペイン	1,940.5	41,521	46,736,776
カナダ	1,899.9	50,785	37,411,047

出所：IMF データ（GDP＝2019年、購買力調整済み）、国連データ（人口）より筆者作成

スの倍だからであって、技術力の違いはほぼ関係ありません。

国際的に見ても強い競争力を持っているのに生産性が低い「謎の国」、日本

もう1つ、誤解のもとになっている技術力と関連性の強い、日本の国際競争力ランキングについても整理しておきましょう。

2018年の世界経済フォーラムのデータでは、日本の国際競争力ランキングは世界第5位です。他にトップ10にランクされている国々は、マスコミや学会で優良経済国として挙げられている国ばかりです。それらの優良国と伍して第5位なのは、日本も大変優秀であることの証だと言っていいでしょう。

図表1-15　各国の国際競争力の要素別ランキング

	アメリカ	シンガポール	ドイツ	スイス	日本	オランダ	香港	イギリス	スウェーデン	デンマーク
社会制度	13	3	16	5	20	4	6	7	9	10
インフラ	9	1	7	3	5	4	2	11	17	14
ICTの採用・普及	27	4	31	15	3	19	2	28	5	8
マクロ経済の安定性	34	42	1	36	41	1	1	1	1	1
健康	47	1	25	5	1	20	1	29	17	31
スキル	3	20	4	2	26	6	19	13	7	5
商品市場	3	1	7	16	5	6	2	12	10	15
労働市場	1	3	12	2	18	10	11	8	17	5
金融システム	1	5	21	4	10	16	2	8	6	12
市場規模	2	27	5	39	4	21	26	7	40	55
ビジネス活力	1	16	2	20	14	3	17	7	4	6
技術革新力	2	4	1	3	6	9	26	7	5	12

出所：世界経済フォーラムデータ（2018年）より筆者作成

このランキングは社会制度、インフラ、ＩＣＴの採用・普及度合い、マクロ経済の安定性、健康、さまざまなスキルなど、12の要素を勘案してはじき出されています。

1つひとつの要素を細かく見てみると、それぞれの国でどの要素が他国と比較して優れており、また劣っているのかを明らかにすることができます（図表1－15）。

まず、日本と同じ経済大国のアメリカやドイツと比べてみると、日本はほとんどの要素でこれらの2カ国とは差がない一方、「スキル」と「ビジネス活力」では少し見劣りしていることがわかります。

図表1-16　各国のスキルの要素別ランキング

	アメリカ	ドイツ	日本	イギリス
学校教育の平均年数	5	2	12	14
社員教育	2	11	12	24
社員教育の質	2	7	16	28
新入社員のビジネススキル	2	7	40	28
デジタル技術	2	16	49	32
適切なスキルを持つ人材	1	7	43	8
可能な教育年数	22	17	48	12
論理的思考	1	8	70	10
初等教育の生徒先生比率	43	31	50	59

出所：世界経済フォーラムデータ（2018年）より筆者作成

大学以降の教育に大きな課題がある

スキルの面で劣っていることは重大な欠点で、看過するべきではありませんので、少し詳しく見てみましょう。

スキルに関しては日本のスコアは全般的に低いのですが、特に大卒者に求められるスキル、たとえば論理的思考やデジタル技術などは、アメリカとドイツにかなり大きな差をつけられています（図表1−16）。

2019年1月に上梓した『日本人の勝算』の中で、日本の教育の問題についても触れました。日本の教育制度は高校までは非常に高く評価されているのですが、大学教育は

図表1-17　人材投資／GDP比の国際比較

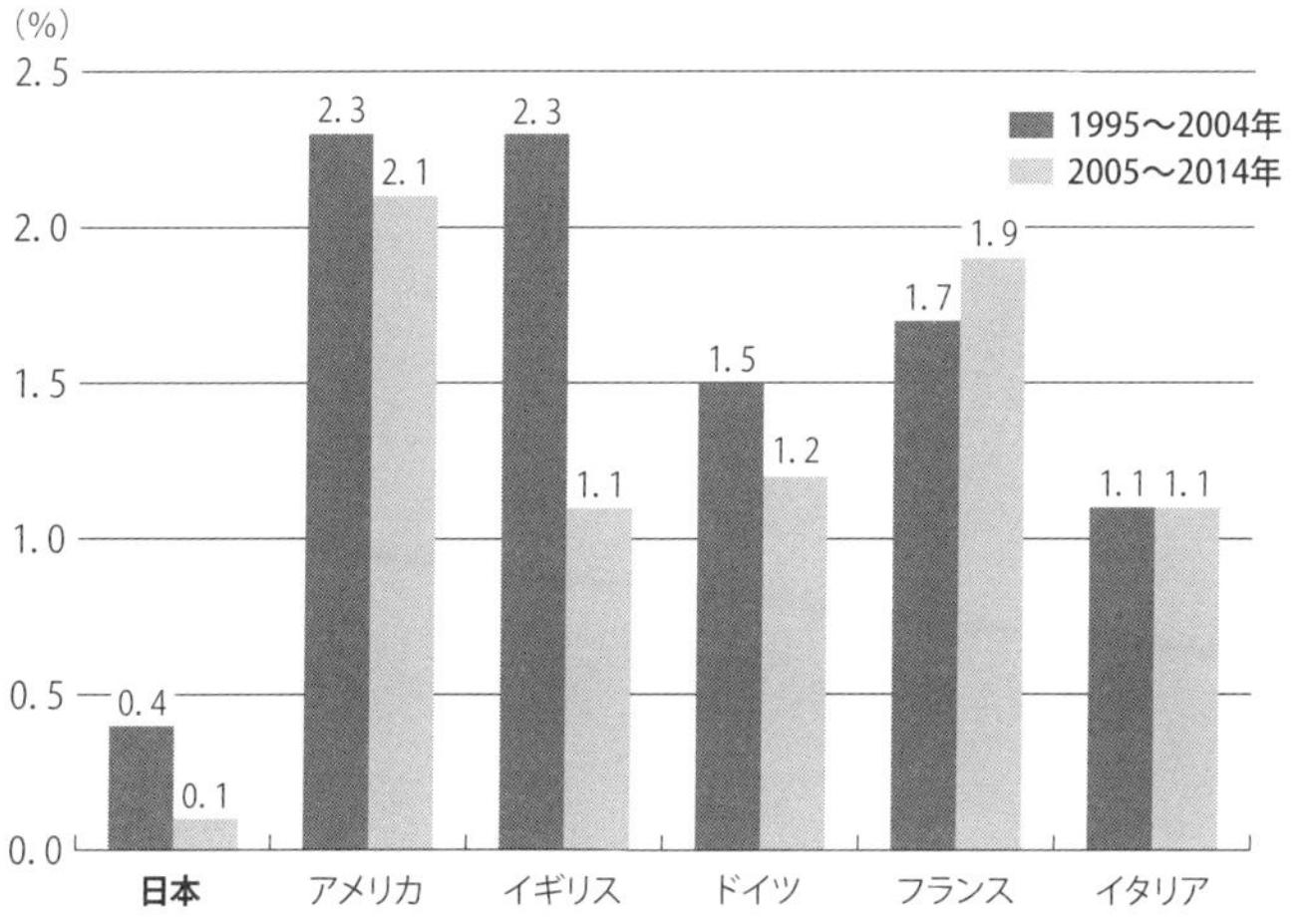

出所：国民経済計算、JIP データベース2015（一部宮川簡易推計）及び INTAN-Invest data により学習院大学宮川努教授作成

非常に低い評価になっています。この点は今後の日本を考えるにあたって大きな問題になるので、そのように指摘しました。

クリティカルシンキングは主に大学で訓練し習得するスキルなので、このスキルのスコアが低いことと日本の大学教育の評価が低いことには、強い相関関係があることが予測できます。

先の『日本人の勝算』の中では、日本では学校教育終了後の人材を再教育するための投資がほとんど行われていないことも、同じく「問題である」と指摘しました（図表1-17）。

アメリカでは毎年GDPの2％以上にあたる約44兆円もの予算を使って企業が社員

教育をしているのに対し、日本ではたったの5000億円しか社員教育に予算が使われていません。GDPのわずか0・1%です。

つまり、日本では学校教育を修了した生産年齢人口の人たちに対する再教育が、ほとんど何もされていないのです。このこともまた、日本のスキルのスコアが低くなっている事実と合致します。

非正規雇用者の増加も、スキルの評価が低くなっている一因でしょう。世界的に、正社員でない人にはお金をかけて教育を施さない傾向が強いので、非正規雇用者が増えていることもまた、日本人の再教育に悪影響を与えていると分析されています。

教育は全要素生産性で把握されるので、日本の全要素生産性がアメリカより低くなるのは当然です。

しかし、スキルと企業活動の活力（両方ともきわめて重要な要素ですが）以外は、日本の国際競争力は他国と比べても遜色ありません。

では、なぜ生産性が世界第28位ときわめて低い順位になってしまっているのでしょう。この件は私にとって、長年、世界最大の謎でした。次の章で、日本と同じ問題を抱えている先進国を検証し、その謎を解いてみたいと思います。

参考文献

Robert E. Hall and Charles I. Jones, “Why Do Some Countries Produce So Much More Output per Worker than Others?” NBER Working Paper, No. 6564, June 1999.

Yihan Liu and Niklas Westelius, “The Impact of Demographics on Productivity and Inflation in Japan,” IMF Working Paper, WP/16/237, December 2016.

Klaus Schwab, “The Global Competitiveness Report 2018,” World Economic Forum, 2018.

Charles I. Jones, “Misallocation, Economic Growth, and Input-Output Economics,” NBER Working Paper, No. 16742, January 2011.

Fukao Kyoji, Ikeuchi Kenta, Young Gak Kim, and Kwon Hyeog Ug, “Why Was Japan Left Behind in the ICT Revolution?” RIETI Discussion Paper Series, 15-E-043, April 2015.

Katerina Lisenkova, “Demographic Ageing and Productivity,” Economic and Social Research Council, Evidence Review, PIN-06, July 2018.

第2章

「沈みゆく先進国」の企業には共通の課題がある

日本企業の生産性は、競争力とかけ離れている

日本の「競争力が高いのに、生産性が低い」という謎の答えを明らかにするため、生産性が日本に近いSINKING各国と比較して検討していきましょう。

2018年のスペインとイタリアの国際競争力ランキングは、それぞれ第26位と第31位です。生産性ランキングは第30位と第33位。ギリシャは国際競争力ランキングが第57位で、生産性ランキングが第50位です（図表2−1）。

イタリアとスペインの国際競争力ランキングは生産性のランキングとかなり一致しているので、あまり違和感が生じません。

国際競争力と生産性の相関関係が強いことは、数字の上でも確認されています。世界経済フォーラムは、国際競争力ランキングとその国の所得の中央値との間に、相関係数0・82というきわめて強い相関関係があると分析しています。

しかし、日本の国際競争力ランキングはイタリアやスペインよりはるかに上なのに、生産性は似たような水準です。このことには大きな違和感を覚えざるをえませんし、日本は結果が出せていないだけで、潜在力はあると解釈することも可能です。

図表**2–1**　各国の国際競争力と生産性のランキング

	国際競争力	生産性
アメリカ	1	10
シンガポール	2	3
ドイツ	3	16
スイス	4	9
日本	5	28
オランダ	6	12
香港	7	—
イギリス	8	26
スウェーデン	9	15
デンマーク	10	19
フィンランド	11	24
カナダ	12	21
台湾	13	—
オーストラリア	14	17
韓国	15	29
ノルウェー	16	5
フランス	17	25
ニュージーランド	18	31
ルクセンブルク	19	2
イスラエル	20	34
ベルギー	21	22
オーストリア	22	18
アイルランド	23	5
アイスランド	24	14
マレーシア	25	45
スペイン	26	30
アラブ首長国連邦	27	7
中国	28	73
チェコ	29	35
カタール	30	1
イタリア	31	33

出所：世界経済フォーラム、IMF データ（2018年）より筆者作成

図表2-2　各国の国際競争力の要素別ランキング

	ギリシャ	イタリア	スペイン	日本
社会制度	87	56	28	20
インフラ	38	21	10	5
ICTの採用・普及	57	52	21	3
マクロ経済の安定性	83	58	43	41
健康	21	6	1	1
スキル	39	40	37	26
商品市場	63	30	34	5
労働市場	107	79	68	18
金融システム	114	49	27	10
市場規模	58	12	16	4
ビジネス活力	72	42	36	14
技術革新力	44	22	25	6

出所：世界経済フォーラムデータ（2018年）より筆者作成

国際競争力ランキングがまったく違うのに、生産性はスペインやイタリアとほぼ同じ。ということは、日本とスペイン・イタリア両国の生産性を同じ水準にする、決定的な共通点があってもおかしくはありません。

ということで、スペインやイタリアと日本では、何が共通していて、何が違うのか、探ってみましょう。

日本とSINKING国を比較する

図表2-2にありますように、国際競争力ランキングのどの要素を見ても、日本はイタリア、スペイン、ギリシャ

図表2-3　各国のスキルの要素別ランキング

	ギリシャ	イタリア	スペイン	日本
学校教育の平均年数	44	56	60	12
社員教育	99	104	70	12
社員教育の質	111	44	50	16
新入社員のビジネススキル	46	60	47	40
デジタル技術	72	64	71	49
適切なスキルを持つ人材	52	48	41	43
可能な教育年数	15	30	10	48
論理的思考	119	56	101	70
初等教育の生徒先生比率	6	25	34	50

出所：世界経済フォーラムデータ（2018年）より筆者作成

より上位にランクされています。

唯一同じレベルなのは、マクロ経済の安定性です。この要素は主に国の財政の状況を評価しています。ご存じのように、日本は国のＧＤＰに対する借金の比率（債務残高の対ＧＤＰ比率）が、主要先進国中最悪の水準なので、そのことが大きく影響した結果です。

アメリカとドイツに大きく差をつけられていたスキルのランキングを見てみると、実は日本のランクがスペインとイタリアにかなり近いのがわかります（図表2-3）。この事実だけでも、日本は教育問題も含めてスキルの分野に力を入れるべきなのは明白でしょう。

次にＳＩＮＫＩＮＧグループの中で、日本と似た傾向を示している国を見てみましょう。日本に近い傾向を示しているのは、イギリス、韓国、ニュージーランドの3カ国です。

その中で日本にもっとも似ているのがイギリスです。イギリスも日本と同様に比較的高い国際競争力ランキングを誇るものの、生産性は下位に低迷しています。

日本は国際競争力ランキングが第5位で、生産性が第28位。一方のイギリスは国際競争力ランキング第8位に対して生産性が第26位です（図表2−1参照）。国際競争力ランキングと生産性ランキングのギャップが一番大きいのが日本で、イギリスもそれに次ぐ大きな開きがあります。

ちなみに韓国とニュージーランドにも、国際競争力ランキングに比較して生産性が下位でギャップが大きいという共通の傾向があります。韓国は国際競争力ランキングが第15位で生産性が第29位、ニュージーランドは国際競争力ランキングが第18位で生産性は第31位です。

なぜスペインの生産性は低いのか

次に海外で行われた研究の結果から、研究者たちがこれらの国の経済をどのように評価しているのかを確認していきましょう。まずは、スペインです。

２０１７年に発表された論文、「Spanish Firm Size and Productivity. The Forgotten Resource of Management Quality」では、スペイン経済の最大の問題点は「企業の細分化の結果生じた、ミクロ企業と小規模事業者の割合の高さである」と指摘しています。

ちなみにEUでは、ミクロ企業を従業員10人未満、小規模事業者を50人未満、中堅企業を250人未満と定義しています。国によって定義に違いがあるのですが、OECDもこのEUの定義を使うことが多いので、本書もこれに従って説明を進めます。

この論文では、イタリア、フランス、ドイツ、スペインの4カ国を比較研究し、大変興味深い結果が報告されています。

ドイツの強みは、スペインより大企業と中堅企業が多いこと、イノベーションがより高度なこと、輸出比率が高いことであると指摘しています。

スペインでも、企業の規模が大きくなるほど、ドイツ企業と同じように生産性が高く、輸出比率も高くなり、イノベーションも起こりやすい傾向があると分析されています。

図表2−4にありますように、ドイツとフランスでは、大企業と中堅企業で働く労働者の割合がそれぞれ57・99%、52・03%と半数を超えています。それに対して、スペインは39・96%、イタリアは32・65%と低い水準です。

この比率が高い順に生産性が高いのは、企業の規模が大きくなればなるほど生産性が高まる

図表**2-4**　各国の企業規模別労働者の構成比（%）

	0〜9人	10〜19人	20〜49人	50〜249人	250人以上
ドイツ	18.77	11.07	12.16	20.24	37.75
スペイン	40.83	9.06	10.14	13.29	26.67
フランス	29.29	7.84	10.78	15.12	36.91
イタリア	46.29	11.00	9.72	12.38	20.27

出所：ユーロスタットデータ（2013年）より筆者作成

という経済学の大原則を考えれば、けっして偶然ではないでしょう。

また、1社あたりの社員数は、ドイツが12・1人、フランスが5・1人、スペインが4・5人、イタリアが3・8人です。

この論文では、企業の規模別の労働者割合が生産性に大きな影響を及ぼすとしています。スペインの全体の生産性はドイツより38%も低いのですが、従業員10人以上の企業に絞って計算すると、その違いは10%まで縮小すると分析されています。

つまり、小規模事業者で働く人の割合の大小が、生産性の高低を左右しているのです。

この論文には、日本にとって重要な指摘が2点ありました。

それは「企業の規模を拡大しないと生産性が上がりにくい。しかし、企業の規模を拡大したからといって、それだけでは十分ではない」という点と、「企業の規模の違いは偶然に生じるわけではない。なぜ違いが生じたのか、その原因を明らかにするべきである」という点です。

「Differences in Total Factor Productivity Across Firm Size: A Distributional Analysis」では、スペインの生産性を上げるには、企業の規模が小さいことが障害になると指摘しています。

またこの論文には、1994年時点の大企業と小さい企業の生産性の違いの50％は企業の規模で説明できたとあります。それがなんと、1998年には80％まで拡大したそうです。

このことはOECDの分析と一致します。OECDの分析では、大企業と小さい企業の生産性の違いが次第に拡大していると指摘しています（図表2－5）。

どの規模の企業にどれだけの労働者が雇われているかがきわめて大切

労働者がどの規模の企業にどれだけ雇われているかがきわめて大事なポイントなので、いったんスペインの分析の紹介から離れて、この点について説明します。

すでに説明したように、生産性は人材とそのほかの資源をどれだけ有効に配分しているか、すなわち産業構造の合理性や効率性を測るものです。だから国によって違いがあるのであれば、

図表**2-5**　大企業と小企業の生産性の推移

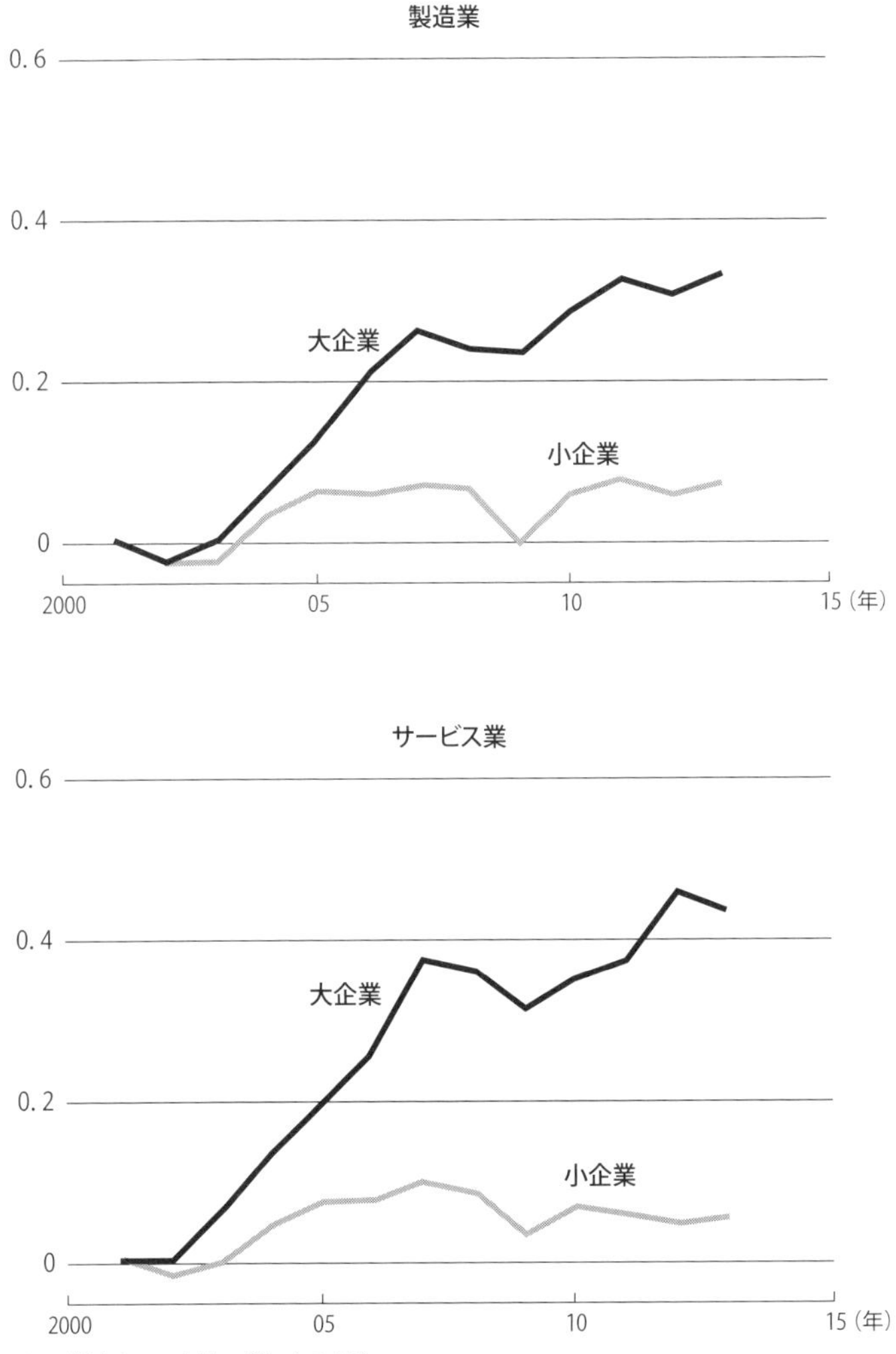

注：縦軸は2001年比の増加率の対数
出所：OECD

主に以下の2つの原因が考えられます。

1つは規模別の企業の生産性が違うこと。もう1つは企業の規模別の構成比が違うことです。

前者は、同じ規模の企業の生産性の違いを比べればわかります。たとえばA国の大企業、中堅企業、小規模事業者の生産性がそれぞれ850万円、450万円、350万円だとしましょう。一方、B国の大企業、中堅企業、小規模事業者の生産性がそれぞれ850万円、350万円、250万円だとしたら、明らかにB国のほうが生産性が低くなります。

後者は、産業構造の違いです。つまり、大企業、中堅企業、小規模事業者の生産性がそれぞれ同じ場合でも、各規模の企業で働く労働人口の構成比率の違いによって、それぞれの国の生産性が違ってくるのです。

たとえば、大企業の生産性が850万円、中堅企業が450万円、小規模事業者が350万円だとしましょう。

各規模の企業で働く労働人口の構成比率が大企業40%、中堅企業20%、小規模事業者40%の場合、生産性は570万円になります。しかし、大企業が25%、中堅企業が15%、小規模事業者が60%になると、生産性は490万円まで大きく低下します（図表2-6）。

図表2-6　産業構造によって国のGDPが変わる

	生産性（万円）	A国		B国	
		労働者構成比（%）	付加価値（万円）	労働者構成比（%）	付加価値（万円）
大企業	850	40	340	25	212.5
中堅企業	450	20	90	15	67.5
小規模事業者	350	40	140	60	210
平均／合計	570	100	570	100	490

調べてみると、先進国の場合、前者の規模別の企業の生産性の違いより、後者の規模別の構成比の違いによって、国ごとの生産性の違いがおおむね説明できることがわかりました。

なぜスペインには小規模事業者が多いのか

話をスペインに戻します。先の分析によると、スペインの生産性が低い最大の原因は、小規模事業者が多いことです。

では、なぜスペインでは小規模事業者が多いのでしょうか。

先の論文では、スペインには企業規模の拡大を抑制する要因があるとして、以下の3点を挙げています。

①売上が600万ユーロまでの企業には、消費税などの税優遇があること
②社員数が50人以上になると、労働規制が厳しくなること
③起業することによって、所得税の節税が可能なこと

③について少し説明を加えると、スペインでは小規模事業者の法人税が25〜30%と低く設定されています。これは個人の所得税率50%より低いので、起業することによって、本来払うはずだった所得税を低く抑えることが可能なのです。この歪な税制が、個人事業主が節税のために起業するインセンティブとして機能してしまっているのです。この問題は第3章でさらに深く検証します。

この論文では経営者の質にも言及しています。小さい企業が非常に多いことは、税優遇が一因になっているとはいうものの、経営者の質が相対的に低いことが主因であるとしています。たしかに、世界経済フォーラムのスキルランキングを見ると、スペインの教育は低く評価されています（図表2–3参照）。特に、企業の経営者は大卒者が占める比率が高いので、大学教育の質が問題視されています。

結論として、経営者のレベルの低さが企業の規模拡大に悪影響を及ぼしているという分析結果が示されています。

「Growing by Learning: Firm-Level Evidence on the Size-Productivity Nexus」という論文も、スペインの生産性の低さと、非常に小さい企業で働く労働者の割合の高さとの関係を分析しています。

この論文でも、小さい企業で働く労働者の比率が高いことと生産性が低いことの間に、強い相関関係があると確認されています。その上で、小さい企業が多いから生産性が低いのか、経営者の質が低いから生産性の低い企業が多くなったのかについて検証しています。因果関係を分析した上での結論は、後者だそうです。

第6章で説明しますが、企業の規模が大きくなるほど経営者の質が高くなり、経営者の質が高くなるほど企業の規模も大きくなることが、世界的に確認されています。スペインに小規模事業者が多いのは、経営者の質が低いことも大きな要因だと考えられるのです。

また、小規模事業者が多いということは、経営者の数も多いことを意味します。優れた能力を持つ経営者はどの国でも無尽蔵ではなく、数が増えれば当然、あまり能力の高くない経営者も多くなります。そうなると、その国の経営者全体の平均的な質が下がるのです。

なぜイタリアの生産性は低いのか

続いてイタリアです。さきほど、企業規模別の労働者割合が生産性を左右するきわめて重要な要素であることは説明しました。そこで、なぜそうなるのか、その理由を研究した専門家の論文をいくつか読みましたので、ポイントを紹介します。

1つ目の論文は2017年に発表された「Diagnosing the Italian Disease」です。

この論文では、イタリア経済は1990年代の半ばから、生産性が他の先進国より伸びなくなり、結果として大きな差が生じてしまったと分析しています。

1996年から2006年の間、イタリアの生産性向上率は年平均0・5%で、ドイツの1・7%、フランスの1・9%、アメリカの2・0%より低かったことをエビデンスとして挙げています。

この間、イタリアのインフレ率は2・7%で、金利も低い水準で安定していました。また財政が厳しかったわけでもなく、政治もイタリアにしては珍しく安定していたとあります。つまり、生産性が向上するための環境は、けっして悪くなかったのです。

では、なぜイタリアの生産性は他国のように向上しなかったのか。先の論文ではこの疑問に対する答えを求めて、データ分析による検証が行われています。

この論文では、イタリアの生産性が低迷した原因を、1990年代の半ばから猛烈に進化したICTが十分に活用されなかったことにあると断言しています。これは大変興味深い結論です。

ＩＣＴ革命をもっとも効果的に活用している国の特徴は、マネジメント能力をベースに経営者を選任している点にあることがデータで確認されています。一方、イタリアでは会社への忠誠心をベースに経営者が選ばれることが多いため、ＩＣＴを有効に活用する能力が低く、活用しようというインセンティブも弱いと指摘しています。

この指摘はさきほどのスペインの分析と同様に、経営者の質に生産性低迷の原因を求めています。会社に対する忠誠心ではなく能力をベースに経営者を選ぶ国は効果的にＩＣＴを活用できているのに対し、能力より忠誠心をベースにして選ばれた経営者は、ＩＣＴを十分に活用できていないと分析しています。


もう1つの論文、2010年に発表された「Experience, Innovation and Productivity: Empirical Evidence from Italy's Slowdown」では、イタリアの社長の平均年齢の高さと、1997年に行われた労働規制の緩和にイタリアの生産性低迷の原因を求めています。この論文では、イタリアの生産性低迷の最大の原因は、全要素生産性の低迷にあると指摘しています。

イタリアでは労働規制の緩和によって、企業が人材に対して投資するインセンティブが低下してしまったのだそうです。

労働規制を緩和すると正規雇用者が減るのは、どの国でも共通して見られる傾向です。経営者は一般的に、契約終了後には会社の戦力ではなくなる契約社員の教育にあまり熱心ではなく、むしろ教育投資を控える傾向が強くなります。

教育や研修が減れば、その企業で働く人のスキルは向上しにくくなるので、全要素生産性の低迷につながります。このことは、日本にとっても大変重要な示唆を含んでいます。

論文では、非正規雇用が認められたことによって低賃金で雇用を確保することが可能になり、そのため、経営者はリスクのあるＩＣＴ投資をするインセンティブを失ってしまったとも指摘されています。

また、経営者の平均年齢が上がっていることも、生産性低迷の原因とされています。

イギリスと日本の「隠れた共通点」

次はイギリスと日本を比較していきましょう。イギリスと日本には、表面的には共通点はあまり見出せません。ＧＤＰに占める製造業の比率が違いますし、イギリスでは労働規制はあまり厳しくなく、輸入も多く、わりと自由な経済です。

図表**2-7**　イギリスの企業規模別雇用と付加価値

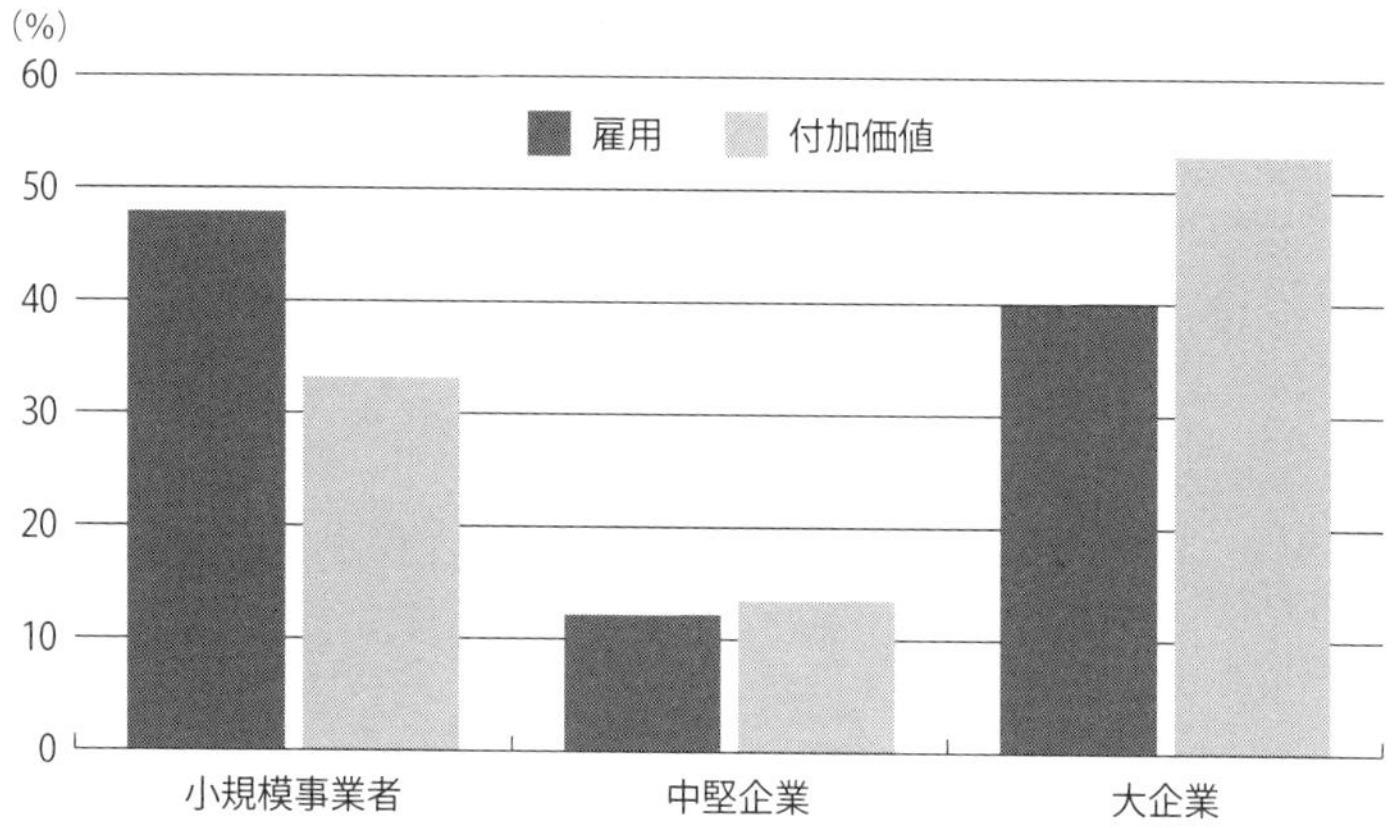

注：小規模事業者は50人未満、大企業は250人以上
出所：BIS データ（2014年）より筆者作成

イギリスではよく、研究開発費が少ないことが生産性が低くなっている原因だと言われてきました。しかしそれだけでは、国際競争力と生産性にここまで大きなギャップが生じてしまう理由としては十分ではありません。また、研究開発費が少ないのなら、その原因を追及する必要があります。

労働市場のデータを見ると、イギリスは大企業で働く労働者の比率が高いものの、中堅企業で働く比率が相対的に低く、小さな企業で働く比率が高くなっています。つまり、労働者が大企業と非常に小さな企業の両極端に分布しているのです（図表2−7）。

イギリスには輸出率が高く、生産性もきわめて高いグローバル企業がある反面、規模がきわめて小さくて生産性も低い企業が大きな塊として存在しています。これらの小規模事業者が重しとなって、イギリス全体の生産性を引き下げているとされています。

この件に関しては、イギリス政府も最近、強く問題視しています。

韓国と日本、実は産業構造がよく似ている

もう1カ国、韓国とも比較して見てみましょう。

韓国経済はこのところ低迷が著しく、「韓国と比べても学ぶべきことはない」と思う人がいるかもしれません。しかし、実は日本にとっても示唆に富んだ分析があるので、冷静に見ていきましょう。

世界経済フォーラムの分析では、韓国の国際競争力の数値は非常に日本と似ていますが、商品市場と労働市場の数値は日本と比べるとかなり低くなっています。これは主に、財閥の影響が反映された結果です。

日本では、韓国の経済は大企業を中心とした貧弱な経済だと指摘する人が多いのですが、実

は韓国の産業構造は意外なことに、日本にかなり似ています。中小企業の占める比率は日本と同様に高く、財閥に偏重しすぎているという指摘は正しいとは思えません。

少しデータが古いのですが、２００６年、韓国では大企業で働く人の比率は12・５％でした。一方、大変衝撃的なのですが、10人未満の超小規模事業者で働く人の比率が50・１％と、半数を超えていました。

実は韓国の産業構造は日本同様に大企業の比率が低く、規模の小さい中小企業が多いのです。これはけっして偶然ではありません。韓国は日本をお手本として経済政策を展開してきた歴史があるので、必然的に似た構造になったのです。

韓国はこの数十年、生産性と所得水準が飛躍的に伸び、生産性に関しては日本の水準に近いところまできています。しかし多くの学者が指摘するように、最近は生産性向上の壁にぶつかっているようです。生産性も日本を上回るのではないかと思わせる瞬間がありましたが、ここにきて頭打ちになっています（図表２−８）。

生産性が頭打ちになってしまったのは、日本を真似てできた産業構造だからです。日本の生産性に近づくことはできても、今の産業構造のままでは日本を超えることはできない可能性が高いでしょう。

図表2-8　日本と韓国の生産性の推移

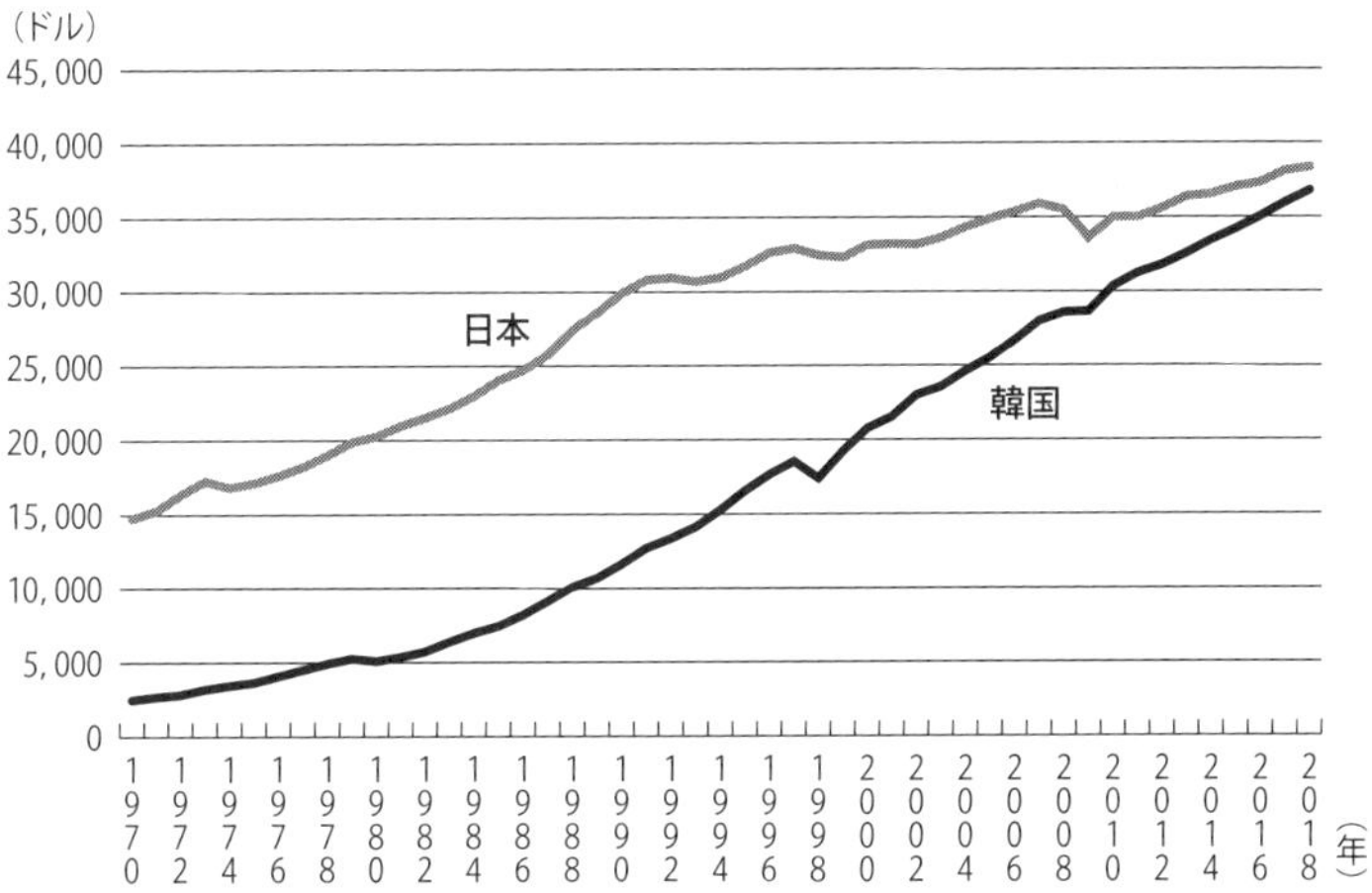

出所：OECD データ（購買力調整済み）より筆者作成

最近、韓国が最低賃金を大きく引き上げる政策を実施したのも、生産性が伸びなくなってきたことへの対処策だったはずです。しかし、『日本人の勝算』でも指摘したとおり、ただ単に最低賃金を引き上げるだけでは十分ではありません。中小企業の規模を拡大させる政策を実施しなければ、生産性は思うように上がらない可能性が高いからです。

日本の問題は「小さい企業で働いている人」が多すぎること

日本をはじめ生産性の低い先進国の産業構造上の問題とは、非常に小さい企業で働いている労働者の割合が高いことです。逆に言えば、大企業と中堅企業で働く労働者の割合が低いことです。

世界の大企業ランキングを見れば、日本に大企業が少ない実態がよりいっそう明らかになります。

Fortune社が発表している、Global 500というランキングがあります。これは主に売上をベースに世界のトップ企業500社を順位づけしたものです。

トップ500社の中に日本企業が53社ランクインしていますが、トップ10入りしているのはトヨタ自動車だけです。トップ50では、本田技研工業と三菱商事の2社がランクインして計3社。残りの50社のランクは500社の中のかなり下位のほうです。

Global 500では、業種を55に分けたランキングも発表しています。業種別で日本企業がトップになっているのは、トヨタ自動車と日本生命の2社だけです。アメリカの企業は55業種中27業種でトップ、中国は途上国なのにもかかわらず11業種でトップの企業を輩出しています。

日本は世界第3位の経済大国であり、先進国の中でも2番目です。しかも、1億2600万人の巨大な市場を有しています。にもかかわらず、人口わずか850万人のスイスの3業種より少ない業種でしかトップ企業を輩出できていないのです。これは、かなり寂しい状況だと言っていいでしょう。

図表2−9　生産性と従業員20人未満の企業に勤める人の割合

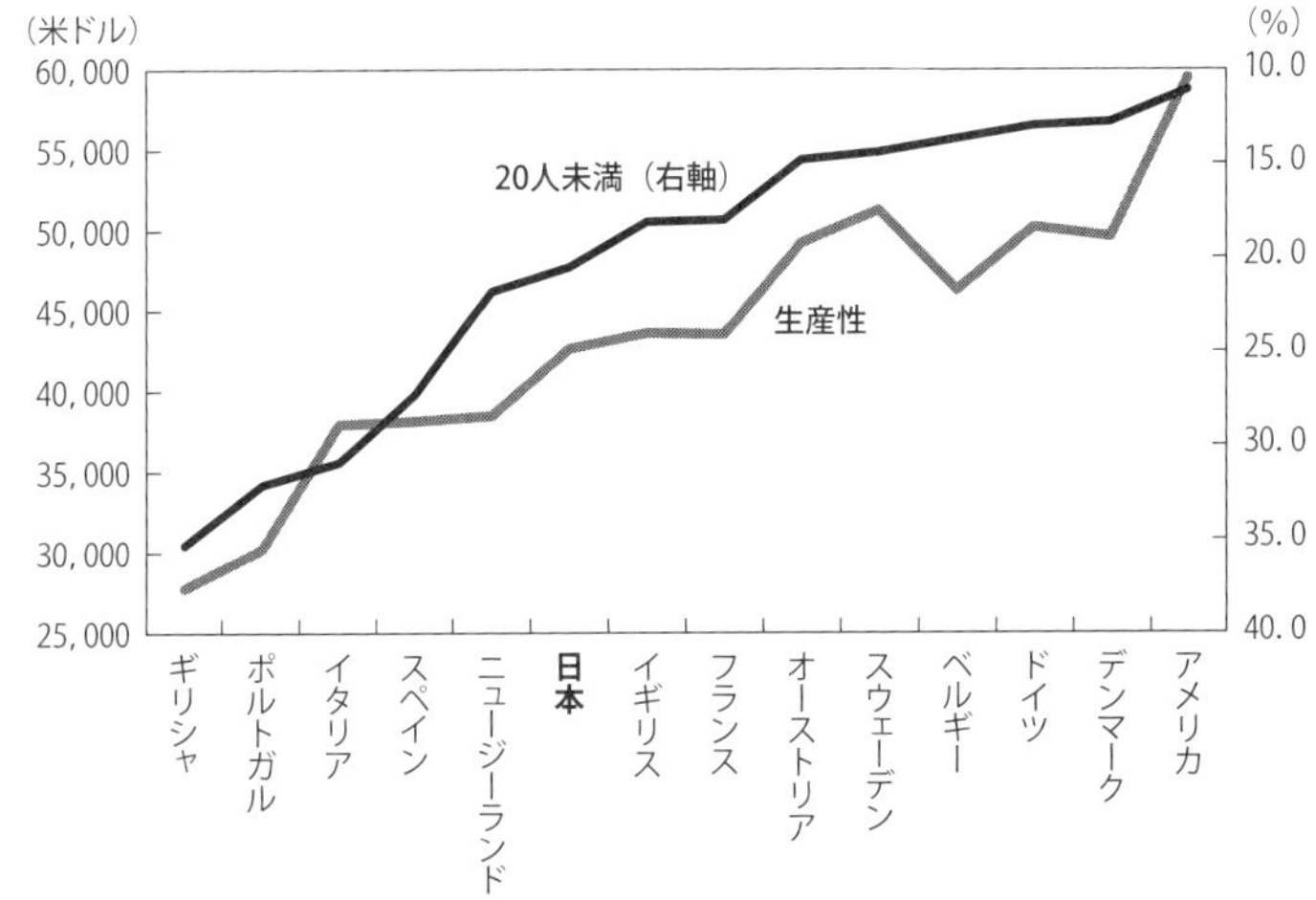

20人未満（%）	35.3	32.1	30.9	27.3	21.8	20.5	18.1	18.0	14.8	14.4	13.7	13.0	12.8	11.1
生産性（米ドル）	27,776	30,258	37,970	38,171	38,502	42,659	43,620	43,550	49,247	51,264	46,301	50,206	49,613	59,495

出所：OECDデータより筆者作成

生産性の高い国は、大企業と中堅企業が中心となり、多くの労働者がこれらの企業で働いている産業構造を有しています。逆にもっとも非効率なのが、非常に小さい企業で多くの労働者が働いている構造です（図表2−9）。

日本では、従業員20人未満の企業で働く人の割合が20・5％で、アメリカのほぼ倍です。国税庁の調べによると、2015年には日本人労働者の29・9％が従業員30人未満の企業で働いていました。

こういった企業規模の問題は

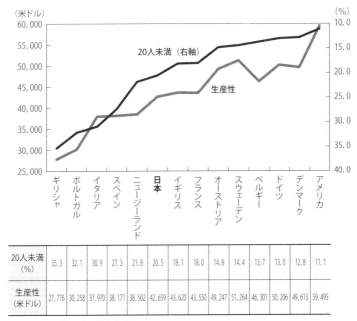

図表2–10　中小企業の売上高の分布（2016年度）

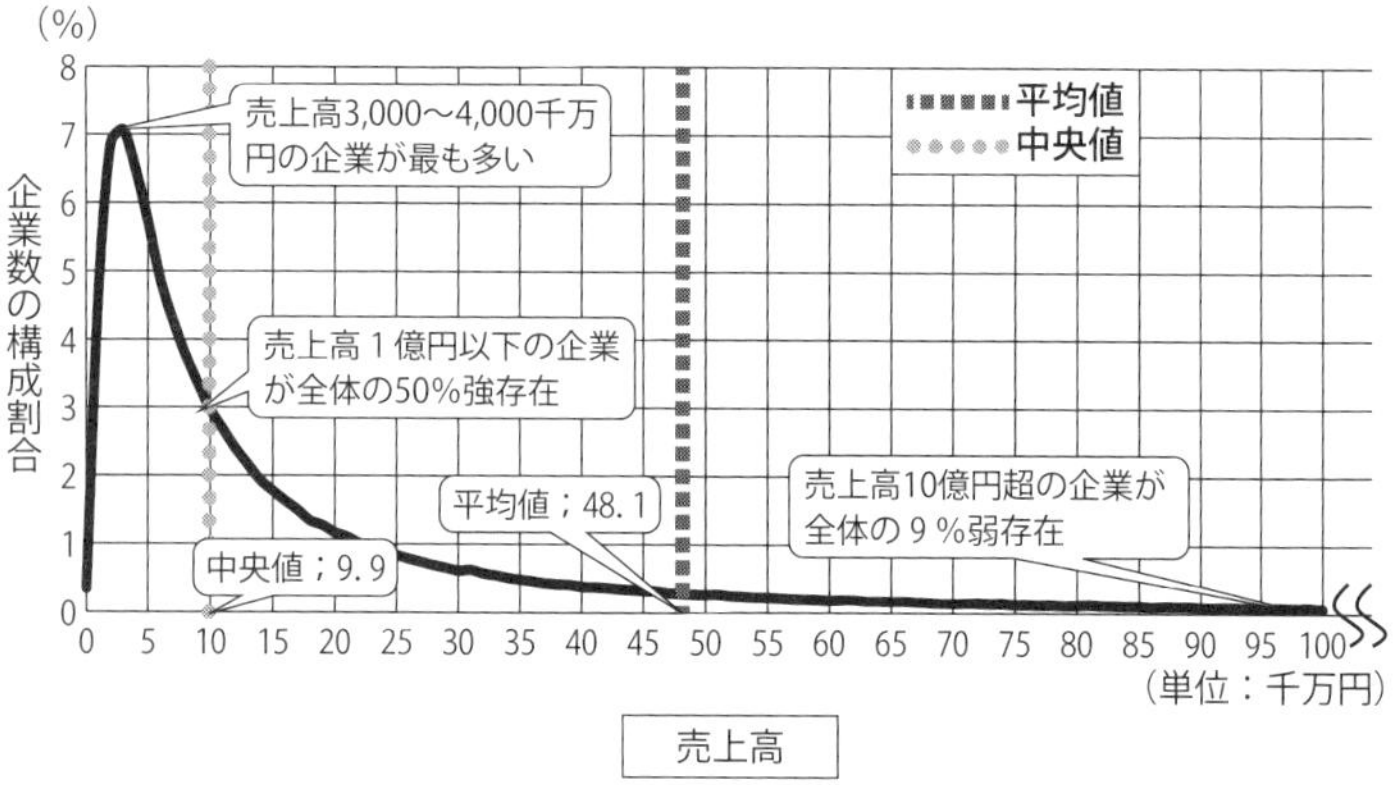

企業数：n＝953, 505
資料：一般社団法人 CRD 協会「平成30年度財務情報に基づく中小企業の実態調査に係る委託事業」（2019年３月）
出所：『中小企業白書　2019年版』

日本最大の課題ですので、本書ではこれから何度も、さまざまなデータで紹介していきます。

実は、日本企業の売上高の分布を見ると、1億円以下の企業が全体の50%強を占めています。全体の企業の売上の中央値はたったの9900万円です。平均値でさえ、4億8100万円です（図表2–10）。一般的に考えられている日本企業のイメージとこの実態は、相当異なっているのではないでしょうか。

日本の産業構造は小さい企業に偏っており、スペインやイタリア、ギリシャなどと同様に、産業構造が非効率になっています。だからこそ、生産性が同様に低いのです。

イタリア・スペイン経済の研究結果から日本は何を学ぶべきか

先にも述べたように、私はゴールドマン・サックスでアナリストをやっていた時代から、日本は潜在能力が高いのにもかかわらず生産性が低いことを、ずっと疑問に思っていました。どんな専門家の説明や理屈を聞いても、まったく納得がいきませんでした。

アナリストなので、自分でも仮説を立て、データを集めて検証してみましたが、やればやるほど謎は深まる一方でした。

しかし、2018年、企業の規模別労働者割合のデータを見て、初めて納得できる答えを得ることができました。日本は潜在能力ではスペインやイタリアよりはるかに高いのに、なぜ生産性はあまり変わらないのか、その謎がようやく解けたのです。

日本は人口が多く、国内にも比較的大きな市場があります。また、世界的に評価の高い技術力を有している上、勤勉な人材も非常に豊富です。これらを効率よく活用すれば、少なくともアメリカやドイツと変わらないほどに生産性を上げるのは、理屈の上ではまったく無理な話ではありません。
しかし、実際は生産性が先進国の中でも下位に低迷してしまっている状況です。このような事態になっているということは、世界経済フォーラムのデータでは把握できない重要な構造問題が潜んでいて、日本の生産性向上の障害となっていることを意味します。

さらに言えば、国際競争力ランキングでは、日本はスペインとイタリアよりかなり高い順位なのにもかかわらず、生産性はほぼ同水準です。このことも、日本はどこかにスペインやイタリアと共通の産業構造上の問題を抱えている可能性が高いことを暗示しています。

また、イギリスも日本と同様に国際競争力ランキングでは上位なのにもかかわらず、同じく生産性ランキングが下位に低迷しています。このことからは、イギリスもまたスペイン、イタリアと共通する産業構造上の問題を抱えている可能性が高いことが推察されます。

産業構造だけではなく経営者に問題があるのも、スペインやイタリアと同じです。日本の大学教育は評価が低く、また国際基準に照らすと、日本の企業はほとんど社員教育に投資していないのに近い状況です。労働者派遣法などの影響によって非正規雇用者の比率が上昇したことも、さらに状況を悪化させたと考えられます。

日本では経営者が高齢化する傾向も顕著で、平均年齢も大きく上がっています。国の生産性向上にはイノベーションの盛んな企業の貢献度合いがもっとも大きいのですが、社長の平均年齢が上がると、逆に生産性が大きく低下する傾向が確認されています。

このこともまた、日本の生産性を向上させる足かせになっていると考えていいでしょう。日本ではイタリアと同様に、経営者が会社への忠誠心をベースに選任される傾向が強いので、ICTが十分に活用できないなど、同じ問題が起こりがちです。

イギリスのようにアメリカを真似するだけでは結果は出ない

私自身がイギリス生まれだからということではなく、日本とイギリスの比較結果は、アナリストとして客観的に見てかなり衝撃的でした。

イギリス経済はアングロサクソン型なので、アメリカと似た経済政策を展開しています。世界経済フォーラムの数字を見ると、他のEUの国々に比べて、自由経済を目指してかなり規制緩和を進めてきました。特に労働市場政策がアメリカに似ています。

すでに紹介したとおり、イギリスが国際競争力ランキングで第8位になっているのは、このことが影響しているからだと考えられます。

しかし、アングロサクソン型の経済で、アメリカの規制緩和をかなり忠実に真似してきたにもかかわらず、アメリカのように生産性は高くなっていません。生産性は第26位で、日本と同様に低迷したままです。イングランド銀行の総裁は、イギリスの生産性の低さを「謎」と言っています。

イギリスの状況を参考に日本の問題解決策を考えるにあたっては、注意しておかなくてはいけないポイントがあります。

日本では多くのエコノミストが、アメリカと同じように規制緩和を推し進め、解雇規制の緩和や起業の促進などをすれば、アメリカのように生産性が上がると主張しています。

しかしイギリスではサッチャー首相の時代から規制緩和などの政策を推し進めてきたのに、アメリカのようには生産性が上がりませんでした。理由は、人口増加率の違いも当然ありますが、産業構造がアメリカとは大きく違うことにあります。

アメリカは小規模事業所で働く労働者の比率が非常に低く、大企業で働く労働者の比率が約50%とダントツに高いので、規模の経済が大きく働いています。

こういう産業構造の違いを無視してやみくもに規制緩和をしても、イギリスと同じように日本でも生産性が上がらない可能性が非常に高いように思いますし、現実にそうなっているのではないかと思います。

そもそも、労働市場の規制緩和によって日本の生産性が著しく低迷してしまった現実があったことを忘れてはいけません。

残念ながら、スペインやイタリアに関する分析以外は、企業の規模と生産性との関係に気がつく研究者がいないのか、深く探求した研究報告が見当たりません。

アメリカの生産性の高さの原因の1つは「big business が好きなこと」とよく言われますが、この件に言及している論文もあまりありません。

日本が抱える数々の問題は「産業構造」に根本原因がある

先進国の分析からは、産業構造の問題、すなわち小さな企業で多くの人が働いている構造が引き起こすのは、生産性が低下するという問題だけではないということもわかっています。実は日本が抱える数々の問題の根本原因こそ、この産業構造の問題なのです（図表2－11）。日本では、この点に関する認識がまったく不十分だと感じます。

たとえば、ギリシャ、イタリア、韓国、日本には、女性活躍が進んでいないという共通の特徴があります。一般的には、女性の活躍が進んでいないのは男尊女卑の風潮が強いからで、ゆえに生産性も低いと主張する人が少なくありません。しかし私は、この意見は違うと考えてい

図表2-11　さまざまな問題の根本に「小さい企業が多すぎる」問題がある

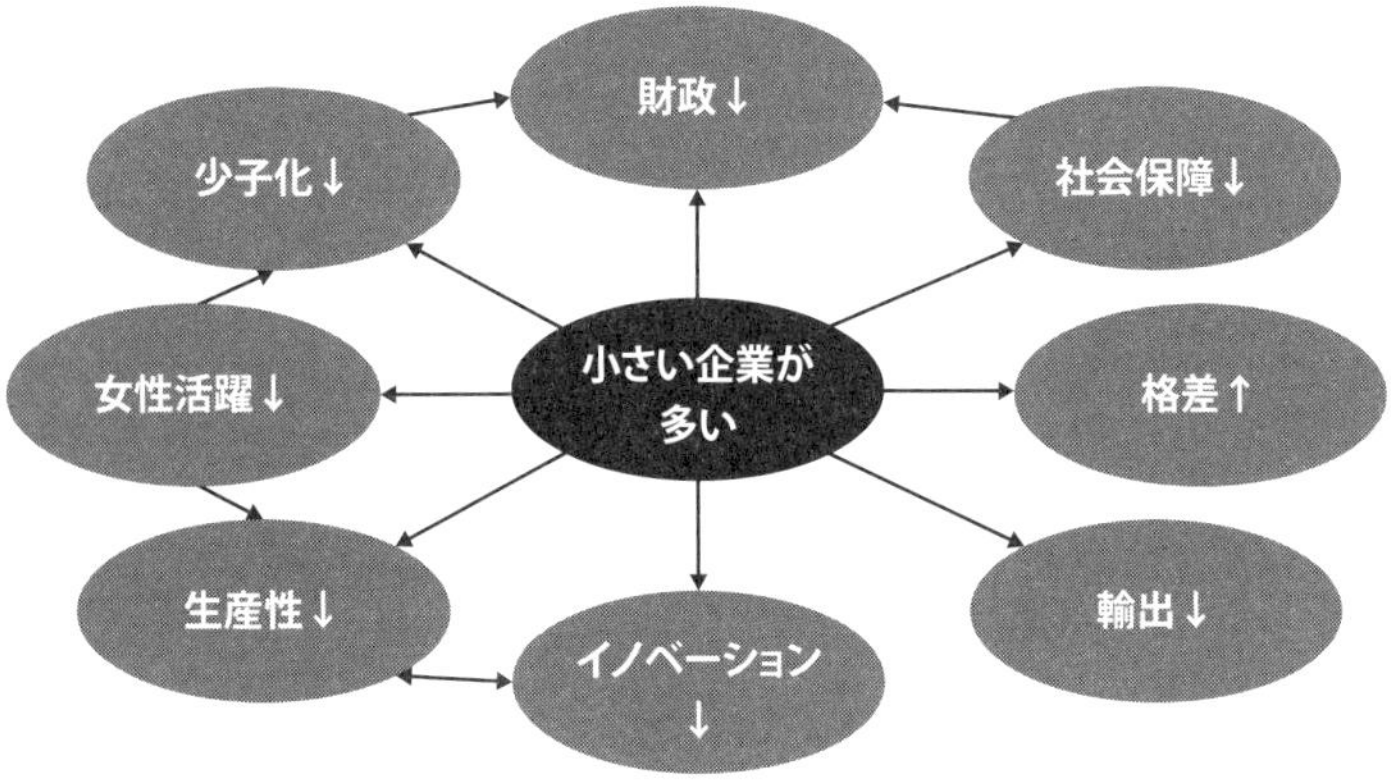

ます。

女性活躍が進んでいないのも生産性が低いのも、いずれも小さい企業が多すぎる産業構造がもたらした「結果」でしかありません。もっとも根深い問題こそ、「非効率な産業構造」なのです。

産業構造が非効率になると企業の対応力が下がり、女性が活躍しづらい社会になります。これも、SINKING国の特徴です。

格差の問題について考えてみましょう。中小企業の生産性は大企業より低いので、それらの企業で働いている人の所得は当然、大企業で働いている人よりも低くなります（図表2-12）。

中小企業が増えれば増えるほど、中小企業の平均規模が小さくなるので、規模の経済の恩恵を受けにくくなり、大きな企業で働く人との格差が広がります。ま

図表**2-12**　日本の企業規模別の年間平均給与と雇用者数

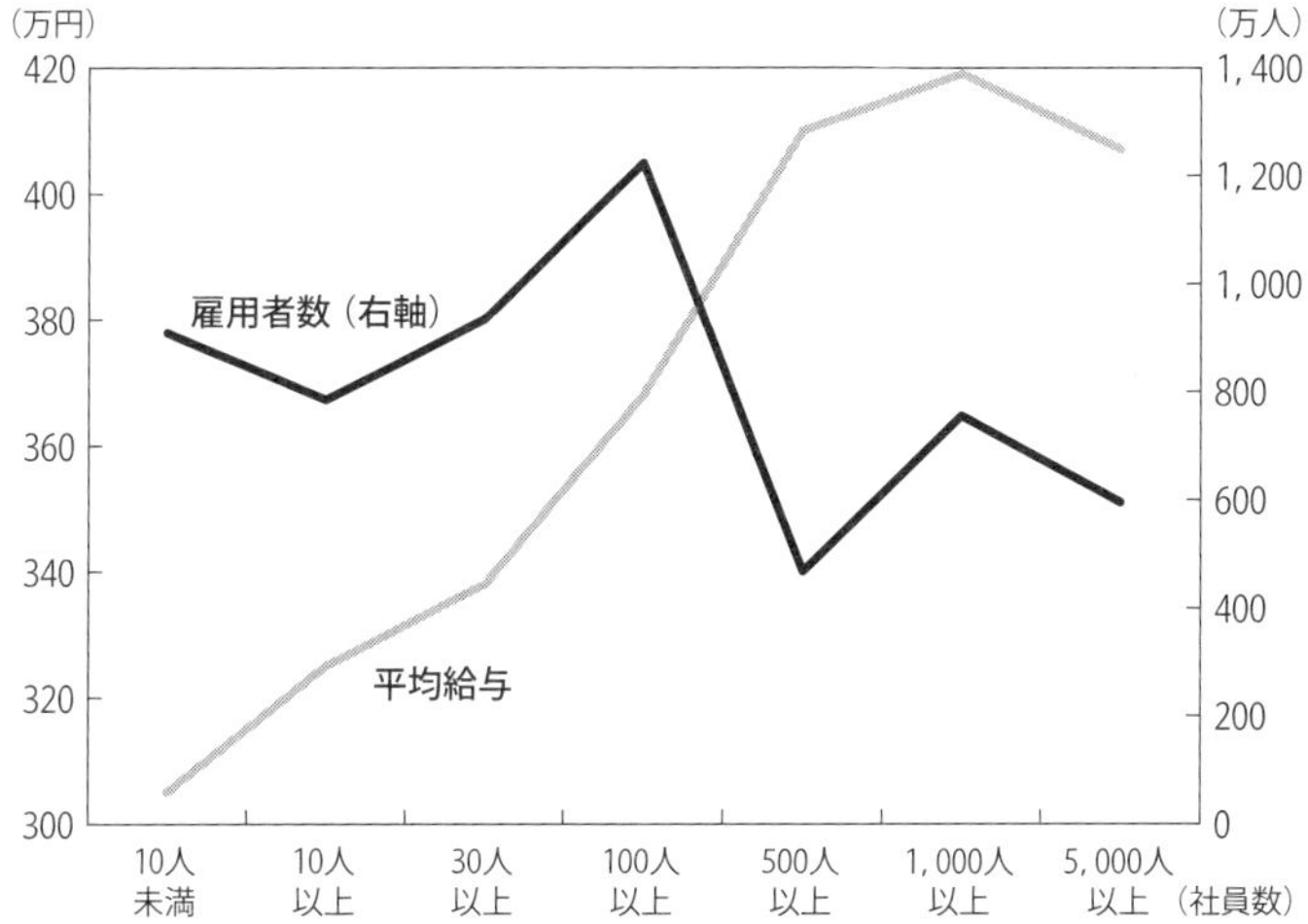

出所：統計局データ（2015年）より筆者作成

た、世界的に大企業と中小企業の生産性のギャップが拡大しているので、格差がさらに広がる傾向もいっそう鮮明になっています。

　国の財政状況も、産業構造に大きく左右されます。

　中小企業の割合が高くなると、生産性が低くなります。その分だけ税収が少なくなり、インフラを支える力が低下します。生産性の高い国と同じレベルのインフラを維持しようとすれば、その分だけ、国の借金が増えるのです。

出生率の低下や人口減少も「産業構造」で説明できる

注目したいのは、出生率や人口減少と産業構造の関係です。

ドイツのような例外もありますが、総じて言えば、中小企業で働く労働者の比率が高い先進国ほど、出生率が低い傾向があります。また、中小企業で働く労働者の比率が高い国ほど、人口減少のスピードが速いことも確認できます。

『中小企業白書　2019年版』には、この点に関して「特に人口減少が顕著な地域において、中小企業の事業所の割合及び中小企業の事業所に勤務する従業者数の割合が高い傾向が見られる」という記述がありました。

これらの国で、なぜこのような現象が共通して現れているのか。要因はいろいろなことが複雑に絡み合っており、ある特定の事象に限定することは困難です。

しかし、データで見るかぎりにおいては、「風が吹けば桶屋が儲かる」ではありませんが、何らかの因果関係が存在するように思います。以下のような要因によって将来を悲観し、結婚したり子どもを持ったりすることをためらわせている姿が想像できます。

①国の財政が不安
②自分の所得が少ない
③職場が不安定
④年金の健全性が心配
⑤労働条件が過酷

1つだけ説明しておくと、④「年金の健全性」は企業の生産性と強い相関関係があることが世界中で確認されています。なぜなら、生産性が伸びないと年金の財源が危なくなるからです。中小企業が多いと生産性に下押しの圧力がかかるので、人口が増加しなければ年金収入も増加しません。その結果、今の日本のように年金に対しての不安が生じます。

これだけでも本が1冊書けるテーマですので、ぜひ他の著者さんにこのテーマで書いていただきたいと思います。

産業構造が非効率であることが、日本を低迷させているさまざまな問題の根幹にある。この仮説を唱えている人を、私は寡聞にして知りません。私のオリジナルの仮説だと考えています。

イノベーションが進まない理由、働き方改革が進まない理由も、この産業構造の非効率性に原因があると思っています。日本経済が30年間伸びていない理由も、「産業構造の非効率性」にあると思っています。

「産業構造の非効率性」が諸悪の根源であるというこの結論は、長年の研究の結果、最近発見したものです。政府委員会などでも議論された形跡はありませんし、ネットを検索しても出てきません。研究者も一般の議論好きな人も気がついていなかった、一種の盲点だったのでしょう。

日本経済の問題は「ゾンビ企業」の存在にあるという指摘を耳にしたことがありますが、研究の過程でこれも正しくないことがわかりました。ゾンビではない健全な会社であっても、非常に小さい企業で多くの労働者が働いていると、生産性は低下するのです。この件については第3章で解説します。

アメリカ以外の先進国の場合、生産性が向上するかしないか、生産性が高いか低いかを決定する重要な要素は、産業構造が大企業と中堅企業に偏っているか、小規模事業者に偏っているかということです。

日本は、大企業が少なく、中堅企業よりは小規模事業者が多いので、生産性が低迷する構造になっています。

つまり、日本の生産性の問題は中小企業問題なのです。日本の将来は、中小企業政策をどうするかにかかっているのです。

参考文献

Dirk Pilat, "Spain's Productivity Performance in International Perspective," Paper Prepared for OECD Workshop on Productivity, Madrid, October 17-19, 2005.

Miguel Cardoso, "The Recovery of Productivity in Spain: Is It Sustainable?" BBVA Research.

Emilio Huerta Arribas and Vicente Salas Fumás, "Spanish Firm Size and Productivity. The Forgotten Resource of Management Quality," EuropeG, Opinion and Discussion Group on Political Economy, Policy Brief, No. 12, October 2017.

José-María Serrano-Martínez and Ramón García-Marín, "Demographic Stagnation and Decline in Spain: A Cause for Concern?" Bulletin of Geography, Socio-Economic Series, No. 39, March 2018.

Laia Castany, Enrique López-Bazo, and Rosina Moreno, "Differences in Total Factor Productivity Across Firm Size. A Distributional Analysis," 45th Congress of the European Regional Science Association, August 2005.

Enrique Moral-Benito, "Growing by Learning: Firm-Level Evidence on the Size-Productivity Nexus," *SERIEs*, Vol. 9, No. 1, 2018.

Bruno Pellegrino and Luigi Zingales, "Diagnosing the Italian Disease," NBER Working Paper, No. 23964, May 2019.

Francesco Daveri and Maria Laura Parisi, "Experience, Innovation and Productivity: Empirical Evidence from Italy's

Slowdown," CESifo Working Paper, No. 3123, July 2010.
OECD, "Fiscal Challenges and Inclusive Growth in Ageing Societies," OECD Economic Policy Paper, No. 27, September 2019.
OECD, "Looking to 2060: Long-Term Global Growth Prospects," OECD Economic Policy Papers, No. 03, November 2012.
OECD, *Entrepreneurship at a Glance 2017*, 2017.
Andrew G. Haldane, "Productivity Puzzles," Bank of England, Speech, March 2017.
Silvana Tenreyro, "The Fall in Productivity Growth: Causes and Implications," Bank of England, Speech, January 2018.
Daniel Harari, "Productivity in the UK," House of Commons Briefing Paper, No. 06492, July 2017.
Ministry of Economic Development, "SMEs in New Zealand: Structure and Dynamics Wellington," Ministry of Economic Development, July 2007.

第3章

日本企業の生産性が低いのは、規模が小さすぎるからだ

生産性を決める5つの要素

生産性を決める要素は、主に以下の5つです。このことは、生産性を分析し、研究を深めれば深めるほど「間違いない」と確信が強くなります。

①総人口に占める生産年齢人口の比率
②生産年齢人口の就業率（労働参加率）
③企業の平均規模
④輸出率
⑤イノベーション

以上のうち、①と②は国全体の生産性に影響し、残りは主に労働生産性に影響を与えます。

日本では1992年に総人口に占める生産年齢人口の比率（①）がピークになり、現在は低下傾向にあります。この傾向は今後何十年にもわたって続くと予測されています。つまり、日本では生産年齢人口の構成比率の低下により、他国より大きなマイナスの影響が国全体の生産性に及び続けるのです。

日本では近年、労働参加率（②）はかなり高い水準まで上昇しています。特に女性の労働参加率が上昇したことで、ここ十数年は生産年齢人口の減少によって生じたマイナス分が緩和されてきました。

労働参加率を高めるよう促すのは、一言で言うと「量」を増やして生産性を高める戦略です。しかし、日本ではすでに労働参加率が相当高くなっているので、これ以上は「量」による緩和効果を期待するのは難しくなりつつあります。

生産性を高めるには「労働生産性」を高めるしかない

このような状況なので、生産性向上のために残されている手段は1つしかありません。それは「労働生産性を高めること」で、これこそが日本の課題です。

人口が減少する時代に見当違いのことをやみくもにやっても、労働生産性が上がるはずはありません。労働生産性を高めるには何をするべきか、きちんと理解しておかなくてはいけません。

生産性向上の話になると、どうすれば高くなるかという、手段の説明に興味が集中しがちです。私自身も、『新・所得倍増論』と『新・生産性立国論』では、生産性を高くするにはどうするべきか、かなり細かく説明しています。

方法論自体は否定しませんが、方法論はあくまでも方法論であって、分析を進めるともっと深い原因究明が不可欠なのがわかります。

最初に理解しておくべきなのは、労働生産性を決めるもっとも重要な要素は「企業の平均社員数」だということです。企業の規模が大きくなればなるほど、労働生産性が高くなるからです。

これは経済学の大原則です。「規模の経済」という言葉のとおり、企業の規模が大きくなればなるほど生産性が高くなり、企業の規模が小さくなればなるほど生産性が低くなります。これは全世界で共通の大原則であって、大昔から知られています。「経済学の父」アダム・スミスも、このことを解明しています。当然ですが、小規模事業者より中堅企業のほうが生産性が高く、中堅企業より大企業のほうが生産性が高くなります。

もちろん、個別企業ごとに見れば例外はいくらでも見つかりますが、それはあくまでも例外です。また、中小企業の中でも大企業より生産性の高い企業がありますが、その場合、主に賃金が高いという特徴が確認できています。輸出比率が高い中小企業ほど賃金水準が高いことも、後ほど紹介するドイツの分析で明らかにされています。こういったケースはありますが、少数の例外ケースです。

国全体で見ると、大企業と中堅企業が多くなるほど生産性が高くなります。逆に、小さい企業が増えるほど、その国の生産性が低くなります。私が中小企業の多さを問題視する理由は、中小企業の生産性が低いからです。

この第3章では、このような基本的な傾向があることをご理解いただいた上で、主にEUの28カ国と比較しながら、日本の産業構造を企業の規模に注目して検証していきたいと思います。

『中小企業白書』は「宝の山」だった

2019年の夏、『中小企業白書』を読破しました。約650ページの大著です。データがたくさん掲載され、事例も豊富で、かなり細かく調査されている印象を持ちました。

しかし、せっかく細かく調査してはいるものの、その結果を深く分析した形跡は一切見られませんでした。分析はしたけれどその結果は非公開にしているのか、そもそも分析をしていないのかはわかりません。

細かく調べて現状を徹底的に把握しようと努めている姿には感動しますが、日本の産業構造のどこに問題があって、政策的にどう対応するべきか検討した様子はほとんどありませんでした。そもそも、その問題意識すらないように感じました。


実は『中小企業白書』には、きわめて重要なデータも紹介されていました。いくつかのデータには、日本の産業構造問題の真髄とも言える大きな意義が含まれています。

しかし、このようなきわめて重要なデータも、ただ単に数字として紹介されているだけです。深い解説も加えられておらず、その重要性や意義、またはそのデータが示唆することについては何のコメントもありませんでした。

こういう貴重なデータを見つけ、私自身は興奮を抑えられませんでした。同時に、白書ではこの重要なデータの意味をなぜ追究していないのか、考えれば考えるほどわからず、首を傾げるばかりでした。

ただ、ある意味でびっくりはしませんでした。なぜなら、ゴールドマン・サックス時代にも似たような経験をしたことがあったからです。

同社でアナリストをやっていた当時、同僚の日本人アナリストが書いたレポートを監修していた時期がありました。会社には証券業界の誰よりも担当している業界や企業に詳しく、とんでもなく細かいところまで調査しているアナリストが何人もいました。

しかし、そのアナリストはデータを集めることが最優先で、データの目的や意義、重要性、または、そのデータの意味することに関して、ほとんど何の興味も示していなかったのです。とにかく、データの量で勝負しているようでした。

そんなアナリストたちの様子を見ていつも感動（もちろん皮肉です）を覚えていたのを、今回『中小企業白書』を読んで思い出しました。おそらく『中小企業白書』をつくられた担当者も、先のアナリストたちと似たような感覚だったのではないかと感じました。日本の大学教育に見られる、知識重視、思考軽視の影響でしょうか。

と、やや辛口になってしまいましたが、私は別に白書自体に価値がないと言いたいわけではありません。さきほども述べたように、白書には非常に豊富なデータが集められています。ただ、データを集める以上の分析がなかったことが残念で、もったいないと感じただけです。

今回は、それらのデータを使って、アトキンソン版『中小企業白書解説』（のようなもの）をつくってみたいと思います。

図表3-1　中小企業基本法の中小企業の定義

業種	中小企業者		うち小規模企業者
	資本金　または	従業員の数	従業員の数
製造業その他	3億円以下	300人以下	20人以下
卸売業	1億円以下	100人以下	5人以下
サービス業	5,000万円以下	100人以下	5人以下
小売業	5,000万円以下	50人以下	5人以下

中小企業だらけの国、日本

ここからは「日本の生産性が低迷している問題の、そもそもの原因は中小企業である」という認識に立ち、日本の中小企業がどのような状況になっているのかを確認していきたいと思います。

まずは日本の中小企業の定義をおさえておきましょう。他の多くの国同様、日本には中小企業の定義はあるものの、大企業の定義はありません。中小企業の枠を超えた規模の会社が大企業とされているだけです。

中小企業は、1999年に改正された中小企業基本法によって図表3-1のように定義されています。

『中小企業白書』によると、2016年の日本の企業の数は359万社でした。大企業は1・1万社で、それ以外は中小企

図表**3-2**　日本の産業構造と生産性（2018年）

	企業数		従業者	
	数	構成比	数	構成比
大企業	11, 157	0. 3	14, 588, 963	31. 2
中堅企業	529, 786	14. 8	21, 763, 761	46. 5
小規模事業者	3, 048, 390	84. 9	10, 437, 271	22. 3
合計	3, 589, 333	100. 0	46, 789, 995	100. 0

	付加価値		労働生産性	1社あたり平均社員数
	億円	構成比		
大企業	1, 205, 336	47. 1	8, 261, 972	1, 307. 6
中堅企業	993, 663	38. 9	4, 565, 677	41. 1
小規模事業者	357, 443	14. 0	3, 424, 679	3. 4
合計	2, 556, 442	100. 0	5, 463, 651	13. 0

出所：『中小企業白書　2019年版』より筆者作成

業としてくくられています。

中小企業の内訳は、小規模事業者が305万社で全体の84・9％を占め、中堅企業は53万社で全体の14・8％となっています（図表3－2）。

私が最近、日本の生産性が低迷している問題の根幹に中小企業の問題があると論じていることに対しては、根拠もなく感覚的に反論してくる人もいます。

彼ら曰く、「日本の中小企業は国の宝」「日本の経済を支えているのは中小企業」「中小企業こそ技術の宝庫」なのだそうです。

しかし、日本企業の99・7％を中小

企業が占めていることを冷静に捉えれば、日本の生産性が低いのは中小企業に原因があるという主張は、きわめて当然に受け入れられるはずです。難しいことは何もありません。

中小企業の生産性はどのくらい低いか

『中小企業白書』には、2016年の企業数が規模別に掲載されています。しかし、残念ながら付加価値のデータは2015年の数字しか載っていません。

本来は同じ年のデータを使いたいのですが、仕方がないので、企業数は2016年、付加価値は2015年のデータを使って、企業の規模別の生産性を出してみました。データとしては完璧ではありませんが、日本経済はここ数年安定しており、企業数もそれほど大きく変動はしていないので、2016年と2015年のデータを併せて使っても的外れな結果になることはないと考えます。

図表3−2をご覧ください。日本全体では、労働者1人あたりの創出付加価値（労働生産性）は546万円でした。次に、企業の規模別の労働生産性の違いに注目してみましょう。

大企業の創出付加価値は1人あたり826万円なのに対して、中小企業全体では420万円。

大企業の実に50・8％と、ほぼ半分の水準です。

さらに中小企業を中堅企業と小規模事業者に分けて見てみると、中堅企業が457万円で、小規模事業者は342万円となっています。中堅企業は大企業の55・3％ですが、小規模事業者はわずか41・5％の水準でした。

日本には「問題は大企業にある」「大企業病」「大きいことは必ずしもいいことではない」など、大企業を否定的に捉える傾向があります。しかし数字を見れば明らかなように、日本では大企業の生産性が圧倒的に高く、中小企業の生産性のほぼ倍なのです。

1社あたりの平均社員数を見てみると、大企業が1社あたり1308人なのに対し、中小企業はたったの9人です。この数字は小規模事業者を含めた平均です。

ふたたび、中堅企業と小規模事業者に分けて見てみますと、中堅企業が41人なのに対し、小規模事業者は3人という驚きの数字であることがわかりました。

日本では全労働者の22・3％にあたる1044万人が、このようにきわめて規模の小さい小規模事業者で働いています。

図表3-2にあるように、大企業の数は全体の0・3％で、これら大企業に勤めている労働

者は全労働者の31・2％ですが、創出している付加価値額では47・1％を占めます。一方、小規模事業者は企業数で84・9％、労働者は22・3％を占めているのに、総付加価値の14・0％しか創出していません。

ところで『中小企業白書』では、2016年の日本の就業者数は4679万人となっています。一方、厚生労働省が発表している2019年の就業者数と雇用者数は、6787万人と6046万人。『中小企業白書』の就業者数と大きな乖離があります。この件は分析を進めるにあたって考慮しておく必要があります。厚生労働省の定義では、就業者数は「自営業主」「家族従業者」「雇用者」に分かれます。

ですから、『中小企業白書』は示唆のためには使えますが、完全な分析ではないことは理解しておいてください。

EU各国との比較からわかること

比較のため、EUの28カ国（以下「EU28」）の状況も確認しておきましょう（図表3－3）。

EU28の生産性は日本の1・13倍でした。その中身を見ると、日本の大企業の生産性はEU

図表3-3　各国の企業規模別生産性（円）

	日本	EU28	ドイツ	イギリス
中小企業	4, 195, 847	5, 262, 850	5, 950, 879	7, 289, 109
大企業	8, 261, 972	7, 926, 530	8, 714, 360	8, 193, 629
合計	5, 463, 651	6, 157, 767	6, 967, 515	7, 705, 271
【日本の比率】				
中小企業	100. 0	79. 7	70. 5	57. 6
大企業	100. 0	104. 2	94. 8	100. 8
合計	100. 0	88. 7	78. 4	70. 9

	フランス	スウェーデン	デンマーク	フィンランド
中小企業	6, 915, 261	7, 948, 400	9, 890, 225	7, 357, 366
大企業	9, 031, 762	10, 180, 147	11, 751, 734	8, 914, 284
合計	7, 727, 094	8, 718, 210	10, 566, 058	7, 897, 537
【日本の比率】				
中小企業	60. 7	52. 8	42. 4	57. 0
大企業	91. 5	81. 2	70. 3	92. 7
合計	70. 7	62. 7	51. 7	69. 2

注：1ユーロ＝120円で計算
出所：中小企業庁、ユーロスタットデータより筆者作成

28より4％高いことがわかります。

問題は、中小企業の生産性の低さです。全体の生産性を低下させているのは、EU28の79・7％の生産性しか創出していない中小企業なのです。EU28の中小企業の生産性は平均526万円だったのに対し、日本は419万円でした。

EU28のうち、特に生産性の高い国と比べると、日本の中小企業の生産性の低さが日本全体の生産性の足を引っ張っている様子が明らかになります。たとえば日本の中小企業の生産性は、ドイツの70・5％、フランスの60・7％、イギリスの57・6％しかありません。

第2章で紹介したように、日本の産業構造は大企業が少なく、中小企業が圧倒的に多いという点でスペインやイタリアに似ています。スペインやイタリアと比較すると、やはり、日本の生産性が低いのは大企業ではなく中小企業に原因があるのがはっきりします（図表3−4）。日本の大企業の生産性は、スペインの大企業の生産性の122・0％。一方、中小企業の生産性は、日本はスペインとほぼ変わらないのです。イタリアとの比較でも同じ傾向が認められます。

EUの28カ国の中でも、イタリア・スペイン・ギリシャのグループは、イギリス・フラン

図表3-4　各国の企業規模別生産性（円）

	日本	スペイン	イタリア	ポルトガル	ギリシャ
中小企業	4,195,847	4,237,842	4,967,001	2,640,141	1,839,407
大企業	8,261,972	6,774,641	8,895,988	4,332,313	6,079,802
合計	5,463,651	4,937,180	5,812,918	3,011,958	2,464,874

【日本の比率】					
中小企業	100.0	99.0	84.5	158.9	228.1
大企業	100.0	122.0	92.9	190.7	135.9
合計	100.0	110.7	94.0	181.4	221.7

注：1ユーロ＝120円で計算
出所：中小企業庁、ユーロスタットデータより筆者作成

ス・ドイツを含む生産性が相対的に高いグループとは一目瞭然の違いがあります。イタリア・スペイン・ギリシャの産業構造には、ミクロ企業が多いという共通の特徴があるのです（図表3－5）。

会社の規模が小さくなるほど生産性が低くなるのは、世界中で確認されている確たる事実ですので、規模の小さい企業で働く労働者の比率が高くなるほど、国全体の生産性が下がります。

つまり、イタリア・スペインなどの生産性が低い最大の理由は、それぞれの国の企業全体の問題ではなく、中小企業の生産性が低いことと、中小企業で働く労働者の比率が高いことにあるのです。

逆に、生産性の高い大企業で働く人の比率が高くなるほど、また大企業の生産性が高くなるほど、当然ながらその国や業種全体の生産性は高くなります。

図表3-5　企業規模別労働人口の割合

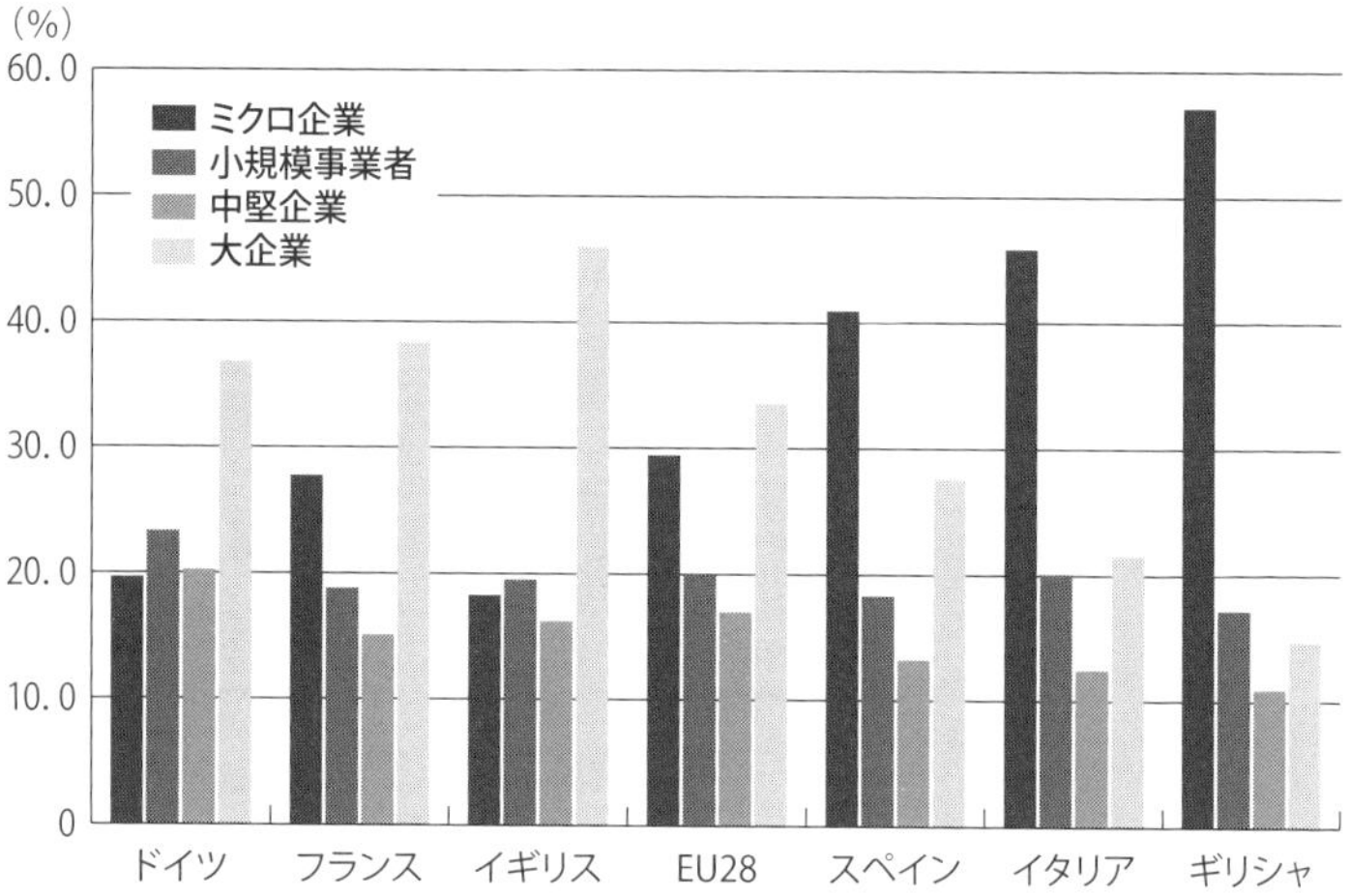

出所：ユーロスタットデータ（2018年）より筆者作成

大企業の創出する付加価値が全体に占める比率と、その業種全体の付加価値の間には、強い相関があります。実際に計算すると、0・84ときわめて高い相関係数が認められます。

また、その業種の大企業で働く人の比率とその業種全体の付加価値の相関係数は0・79です。その業種の労働人口が大企業に集約されている「大企業集約型業種」のほうが、国全体の生産性の向上に大きく貢献していることがわかります。

つまり、大企業が増え、そこで働く人が増えるほどその業種やその国全体の生産性が高くなり、反対に中小企業の占める比率が高くなるほど、その業種とその国の生産性は低くなるのです。

国際比較でわかる日本の大企業の少なさ

ＥＵ28などと比較すると、日本にはもう１つ大きな問題があることがわかります。それは、日本の「中小企業」の定義が相対的に小さいことです。

日本の中小企業の定義は１９９９年まで、製造業の場合は従業員３００人以下、その他は50人以下となっていました。一方、他の先進国の場合、従業員２５０人未満の企業を中小企業と定義しているところが大半です（この件に関しては、後ほど説明します）。

すでに説明したとおり、正確に言うと日本には大企業の定義が存在しません。中小企業の定義に当てはまらない企業を、中小企業ではないから「大企業」としているだけです。

そのため、日本の大企業の規模は、製造業以外は海外と比べてかなり小さいのです。各業種の従業者数を使って中小企業の基準の加重平均を計算すると、日本の中小企業の平均従業者数は約１７０人となります。これはＥＵ28の約3分の2です。

日本で言う大企業の多くは、海外では中小企業の範疇に分類されます。つまり、日本人労働者の中で大企業で働いているとされている人の割合は、実際より大きく認識されているのです。海外の基準で考えると日本の大企業の数は減り、生産性はさらに上がります。逆に中小企業で働いている人の数は増えることになります。実際、海外と同じ基準で日本の大企業労働者比率をカウントし直すと、『中小企業白書』に記載されている31・2％ではなく、約20％になります。これはアメリカの半分以下の水準です。

日本には大企業が少なく、中小企業が多いことを、別のデータでも確認してみましょう。ドイツには大企業が1万社あります。基準が違うのでそもそも単純比較はできないのですが、ドイツ基準より多くなる日本式にカウントしても、日本の大企業の数は1・1万社です。ドイツの人口は8315万人と、日本の1億2602万人の3分の2ほどです。この人口の違いを考えれば、日本に大企業がいかに少ないか、おわかりいただけると思います。

このように、日本で大企業とされている会社は、世界水準ではごく一部を除いて大企業ではなく、中堅企業なのです。このような状況になってしまっているのは、日本が経済の規模は大きいのに、産業構造が細分化されすぎて、多くの企業がグローバルで戦える規模にまで成長していないことが原因です。

『中小企業白書』には、他の国のような従業員の規模別に細かく分けたデータは載っていません。本来は海外の多くの国と同じように、大企業と中小企業のデータだけではなく、9人以下、19人以下、49人以下、249人以下といった企業規模別の細かいデータがほしいところです。

細かいデータがあれば、日本の生産性が低迷している原因がどこにあって、どのような対策を打つべきか、より具体的に明らかにできるのですが、残念です。

日本の生産性が低いのはサービス業に問題があるのか

次に、日本の生産性が低い原因を追及しなければなりません。

先述したように、よく「日本は製造業の生産性が高いが、サービス業は低い」という意見を耳にします。また、「日本人はものづくりが得意だから、製造業は高い生産性を誇っている。一方、サービス業は日本人の不得意分野なので、生産性が低くなっている」という意見も耳にします。

この類の意見は、さらに「サービスに対して日本人は対価を払わない」と展開することが多いようです。つまり、日本のサービス業の生産性の低さは、日本の文化、価値観、または国民性に起因していると言いたいようなのです。

たしかに、日本企業の全体の生産性が546万円なのに対し、製造業は722万円で、宿泊・飲食業は193万円、小売業は365万円です。これらの数字だけを見ると「おもてなし犯人説」は有力なように思えます。

しかし、日本人がサービスに対して対価を求めない国民性なのであれば、サービス業に属しているすべての企業の生産性が満遍なく低く、そのため全体の生産性が低くなるという理屈になります。同じく、日本人はものづくりが得意だから製造業の生産性が高いという意見も、どの製造業の企業も生産性が高いと主張しているような印象を受けます。

しかし、本当にそうなのでしょうか。単なる都市伝説、もしくは思い込みの可能性はないでしょうか。サービス業の生産性が低い原因が本当に国民性にあるならば、普通の分析方法だけでは説明がつかないはずです。きちんと確かめておく必要があります。

この「おもてなし犯人説」が正しいのか否かは、『中小企業白書』のデータで検証することが可能です。実際に、数字で確認してみました（図表3－6）。

まずは業種別の生産性と規模を比較します。両者の間の相関係数が低ければ「おもてなし犯人説」が正しいと考えられます。逆に高ければ、この説は否定されます。

日本の業種別の1社あたりの平均社員数と生産性の相関関係を計算すると、0・84ときわめて強い相関関係があるのがわかります（鉱業と複合は特殊事情のため除外）。製造業の生産性が高い最大の理由は、日本の製造業の企業の平均的な規模が大きいからです。日本のサービス産業の生産性が低い根本的な原因は、サービス業の平均的な企業規模が製造業の平均規模より小さいからです。それだけにすぎません。

この傾向は、イギリスの「Understanding firms in the Bottom 10% of the Labour Productivity Distribution in Great Britain: the "Laggards", 2003 to 2015」という論文でも言及されています。

生産性の下位10％の企業のうち、実に90％以上が従業員数9人以下でした。従業員9人以下の企業は全企業の約30％ですから、規模が小さい企業ほど生産性が低いことが確認できます。また、業種別に見ると下位10％企業のほとんどがサービス業で、特に小売業と飲食業の占める割合が高いとあります。

小さい企業が少ない都道府県ほど、生産性が高い

日本の生産性が低い最大の理由は、企業の規模が小さすぎることや細分化されすぎているこ

（単位：人）

平均社員数			
大企業	中堅企業	小規模事業者	全体
848.8	48.5	7.6	15.5
1,541.5	57.1	5.1	8.5
1,679.9	82.5	5.6	24.8
4,907.9	123.5	6.6	189.7
1,097.4	59.0	3.7	36.6
3,493.0	98.9	7.2	45.1
614.1	32.2	3.3	16.3
1,105.6	28.5	2.6	11.7
3,874.0	94.4	4.0	45.8
785.1	60.8	2.5	4.7
614.3	21.9	2.7	7.8
1,799.2	31.1	2.9	9.7
761.9	40.7	2.2	6.1
890.5	30.0	2.1	6.7
771.2	19.1	3.1	9.1
407,809.0	9.6	2.8	123.6
1,324.2	57.4	3.2	29.9
1,307.6	41.1	3.4	13.0

図表3-6　業種・企業規模別の生産性と平均社員数

（単位：円）

	生産性			
	大企業	中堅企業	小規模事業者	全体
鉱業	50, 103, 093	15, 696, 142	41, 518, 783	32, 391, 400
建設業	12, 515, 831	6, 143, 321	4, 062, 690	5, 675, 709
製造業	10, 920, 135	5, 826, 941	3, 894, 514	7, 219, 672
電気・ガス	23, 547, 776	9, 567, 412	20, 216, 685	20, 970, 996
情報通信	15, 818, 468	6, 600, 503	4, 329, 562	9, 994, 897
運輸業	7, 692, 364	4, 357, 286	4, 155, 096	5, 238, 468
卸売業	11, 113, 584	6, 801, 377	4, 754, 268	7, 709, 376
小売業	4, 358, 096	3, 511, 834	2, 493, 764	3, 649, 682
金融・保険	12, 902, 445	10, 727, 748	5, 522, 464	12, 103, 581
不動産	11, 509, 995	6, 438, 437	4, 690, 733	6, 457, 465
学術	16, 112, 439	7, 944, 170	5, 765, 642	9, 702, 474
宿泊・飲食	2, 199, 134	2, 079, 297	1, 403, 951	1, 935, 576
生活関連	5, 689, 693	3, 519, 000	1, 851, 228	3, 382, 625
教育	3, 500, 153	2, 199, 792	861, 058	2, 066, 906
医療・福祉	2, 440, 220	2, 891, 114	3, 112, 092	2, 892, 895
複合	4, 736, 041	2, 777, 778	760, 660	4, 646, 442
サービス業	3, 977, 478	2, 913, 217	3, 207, 571	3, 304, 793
平均	8, 261, 972	4, 565, 677	3, 424, 679	5, 463, 651

出所：『中小企業白書　2019年版』

とである。この仮説が正しいか否かを確かめるためには、さまざまな相関関係を出して確認する方法がベストです。

『中小企業白書』には県別の数字もありますので、県別という切り口で確認することもできます。県別で見ると、企業の規模の大小が生産性の高低に大きな影響を与えている傾向がさらに明確に見てとれます。

各都道府県の生産性と企業の平均規模の相関係数は0・83で、両者の間に非常に強い相関関係があるのがわかります。各都道府県別の生産性は、主に中小企業の占める割合の大きさで決まります。中小企業が占める割合が大きいほど、その都道府県の生産性は低くなっているのです（図表3−7）。

また、製造業が多くなればなるほど、その県の企業の平均規模が大きくなるので、それにともない生産性が高くなることも確認できます。しかしそれだけでは、ここまで強い相関関係が出るはずはないと思います。各業種内でどれほど中小企業が多いのかも、影響を及ぼしているはずです。

ＥＵ28のデータで確認すると、その国の所得とその国の企業の平均規模との相関係数は0・

58でした（ここで所得を使用し相関係数を求めた理由は、アイルランドやオランダのように、タックスヘイブン［法人税の節税対策］などによる特殊要因によって、GDPが押し上げられている国の特殊要因を排除するためです）。EU28のデータは、それぞれ異なる28カ国のデータが統合されているため、相関係数は日本ほど高くはありませんでした。しかしそれでも、経済学が示すとおりの強いスケールメリットが認められます。

ここまで強い相関関係が認められるとなると、国民性などより企業規模のほうが生産性に強い影響を与えているのは明らかです。このことは一般的な経済学の原則にそっていますので、特殊要因説は否定されるのです。国民の向き不向きなどということを理由に挙げる人は、生産性の低い業種の特徴と低生産性体質とを混同しています。ただ単に検証不足なのです。

生産性は「業種」で決まるか、「規模」で決まるか

企業の規模と生産性の相関関係が、業種に関係なく満遍なく確認できることは重要なポイントです。しかし、企業の規模と生産性の相関関係はあくまでも相関関係です。ここで手を止めるのではなく、なぜ強い相関関係があるのかを突き止める必要があります。業種に起因しているのか、規模に起因しているのかを確認しないといけません。

（単位：人）

平均社員数			
大企業	中堅企業	小規模事業者	全体
838.8	37.6	3.4	10.2
740.7	35.7	3.2	8.4
511.3	35.8	3.4	8.9
668.6	37.9	3.5	10.5
660.9	35.4	3.2	8.0
445.3	37.4	3.3	8.3
1,167.6	37.5	3.5	9.3
975.8	37.4	3.5	9.0
765.0	35.3	3.4	8.6
1,060.5	37.9	3.4	9.4
1,203.4	40.0	3.5	10.3
1,268.4	35.3	3.4	10.4
1,697.6	56.1	3.5	31.7
1,105.8	40.0	3.4	12.4
800.1	39.5	3.4	9.6
728.6	38.8	3.5	10.6
574.2	39.7	3.4	9.4
607.6	37.2	3.5	8.8
612.8	35.1	3.4	7.7
666.4	38.0	3.3	8.5
1,077.9	38.1	3.4	9.4
951.4	38.9	3.4	9.8
1,438.5	44.3	3.6	15.0
644.9	35.2	3.5	9.0
901.2	36.5	3.4	9.7
1,171.2	38.4	3.3	11.0
1,278.8	45.4	3.5	15.1
785.5	36.2	3.4	10.0
460.7	30.5	3.4	7.6
958.2	32.0	3.2	7.4
273.5	35.3	3.4	8.6
567.5	35.1	3.4	8.1
944.8	39.7	3.5	10.7
1,425.5	42.8	3.5	12.1
1,271.1	34.0	3.4	9.7
733.8	31.6	3.3	7.3
978.5	39.4	3.4	10.0
717.5	36.4	3.4	9.1
514.9	31.9	3.2	7.1
1,083.1	39.8	3.5	12.1
602.4	32.3	3.4	8.6
507.2	32.3	3.3	7.8
648.2	33.3	3.5	8.6
1,064.2	33.8	3.4	8.9
506.3	31.6	3.2	7.6
929.7	33.6	3.3	8.2
736.9	31.8	3.1	8.1
1,307.6	41.1	3.4	13.0

図表3-7　都道府県・企業規模別の生産性と平均社員数

（単位：円）

	生産性			
	大企業	中堅企業	小規模事業者	全体
北海道	5, 066, 139	3, 985, 414	3, 117, 050	3, 916, 954
青森	4, 687, 598	3, 731, 134	2, 455, 577	3, 398, 850
岩手	5, 203, 713	3, 820, 463	2, 735, 847	3, 619, 410
宮城	9, 728, 281	4, 315, 932	3, 554, 085	4, 934, 255
秋田	5, 185, 110	3, 622, 838	2, 627, 040	3, 388, 207
山形	5, 881, 321	3, 957, 120	2, 654, 621	3, 676, 954
福島	3, 616, 955	4, 033, 718	3, 099, 300	3, 668, 012
茨城	6, 087, 551	4, 277, 753	3, 008, 488	4, 086, 488
栃木	6, 609, 890	4, 650, 129	3, 133, 198	4, 410, 169
群馬	5, 600, 136	4, 390, 742	3, 286, 007	4, 256, 568
埼玉	4, 765, 818	4, 092, 668	3, 274, 843	3, 987, 607
千葉	6, 066, 292	4, 035, 292	3, 231, 038	4, 278, 112
東京	9, 076, 274	5, 795, 969	5, 306, 365	7, 679, 243
神奈川	6, 808, 063	4, 391, 355	3, 571, 455	4, 871, 391
新潟	4, 792, 288	4, 002, 412	2, 963, 565	3, 806, 325
富山	9, 517, 133	4, 723, 665	3, 427, 288	5, 240, 083
石川	7, 534, 099	4, 490, 160	3, 115, 080	4, 467, 555
福井	7, 717, 630	4, 869, 879	3, 049, 200	4, 536, 546
山梨	15, 784, 954	4, 231, 989	3, 009, 507	4, 893, 897
長野	6, 192, 005	4, 510, 700	2, 930, 199	4, 218, 620
岐阜	5, 660, 259	4, 466, 754	3, 038, 117	4, 186, 042
静岡	8, 801, 534	4, 348, 593	3, 231, 501	4, 798, 302
愛知	9, 831, 219	4, 551, 047	3, 675, 614	5, 920, 839
三重	5, 024, 551	4, 427, 744	3, 397, 744	4, 157, 805
滋賀	4, 974, 610	4, 050, 886	3, 238, 024	3, 952, 644
京都	7, 041, 762	4, 001, 477	2, 961, 068	4, 509, 753
大阪	8, 477, 166	4, 896, 583	3, 788, 977	5, 867, 057
兵庫	7, 560, 302	4, 428, 085	3, 346, 987	4, 639, 302
奈良	8, 255, 146	3, 771, 265	2, 919, 993	3, 710, 809
和歌山	6, 180, 427	3, 770, 240	2, 816, 872	3, 652, 022
鳥取	3, 908, 220	3, 743, 341	2, 521, 786	3, 341, 259
島根	8, 259, 912	3, 692, 356	2, 764, 742	3, 704, 093
岡山	5, 212, 542	4, 156, 562	3, 140, 098	4, 058, 050
広島	7, 079, 430	4, 140, 367	3, 168, 631	4, 588, 549
山口	10, 969, 302	3, 989, 793	3, 104, 278	4, 998, 858
徳島	11, 214, 582	4, 161, 108	2, 546, 519	4, 196, 844
香川	8, 564, 747	4, 221, 255	2, 988, 704	4, 575, 466
愛媛	7, 647, 197	4, 023, 915	2, 695, 978	4, 096, 723
高知	5, 216, 064	3, 649, 697	2, 697, 078	3, 401, 860
福岡	6, 013, 441	4, 105, 821	3, 310, 337	4, 340, 699
佐賀	6, 446, 853	3, 527, 887	2, 838, 975	3, 596, 366
長崎	8, 006, 250	3, 493, 996	2, 706, 112	3, 578, 506
熊本	6, 683, 255	3, 608, 433	2, 752, 416	3, 613, 715
大分	4, 356, 994	4, 021, 580	2, 602, 728	3, 602, 459
宮崎	5, 519, 587	3, 553, 805	2, 372, 390	3, 251, 324
鹿児島	3, 248, 328	3, 758, 254	2, 631, 994	3, 292, 406
沖縄	4, 545, 259	3, 442, 143	2, 454, 265	3, 256, 335
平均	8, 261, 972	4, 565, 677	3, 424, 679	5, 463, 651

出所：『中小企業白書　2019年版』

まずはサービス業と製造業の生産性の違いには、国民性ではなく、もっと合理的な原因が存在することを確認する必要があります。

たとえば、企業の規模が大きいから生産性が高いのではなく、規模が大きくなる傾向の強い業種があり、その業種の企業が大きくなった結果、生産性が高くなることも考えられます。

一方、サービス業は規模が小さくないといけないのかも確認しておかなくてはなりません。

まず、日本の製造業はなぜ生産性が高いのか、その理由をきちんとおさえておくことが必要です。本当に国民性が何らかの形で関係しているのでしょうか。

製造業は工場などの生産設備が必要なので、初期投資と固定費が大きく、企業の規模も自ずと大きくなりやすい業種だと言えます。規模が大きくなると生産性が高くなる傾向があるのは、すでに説明したとおりです。

また学者の中には、製造業は特に規模の経済が働く業種であると指摘する人も大勢います。日本のように製造業が強い国では、製造業の創出する付加価値が国のＧＤＰに占める割合が高くなり、国の生産性を高めるのも事実です。

製造業には「大きな企業」が多い

日本の製造業の実態を、データを使ってさらに詳しく見ていきましょう。

国全体の生産性の平均が546万円なのに対して、製造業は722万円です。製造業は生産性がもっとも高い業種というわけではありませんが、日本で創出される付加価値の26・8％を占めていますので、国全体の生産性にはもっとも貢献しています。

その理由を探ると、やはり企業の規模が他の業種と異なる点が浮かび上がってきます。

日本では、全製造業従事者の34・7％が大企業で働いています。全業種の平均が31・2％ですので、かなり高い比率です。

製造業の場合は大企業が多く、またその大企業の平均従業員数も1680人と、全業種の大企業平均の1308人をかなり上回っています。中堅企業の平均社員数は全業種平均の41人の倍以上の83人、小規模事業者の平均社員数も6人で、全業種平均の3人の2倍です。

製造業の付加価値総額のうち、大企業が創出している割合は52・5％と半分以上を占めています。これも全業種平均の47・1％を上回っています。しかし、製造業の大企業で働く人1人あたりの生産性は、1000万円台の業種の中では最下位です。

日本は国内市場が大きいのでものづくりが発展しやすい環境にあります。また、国民性がものづくりに向いているのも確かかもしれません。しかし、そのこと自体は製造業の相対的な生産性の高さの理由のすべてというわけではけっしてありません。国民性の他に、構造的な理由もあるのです。

業種によって「最適な規模」は異なるのか

経済学のスケールメリット、つまり規模の経済が働くという大原則は日本にも大いに適用できることが、ここまでの分析で確認できました。各業種の生産性の違いは、規模による違いであると断言できるというのが結論です。

業種に関係なく企業の規模と生産性の相関関係が強いのであれば、業種の特徴によって生産性が左右されるのではなく、業種横断的に企業の規模が生産性に大きな影響を与えているという説のほうが有力となります。

一方で、現在の企業の平均規模が小さく、生産性が低い業種に関しては、規模が小さくないといけない理由、生産性が低くないといけない理由があるかどうかは確認しておく必要があるでしょう。

仮に「企業の規模が生産性にもっとも影響を与える」という説が正しいとすると、その業種における最適な企業規模が小さい場合、その業種では生産性を高めることができないということになります。

この件を確認するためには、他の国と比較して、当該業種の企業の規模がどうなっているかをたしかめなくてはいけません。

日本において生産性が低い業種が、アメリカや欧州でも同様に生産性が低いのであれば、生産性が低いことはその業種の特徴ということになります。しかし、日本でその業種の企業の平均規模が小さくて生産性が低かったとしても、アメリカや欧州ではそのような傾向が認められないなら、この業種では企業の規模は必ずしも小さくないといけない理由はないということになります。

つまり、仮に今の日本で生産性が低い業種でも、その業種の生産性は普遍的に低くなくてはいけないわけではないことが、海外との比較によって示唆されるのです。

実際に数字を見てみると、海外のサービス業に比べて日本のサービス業の生産性はきわめて低いことがわかります。ここから、サービス業という業種の生産性が普遍的に低いという説は

図表3-8　日米の産業別生産性（1時間あたり付加価値）と付加価値シェア（2015年）

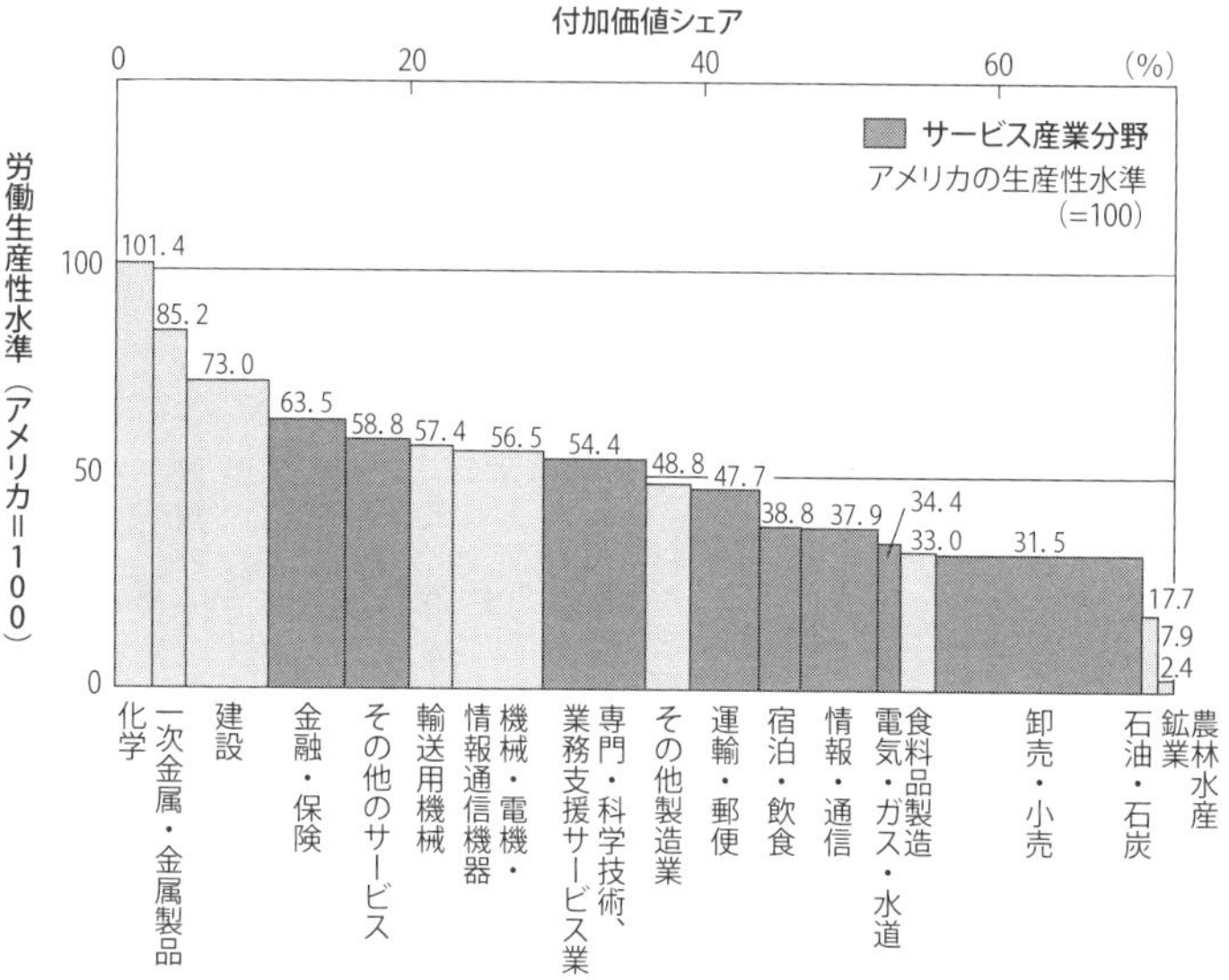

※製造業全体：67.4、サービス業全体：50.7
出所：日本生産性本部

否定されます（図表3-8）。

次の第4章では、なぜ各業種の生産性の違いが規模によって生じるのかを考えますが、その前にここではいくつかの大事な発見があったので、それらについて説明したいと思います。

「大企業による搾取」はどこまで大きな影響があるか

「東洋経済オンライン」などで中小企業が日本の生産性を低下させていると説明すると、「大企業の生産性が高い最大の理由は、大企業が下請けの中小企業に競争させて、価格を下げさせ（要は下請けを泣かして）、その分を自分たちの儲けにしているからだ」と指摘されることがあります。その言い分によると「大企業が美味しい思いをするためには、中小企業の数は多ければ多いほどいい」のだそうです。

中小企業の生産性が低いという指摘に対して、「中小企業が悪いのではなく、大企業のせいだ」「数字ほど、実際には中小企業の生産性は低くない！　そう見えるだけだ！」と言いたいのだろうと想像します。

中小企業の生産性が低い理由が大企業による搾取だという説も、理屈の上では成り立ちます。その場合、2種類の搾取の方法が考えられます。

1つ目は単純な搾取です。ある大企業の生産性が本来400万円なのに、中小企業に100万円値引きさせて、それを自分の付加価値として計上すれば、500万円になります。単純な付加価値の移転です。

実際に業種別のデータを分析すると、この傾向があるように見える業種もあります。大企業の数が少ない一方で、中小企業が多く、なおかつ元請け、下請けの階層が多い業種ほど、大企業の生産性が高くなり、中小企業の生産性は企業の規模が小さくなるほど低くなっています。

仮にある業種の大企業の生産性が高い理由が中小企業からの単純な搾取だとすると、その業種全体の生産性には影響しないと考えられます。大企業の生産性が高くなるその分だけ、中小企業の生産性が低くなるだけのはずです。

だとすると、中小企業の平均規模や就業者に占める比率と、大企業と中小企業の生産性の倍率を見れば、一定の示唆が得られます。中小企業の割合が大きくなればなるほど、中小企業の生産性に対する大企業の生産性の倍率が拡大するはずです。数字を確認すると、たしかに製造業と建設業に関しては、指摘のような傾向があるように見えないこともありません。

しかし、一般的に大企業による搾取が厳しいと言われている建設業界でも、中小企業の相対的に低い生産性は、かなり強く従業員数に比例している傾向が見られます。搾取によって企業の規模が小さくなるという理屈が成立しないかぎり、搾取論の因果関係は非常に怪しいものとなります。単純に搾取が原因と言えるのかどうかは、議論の余地がかなり残ります。

「大企業による搾取説」には2つの疑問点がある

もちろん、搾取の影響を真っ向から否定する気はありません。また、実態として大企業による中小企業からの搾取という事実が存在していることも想像に難くありませんし、実際に起きた事例を使った説明を耳にすることも少なくありません。

しかしながら、データを見ると搾取が生産性を決定的に左右しているという結論には至りません。十分な検証ができるほどのデータがないので断言はできませんが、「大企業の搾取によって生産性が低下しているわけではない」という説を否定することもできません。

「大企業による搾取説」には、2つの問題が残ります。

まず、搾取が厳しいと言われる業種でも、その業種全体の生産性が低いという事実は存在しません。これらの業種の中堅企業や小規模事業者の生産性が、全業種の同規模の企業の生産性より低いという事実もありません。

たとえば、建設業の小規模事業者の生産性は406万円で、全業種平均の342万円を大きく上まわっています。中堅企業の生産性も614万円で、平均の457万円よりかなり高いのです。

2つ目の問題は、製造業と建設業の創出している雇用は日本全体の28・1%、付加価値の35・0%と、共に半数以下だということです。仮にここに搾取が認められたからといって、そのことだけでは日本のすべての中小企業の生産性の低さの十分な説明にはなりません。

日本の業種の中でもっとも生産性が低いのは宿泊・飲食業ですが、この業種には大企業の搾取説は一般的に適用できません。小売業もどこまでこの説が当てはまるか、疑問を覚えます。

やはり、搾取よりはその業界の構造問題による影響が大きいのだと思います。保護されすぎてきた小売業に関しては、特に当てはまると思います。この件については、後ほど検証します。

データを見ると搾取説が根強い業種の中小企業の生産性は全体平均に比べて低くありませんし、逆に、搾取の影響があまりないと考えられる業種でも、中小企業の生産性がかなり低い業種があります。

これらの事実から、搾取説は一部の事例を一般化した、根拠のないただの俗説の域を出ないと思います。

生産性の問題は「エピソード」ではなく「データのエビデンス」で考えるべき

余談ですが、日本では事例重視、いわゆるエピソードを一般化する傾向が強い一方、そのエピソードを十分検証しないことが多くあります。何年も前から感じていることですが、日本では批評的思考（クリティカルシンキング）が徹底されていないので、いくつかの事例を無理やり一般化して奇妙な仮説をつくるケースが少なくありません。

特に、ニュースになりやすい大企業のエピソードをすべての日本企業に当てはめる傾向が強いと思います。トヨタがカイゼンをしているので日本企業すべてがカイゼンをやっている、トヨタは輸出が多いので日本は輸出大国である、円高になって輸出が減っても困るのは一部の大企業だけなのに「日本経済が悪化する」などといった具合です。

つまり、身近にある大企業を日本全体に当てはめていることが、マスコミも含めて多いようなのです。このように事例をベースに仮説を唱える人の話を聞くたびに、きちんとデータを分析して仮説を検証しているのか、いつも疑問に思います。使っている事例が代表的な例なのか特殊な例なのか、その見極めがきちんとされているかすら、疑問に感じることが少なくありません。

私が本や記事で相関係数の分析を頻繁に使う理由は、主観を排して、データとデータの間に統計上どれほど強い関係があるかを客観的に確かめたいからです。エピソードを一般化していないかをチェックしているのです。

また、マクロ経済のデータ分析は机上の空論で、現場の声を聞くべきだと言う人もいます。

この傾向は、特にコンサルタントや評論家、またはマスコミの方ほど強いように感じます。

しかし、その人が聞き取りをしている現場が、どこまで日本経済全体に当てはめられるものなのか見極めなくてはいけません。普遍的な結論を導けるのか、きちんと検証がされていないとすると、ご都合主義の主張・意見になる可能性が高くなります。

政策立案の際には、根拠の薄いご都合主義の意見を取り入れるのは危険です。産業政策と生産性を考えるにあたっては、そのエピソードの影響を数値化・定量化して検討するべきです。事例に頼りすぎる政策立案は、ある意味日本の弱点になっているように思います。

1億2600万人もいる日本人を十把一からげにして、「日本人はサービス業が苦手な国民性を持っている」「中小企業の生産性が低いのは大企業による搾取のせいだ」などという暴論は、きちんとした検証がされていない、生産性が低いという事実から適当に導き出された典型的な感覚論のように感じます。

大企業による搾取は、あっても「結果論」にすぎない

さて、さきほども述べたように、大企業の搾取によって中小企業の生産性が低くなっている

のであれば、大企業に計上されている付加価値の一部は中小企業から移行しただけということになります。そうであれば、国全体の生産性にはまったく影響を及ぼしません。実は私はこの点が非常に気になっています。

もし国全体の生産性に影響が出ているとすれば、大企業によって搾取された分以上に、中小企業の創出する付加価値が下がるという条件が必要となります。

これが2つ目の搾取です。

こちらについては、ありえる話だと思います。たとえば、搾取されることによって利益が大きく圧迫された結果、①従業員のスキルアップのための研修ができなくなる、②最先端技術が導入できなくなる、③研究開発をあきらめざるをえなくなるなど、中小企業の付加価値創出に悪影響が生じている可能性は十分ありえるからです。

しかし、この説にも違和感が残ります。小さい企業の生産性が低いのは、その企業が小さいからです。搾取されようがされまいが、小さい企業の生産性は低いのです。また、仮に搾取が行われていたとしても、それはその企業が小さいからこそ搾取されているのです。

中小企業の数が増えれば増えるほど過当競争になりやすいのは確かです。特に人口減少が進む日本では需要が減っているので、中小企業の経営者が生き残りのために必死になって価格競争をするのは経済学の鉄則のとおりです。これを「last man standing 戦略」と言います。しかし、これは「搾取」ではありません。

このように搾取説は合理性に欠け、生産性低迷の原因の一部のみしか説明できません。ただし、別の要因によって、搾取と同様の結果を招いてしまった可能性はありえます。

詳しくは第4章で説明しますが、産業構造に歪みが生じているため、企業が最適規模まで成長できなくなっています。その結果として規模の小さい企業が増殖し、それが生産性低迷の主要因になったと考えられるのです。

規模の非常に小さい企業は、人材に乏しく、利益の絶対額が小さく、研究開発のための費用も少なく、最先端技術を使えるほどの規模ではないことが多いので、主な競争手段は価格を下げることになってしまいます。そうすると、小さい企業が増えれば増えるほど、大企業による搾取がなくても、経営者が勝手に生産性を低下させる経営戦略に走ることが考えられます。

そもそも大企業による搾取が可能になってしまっているのは、中小企業の数を増やしすぎて非効率な産業構造がつくられたからなのです。要するに、この問題の原因は大企業側だけにあるのではなく、第6章で説明するように、経営能力の低い経営者にまで人材という経営資源を細分化して分配したことが原因なのです。大企業の行動は単なる結果です。

別の言い方をすれば、中小企業の生産性が低い事実と、日本経済の一部に「搾取」がある事実に因果関係を認めるのは無理があるということです。中小企業は規模が小さいから生産性が低く、また規模が小さいから「搾取」されやすいだけなのです。

この因果関係を認識することには、きわめて大きな意味があります。

たとえば建設業においては、下請けを守る法律をつくって、搾取をさせないように大企業を規制しようとするのが一般的に行われる対処法です。しかし私に言わせれば、この考え方は根本的に間違っています。なぜ搾取が起きているかの要因分析をしていないので、表面的に見える事象を勝手に解釈し、場当たり的に対策を打っているにすぎません。

搾取が起きているのは、あまりに小さい企業にも経営資源を分けてしまっているので、力関係が崩れているからです。経営能力の低い経営者が増え、自分が生き残るための方法として誰でも思いつく価格競争しか考えつくことができず、結果として搾取されてしまうことになっているのだと思います。

この状況を変えるには、いつも提言しているように、下請けの企業同士が合併・統合し、中小企業から中堅企業に成長し、非線形的に生産性を上げるための施策を実行することです。そうすれば必然的に大企業との力関係は是正されます。

大企業の搾取を規制するのではなく、根元を断ち切らなくてはいけないのです。

ミクロ企業が増えるほど、ミクロ企業の生産性が低くなる

2つ目の搾取に関して、EU28と日本のデータで確認しました。その結果は驚きです。なんと、各業種で働く労働者のうち小規模事業者で働く人の割合が高くなるほど、その業種の小規模事業者の生産性が、大企業に比べて大幅に低くなるという新発見がありました。

たとえばデンマークでは、ミクロ企業で働く労働者の割合が20・1%で、EU28の中で3番目に低いので、ミクロ企業の生産性は大企業の95・1%もあります。一方、ギリシャの場合、57・1%の労働者がミクロ企業で働いていますが、大企業の生産性はミクロ企業の6・22倍で、EU28中、最大の差がひらいています（図表3−9）。ちなみにギリシャの中小企業の平均社員数はたったの2・4人で、EU28中最低です。

この新しい法則からは、大きな示唆が得られます。少し極端な例を使って、説明してみましょう。

図表3-9　EU28の生産性と企業規模別労働人口比率

	生産性（ドル）	労働人口に占める比率（%）				ミクロ企業に対する大企業の生産性の倍率
		ミクロ	小規模事業者	中堅企業	大企業	
マルタ	45,606	33.3	25.0	22.6	19.1	0.87
ルクセンブルク	106,705	18.5	24.7	24.8	32.0	0.93
デンマーク	52,121	20.1	22.8	21.1	35.9	1.05
イギリス	45,705	18.3	19.5	16.2	46.0	1.06
エストニア	34,906	31.2	23.9	22.8	22.1	1.24
スウェーデン	52,984	24.6	22.0	18.9	34.5	1.30
フランス	45,775	27.7	18.8	15.1	38.4	1.37
フィンランド	46,340	24.6	22.3	18.4	34.7	1.41
オランダ	56,383	28.1	18.0	18.1	35.8	1.51
ドイツ	52,559	19.6	23.3	20.3	36.8	1.62
オーストリア	52,137	25.4	24.1	18.8	31.7	1.65
キプロス	39,973	40.6	24.0	19.6	15.9	1.77
ベルギー	48,245	35.1	19.6	14.7	30.7	1.77
クロアチア	26,221	29.7	20.4	18.0	31.9	1.90
ルーマニア	26,447	22.4	22.2	21.2	34.2	1.91
ブルガリア	23,156	29.7	24.0	21.6	24.6	1.98
リトアニア	34,826	29.4	24.1	22.6	23.9	2.00
スロベニア	36,746	36.2	18.3	18.9	26.6	2.04
スペイン	40,139	41.0	18.3	13.2	27.6	2.11
チェコ	37,371	31.1	17.4	18.7	32.8	2.17
アイルランド	78,785	28.3	22.4	19.8	29.5	2.20
ラトビア	29,901	33.4	23.4	22.1	21.0	2.29
ポルトガル	32,006	40.9	20.6	16.5	22.0	2.43
イタリア	39,637	45.9	20.1	12.5	21.5	2.45
ハンガリー	31,903	33.4	19.0	16.5	31.2	2.76
スロバキア	35,130	41.9	14.9	15.2	28.0	3.28
ポーランド	31,939	37.8	12.9	17.4	31.9	3.49
ギリシャ	29,123	57.1	17.2	11.0	14.8	6.22

出所：ユーロスタットデータ（2018年）より筆者作成

まったく同じ経営資源を持った国が2つあるとします。それぞれの国の生産性が、大企業は7万ユーロ、小規模事業者は3・5万ユーロだとします。

一方の国で、大企業と小規模事業者の比率が50％ずつだとすると、生産性は（7×0・5）+（3・5×0・5）=5・25となります。もう一方の国は大企業が2割で小規模事業者が8割を占めているとします。ミクロ企業で働く人がどれほど多くてもミクロ企業の生産性は変わらない場合、生産性は（7×0・2）+（3・5×0・8）=4・2となり、前者の国は1・25倍の生産性を上げることになります。

しかし、さきほど紹介したEU28のデータで見ると、これだけではすべてを説明できないことがわかります。EU28の国々で見ると、小規模事業者の比率が高くなればなるほど、大企業と小規模事業者の生産性の差が拡大しています。その相関係数はなんと0・77と、きわめて強い関係にあることがわかります。

先の例で言うと、後者の国のように小規模事業者で働く労働者の割合が高くなると、小規模事業者の生産性は3・5万ユーロより低くなります。仮に1・2万ユーロまで下がるとすると、生産性は4・2から、（7×0・2）+（1・2×0・8）=2・36まで低下します。驚くべきことに、生産性のギャップが1・25倍から2・2倍まで開くのです。

さらにミクロ企業で働く人の比率とそれぞれの国の生産性の相関係数を見てみると、大企業、中堅企業で働く人の比率と生産性の相関係数よりも強い、マイナス0・46でした。この数字が意味しているのは、ミクロ企業で働く人の比率が高くなればなるほど、国全体の生産性に悪い影響が出るということです。

労働人口に占めるミクロ企業従業者の割合が大きくなればなるほど、ミクロ企業の生産性も低くなるので、国の生産性にダブルで悪い影響が出ることになります。

この影響がどれほど大きいかを、実際のデータで見てみましょう。

仮に、ギリシャの規模別企業の生産性が現在のままだとして、ギリシャの労働者をデンマークと同じ規模の企業に分配しても、生産性は今の2万5４0・6ユーロから3万3７8７・81ユーロへと、64％しか上がりません。これはデンマークの生産性の38・4％しかない低い水準です（図表3－10）。このように、ミクロ企業従事者が増えるにつれて、ミクロ企業の生産性自体が低下していくことが問題なのです。

労働人口に占めるミクロ企業従業者の割合が大きくなるほど、ミクロ企業の1人あたり生産性の対大企業比が大幅に下がるのは、第2章で見たスペイン、イタリア、ポルトガルと共通の特徴です。日本にも同じ問題が起きています。ＥＵ28のミクロ企業の生産性の対大企業比率が

図表3–10　欧州４カ国のミクロ・中小企業の生産性

	生産性	対大企業比	平均社員数	労働者割合
デンマーク				
ミクロ企業	93, 102	95. 1	1. 8	20. 1
小規模事業者	72, 790	74. 3	19. 6	22. 8
中堅企業	82, 644	84. 4	96. 3	21. 1
小計	82, 419	84. 2	5. 1	64. 1
大企業	97, 931	100. 0	863. 3	35. 9
合計	88, 050	89. 9	7. 9	100. 0
ギリシャ				
ミクロ企業	8, 150. 6	16. 1	1. 7	57. 1
小規模事業者	22, 857. 5	45. 1	20. 5	17. 2
中堅企業	41, 328. 3	81. 6	109. 2	11. 0
小計	15, 328. 4	30. 3	2. 4	85. 2
大企業	50, 665. 0	100. 0	918. 6	14. 8
合計	20, 540. 6	40. 5	2. 8	100. 0
イタリア				
ミクロ企業	30, 204. 8	40. 7	1. 9	45. 9
小規模事業者	49, 603. 2	66. 9	18. 0	20. 1
中堅企業	69, 272. 4	93. 4	98. 0	12. 5
小計	41, 391. 7	55. 8	3. 0	78. 5
大企業	74, 133. 2	100. 0	970. 3	21. 5
合計	48, 441. 0	65. 3	3. 9	100. 0
スペイン				
ミクロ企業	26, 764. 2	47. 4	2. 0	41. 0
小規模事業者	39, 794. 0	70. 5	19. 3	18. 3
中堅企業	55, 576. 8	98. 4	101. 4	13. 2
小計	35, 315. 3	62. 6	3. 3	72. 4
大企業	56, 455. 3	100. 0	1, 049. 0	27. 6
合計	41, 143. 2	72. 9	4. 6	100. 0

出所：ユーロスタットデータ（2018年）より筆者作成

1・83倍だったのに対し、日本は2・41倍でした。EU28の中で見ると、日本は下から7番目に悪い順位になります。

「ゾンビ企業犯人説」は正しくない

ここまで、日本の生産性が低いのは、規模の小さい企業で働いている人が多いからであるという仮説のもと、国民性原因説と大企業搾取説に対する反証を行ってきました。

次は「ゾンビ企業犯人説」の真偽を検証してみたいと思います。

私がゴールドマン・サックスで働いていた頃、日本の生産性が低い問題の根っこには「ゾンビ企業」の存在があるという話をよく耳にしていました。政府が金利を低く抑え込み、本当は潰れるべき企業を延命させているので、国全体の生産性が低迷する結果になってしまっているという理屈です。

しかし、現状のように日本の生産性が海外と大幅に乖離してしまうと、この「ゾンビ企業犯人説」では十分な説明がつきません。この仮説が成立するためには、ゾンビ企業が日本企業の相当な割合を占めている必要があります。そうでないと、ここまで大きなギャップが生じることにはならないからです。

日本の生産性が低迷している原因は、労働者が大企業や中堅企業に集約されておらず、細分化されてしまっていることによって、産業構造がきわめて非効率になっていることにあります。この仮説が正しいとすれば、たとえゾンビ企業がすべてなくなったとしても、多少は改善されるかもしれませんが、根本的な問題の解決にはならないでしょう。

「ゾンビ企業犯人説」をテーマに取り上げている「Efficiency Among Japanese SMEs: In the Context of the Zombie Firm Hypothesis and Firm Size」という論文があります。実に興味深い、成城大学の後藤康雄先生の論文です。この論文では、外資系企業のエコノミストが１９９０年代から問題視してきた「ゾンビ企業犯人説」の真偽を検証しています。

「ゾンビ企業犯人説」では、２００１年のピーク時に全企業の30％にものぼったゾンビ企業の存在が正当な競争を妨げ、健全な企業にも悪影響を及ぼしたとされています。そのため、多くの企業の利益が圧迫され、設備投資が減ってしまった結果、日本経済が低迷し、デフレを招いたという理屈です。

後藤先生は、「ゾンビ企業犯人説」には３つの問題点があると指摘しています。

１つ目はこの説の根拠が、上場している大企業を中心とした分析であること。２つ目はゾンビ企業の定義が「借入金の金利が割り引かれている」というきわめて単純なものだったこと。

3つ目は、借金が転がされているかどうかや利益を含めて考えると、ゾンビ企業の割合は30％ではなく15％まで下がるということです。「借金が転がされている」とは、銀行が本来返済してもらわないといけない融資を猶予し、そのまま継続していることです。

ついでに言うと、ゾンビ企業の数は、不良債権の最終処理が行われたこともあって大きく減りました。それ以降、全企業の5％以下で推移していると書かれています。これも私がゴールドマン・サックスで銀行の不良債権を分析していた結果と一致します。

論文では、ゾンビ企業の数が全体の5％以下で推移しているのであれば、以前の経済への影響はともかく、直近20年間の日本経済低迷の説明にはならないと指摘しています。

後藤先生はまた、日本経済は上場企業の占める割合が低いので、そもそも日本経済全体の低迷の理由を探るのに上場企業の数字だけを使うのは有効ではないと指摘しています。その上で、中小企業の分析を行っています。

分析の結果、日本における中小企業も含めたゾンビ企業の割合は、全体の約1割程度とされています。ただ、一度ゾンビ企業になった企業の中にも回復する企業はありますし、倒産・廃業する確率も高いので、ゾンビ化した企業が経済に影響を与える期間は短いとあります。

このように、「ゾンビ企業犯人説」は一理なくもないのですが、すべての説明にはまったくならないのです。

「ゾンビ企業犯人説」を唱える人は、定量的な分析や検討を行っていないように思います。すなわち、これもエピソードベースの理屈であって、単なる思い込みなのです。数件の事例を引き合いに出して、あたかも大変な問題であるように騒いでいるような印象しか残りません。「ゾンビ企業犯人説」は、一見もっともらしく聞こえるので、感情的にも受け入れやすいだけでしょう。

当然ですが、日本にある企業の大半はゾンビ企業ではありませんので、大多数の日本企業にとっては他人事です。つまり、見方を変えれば、「ゾンビ企業犯人説」は自分たちと関係のない他人をスケープゴートにし、責任転嫁するための仮説でしかないのです。

日本の生産性を上げなくてはいけないのは、日本の全企業、全国民に関係する重大な問題です。ですので、全員が真剣に取り組まなくてはいけません。

大企業の搾取、ゾンビ企業など、ごく一部の説明にしかならない理屈を立てて、他人のせいにしてすまされるものではないのです。

日本では小規模事業者が減り、生産性が上がっている

第3章の最後に、『中小企業白書』に載っている企業数、従業者数の動向と、生産性の動きを確認しておきましょう。

日本の企業数は、2009年から2016年までに421万社から359万社にまで減っています。実に62万社の減少です。

減ってしまった企業を規模別で見ると、61・7万社が小規模事業者でした。しかも減ってしまった企業のほとんどが、小売業、宿泊・飲食業、建設業、製造業に集中しています（図表3－11）。ご存じのように、宿泊業と小売業は生産性が低く、小規模事業者が多い業種の代表格です。

同期間の従業者数動向を見ると、中堅企業の従業者が144万人増えた反面、大企業従業者が30万人減っています。一方、小規模事業者の従業者は238万人と大幅に減少しました。小規模事業者の中でも、建設業、小売業の従業者の減少がもっとも大きく、次いで製造業と宿泊・飲食業が大きく減っています（図表3－12）。

図表3-11　2009年から2016年までの企業数の増減

	生産性	2016年企業数	増減			
			大企業	中堅企業	小規模事業者	合計
鉱業	32,391,400	1,314	0	−43	−706	−749
建設業	5,675,709	430,999	−8	−185	−88,347	−88,540
製造業	7,219,672	382,478	−75	682	−66,664	−66,057
電気・ガス	20,970,996	1,006	4	18	171	193
情報通信	9,994,897	43,006	−670	−305	−6,744	−7,719
運輸業	5,238,468	67,456	−15	−118	−14,035	−14,168
卸売業	7,709,376	209,530	−149	−4,820	−29,111	−34,080
小売業	3,649,682	625,604	1	−1,146	−180,944	−182,089
金融・保険	12,103,581	27,609	13	32	−7,366	−7,321
不動産	6,457,465	300,283	19	−132	−52,455	−52,568
学術	9,702,474	182,446	101	−1,814	−19,483	−21,196
宿泊・飲食	1,935,576	510,434	−200	−4,740	−89,612	−94,552
生活関連	3,382,625	363,581	29	−6,509	−35,246	−41,726
教育	2,066,906	101,799	12	1,988	−11,220	−9,220
医療・福祉	2,892,895	207,318	32	12,514	−293	12,253
複合	4,646,442	3,376	−1	2	−244	−243
サービス業	3,304,793	131,094	138	−1,541	−14,672	−16,075
合計	5,463,651	3,589,333	−769	−6,117	−616,971	−623,857

出所：『中小企業白書　2019年版』

図表3-12　2009年から2016年までの従業者数の増減

	2016年 従業者数	増減			
		大企業	中堅企業	小規模 事業者	合計
鉱業	20, 419	−1, 044	−2, 618	−5, 235	−8, 897
建設業	3, 663, 454	−16, 658	−31, 633	−523, 816	−572, 107
製造業	9, 496, 692	−161, 446	119, 622	−335, 080	−376, 904
電気・ガス	190, 835	−17, 425	4, 002	159	−13, 264
情報通信	1, 575, 414	−186, 210	226, 031	−32, 292	7, 529
運輸業	3, 040, 412	−348, 079	69, 412	−65, 821	−344, 488
卸売業	3, 410, 704	28, 544	−46, 741	−126, 429	−144, 626
小売業	7, 289, 512	−6, 416	168, 092	−585, 127	−423, 451
金融・保険	1, 263, 750	−885	7, 534	−19, 780	−13, 131
不動産	1, 417, 708	28, 644	60, 019	−146, 911	−58, 248
学術	1, 427, 842	95, 206	−15, 357	−78, 375	1, 474
宿泊・飲食	4, 927, 785	−153, 549	320, 016	−252, 195	−85, 728
生活関連	2, 208, 285	−12, 723	−81, 718	−58, 091	−152, 532
教育	686, 872	4, 136	58, 472	−32, 457	30, 151
医療・福祉	1, 878, 464	88, 879	376, 691	−38, 600	426, 970
複合	417, 287	247, 437	−5	457	247, 889
サービス業	3, 917, 946	155, 091	204, 711	−80, 434	279, 368
合計	46, 789, 995	−299, 884	1, 436, 530	−2, 380, 027	−1, 243, 381

出所：『中小企業白書　2019年版』

残念ながら、付加価値の数字は２０１１年と２０１５年の比較しかできませんが、ここにも大きな示唆があります。

一般的に、企業数が減るとＧＤＰに悪影響が出ると考えられがちですが、企業数がこのように大幅に減っているにもかかわらず、むしろ付加価値は増加する傾向が顕著です。

もっとも顕著なのが、製造業、建設業、小売業の付加価値の絶対額が増えていることです。さきほど説明したとおり、この３つの業種は企業数と従業者数がもっとも減っている業種です。当然、１人あたりの生産性は大きく改善しています。小規模事業者が減った一方で、主に中堅企業が増えたので、全体の付加価値額と１企業あたり、及び１人あたりの生産性は改善しています。ここにも、国民性、搾取などではなく、単純に規模の経済が働いていることがわかります。

中小企業の果たす役割

『中小企業白書』を読んでいると、ところどころで中小企業の存在意義に疑いを覚えることがありました。

もちろんどんな大企業も中小企業として生まれ、中堅企業になり、その後大企業になっているので、通過点としての意義は認めます。また、新しく生まれた中小企業はイノベーションを起こして中堅企業や大企業にも刺激を与え、経済全体を活性化する役割が大きく期待されているのも確かです。

しかし、イノベーションを起こせる中小企業は全体のほんの一部でしかありません。この役割をこなしている中小企業は、大変限られています。

イノベーションを起こせないその他多くの中小企業は、最新情報や技術に疎い傾向があるようです。『中小企業白書』によると、たとえばシェアリングエコノミーに象徴されるビジネス上の新しい概念を知っているかどうか調べたところ、小規模事業者の経営者の81・8%は「知らない」と回答したようです（図表3―13）。

日本企業の99・7%は中小企業なので、すべてを一括りにするのは乱暴です。応援するべき中小企業、そのままにするべき中小企業、応援するべきではない中小企業を見極め、それぞれに対する政策を打つよう、政策のスタンスを考え直すタイミングだと思います。

客観的に見れば、中小企業の多くは最先端技術などを使いこなせるだけの規模がないので、

図表3-13 「シェアリングエコノミー」を知っているかについての回答

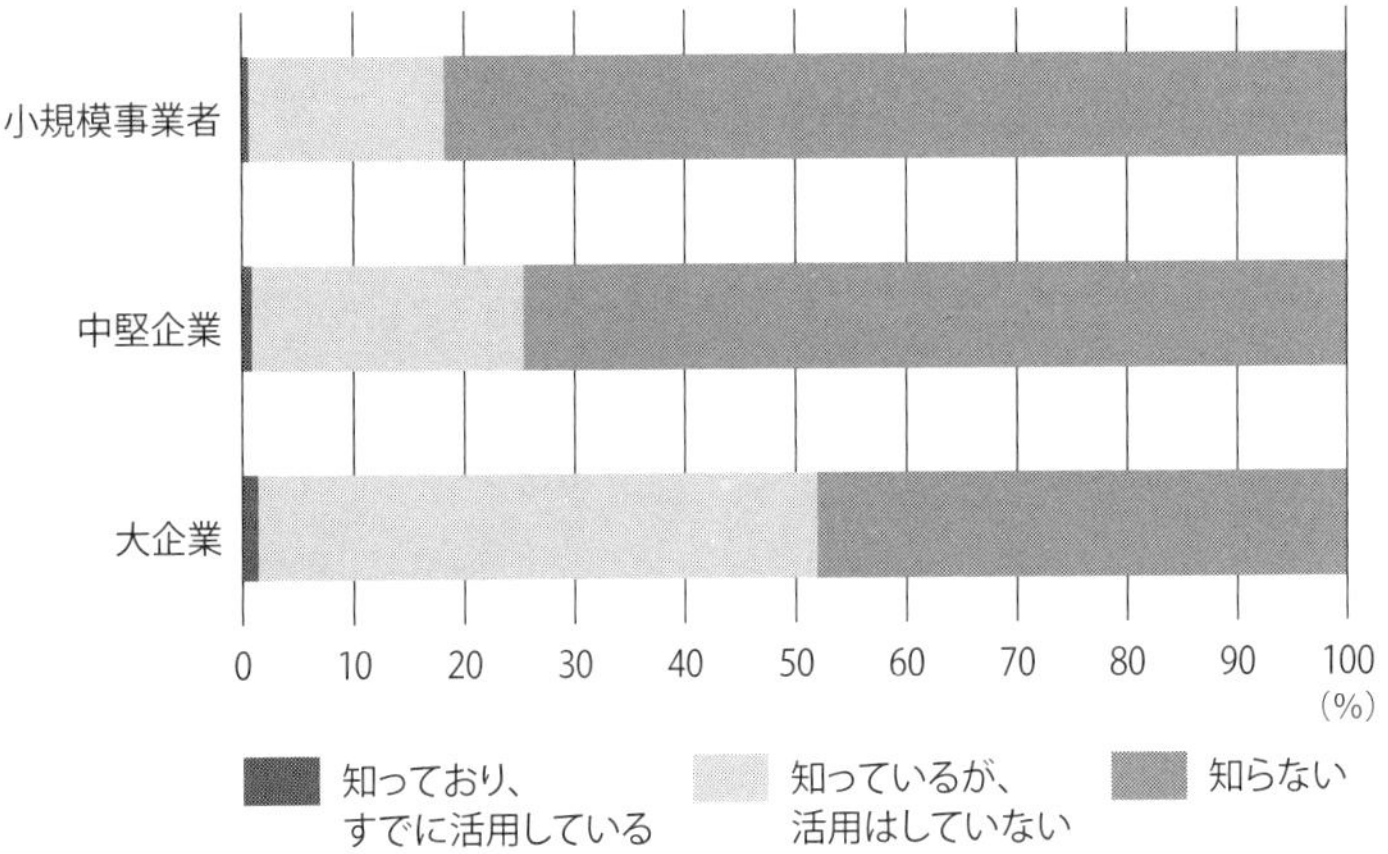

出所：『中小企業白書 2019年版』

人力に依存する傾向があります。

こういう中小企業も人口が増加している時代には貴重な存在でしたが、無駄にたくさんの人を雇うので、現在のような労働生産性の向上が求められる時代では、特に小規模事業者は邪魔な存在でしかないのです。

参考文献

Meghana Ayyagari, Thorsten Beck, and Asli Demirgüç-Kunt, "Small and Medium Enterprises Across the Globe: A New Database," Policy Research Working Paper, No. 3127, August 2003.

Matthew Ward and Chris Rhodes, "Small Businesses and the UK Economy," House of Commons Library, SN/EP/6078, December 2014.

Goto Yasuo and Scott Wilbur, "Efficiency Among Japanese SMEs: In the Context of the Zombie Firm Hypothesis and Firm Size," RIETI Discussion Paper Series, 17-E-123, December 2017.

John Schmitt and Nathan Lane, "An International Comparison of Small Business Employment," Center for Economic and Policy Research, August 2009.

第4章

「中小企業を守る」政策が日本企業の首を絞めている

日本の企業はきわめて規模が小さい

第1章では、国の潜在能力とは関係なく、非効率な産業構造を放置するとその国の生産性が低くなり、ゆくゆくは衰退してしまうメカニズムを説明しました。

第2章では、日本と同じように生産性の低迷に苦しんでいる先進国を特定して、その特徴を検証した論文から、日本が学ぶべき示唆を確認しました。

第3章では、日本の生産性が低くなってしまっている理由が、企業の規模が小さいことであると明らかにしました。実際、EUの分析によると、日本企業の平均規模は欧州の大手先進国に比べて23％小さく、アメリカと比べると約40％も小さいのです。そして、それゆえに生産性が低くなってしまっていることが、データによって明らかになっています。

「Service Sector Productivity in Japan: The Key to Future Economic Growth」によると、日本の上場企業の平均社員数はアメリカの45・3％しかありません。製造業では、日本企業の平均はアメリカの77・8％ですが、それ以外ではアメリカ企業のたった26・7％です（図表4－1）。

第3章で論じたように、日本のサービス業の生産性が世界的に見て極めて低い原因は、企業

図表**4-1**　**日米上場企業の業種別企業数と平均社員数の推移**

	製造業				卸・小売業			
	日本		アメリカ		日本		アメリカ	
	企業数	平均社員数	企業数	平均社員数	企業数	平均社員数	企業数	平均社員数
2000	909	7, 306	1, 451	7, 145	262	2, 554	363	19, 620
2001	774	6, 611	1, 466	6, 729	243	1, 626	361	20, 302
2002	1, 079	4, 799	1, 490	6, 501	418	1, 093	368	19, 857
2003	1, 291	4, 546	1, 558	6, 314	540	1, 207	375	21, 841
2004	1, 567	4, 702	1, 575	6, 560	630	1, 506	390	21, 404
2005	1, 622	4, 960	1, 606	6, 376	668	1, 597	389	23, 175

	その他サービス				通信			
	日本		アメリカ		日本		アメリカ	
	企業数	平均社員数	企業数	平均社員数	企業数	平均社員数	企業数	平均社員数
2000	148	1, 866	655	7, 183	17	16, 422	96	11, 576
2001	157	1, 462	655	7, 096	13	19, 438	102	10, 938
2002	315	906	691	7, 745	23	1, 193	108	10, 664
2003	398	855	690	7, 418	32	8, 046	121	9, 453
2004	496	999	717	7, 658	44	6, 440	122	9, 204
2005	564	981	715	7, 736	50	5, 881	123	9, 281

	その他				全企業			
	日本		アメリカ		日本		アメリカ	
	企業数	平均社員数	企業数	平均社員数	企業数	平均社員数	企業数	平均社員数
2000	234	5, 970	763	5, 302	1, 570	5, 900	3, 328	8, 218
2001	214	4, 343	827	4, 981	1, 401	4, 942	3, 411	7, 938
2002	307	2, 944	848	5, 111	2, 142	3, 199	3, 505	7, 941
2003	367	2, 858	894	4, 822	2, 628	3, 108	3, 638	7, 862
2004	466	3, 191	963	5, 120	3, 203	3, 304	3, 767	8, 023
2005	493	5, 195	967	5, 195	3, 397	3, 686	3, 800	8, 145

出所：Service Sector Productivity in Japan: The Key to Future Economic Growth

規模が非常に小さいことです。驚くべきことに規模がアメリカの26・7%しかないので、小さくないといけない理由もないことがわかります。アメリカではサービス業の平均規模が製造業を上回っているのも驚きです。

「Small and Medium-Sized Enterprises: Local Strength, Global Reach」では、OECDのデータベースにあるEUとアメリカの産業構造のデータをもとに、企業規模別の分布を分析しています。

基準が違うので、残念ながら全面的かつ直接的な比較はできませんが、EUでは全企業の93・0%が従業員数10人未満なのに対し、同規模の企業はアメリカでは50%しかありません（図表4-2）。だからアメリカ企業の規模の平均は、EUよりきわめて大きいのです。

「A Look at Business Growth and Contraction in Europe」という論文によると、3年以上存続している企業の平均従業員数は、アメリカの30人に対してEUは14人と半分以下でした。日本はすべての企業の平均で、EUよりも少しだけ大きくなっていますが、アメリカの半分強にすぎません。

日本においても、業種別の生産性の違いは、ほぼそれぞれの業種の1社あたり従業員数の多

図表4-2　EUとアメリカの企業規模分布

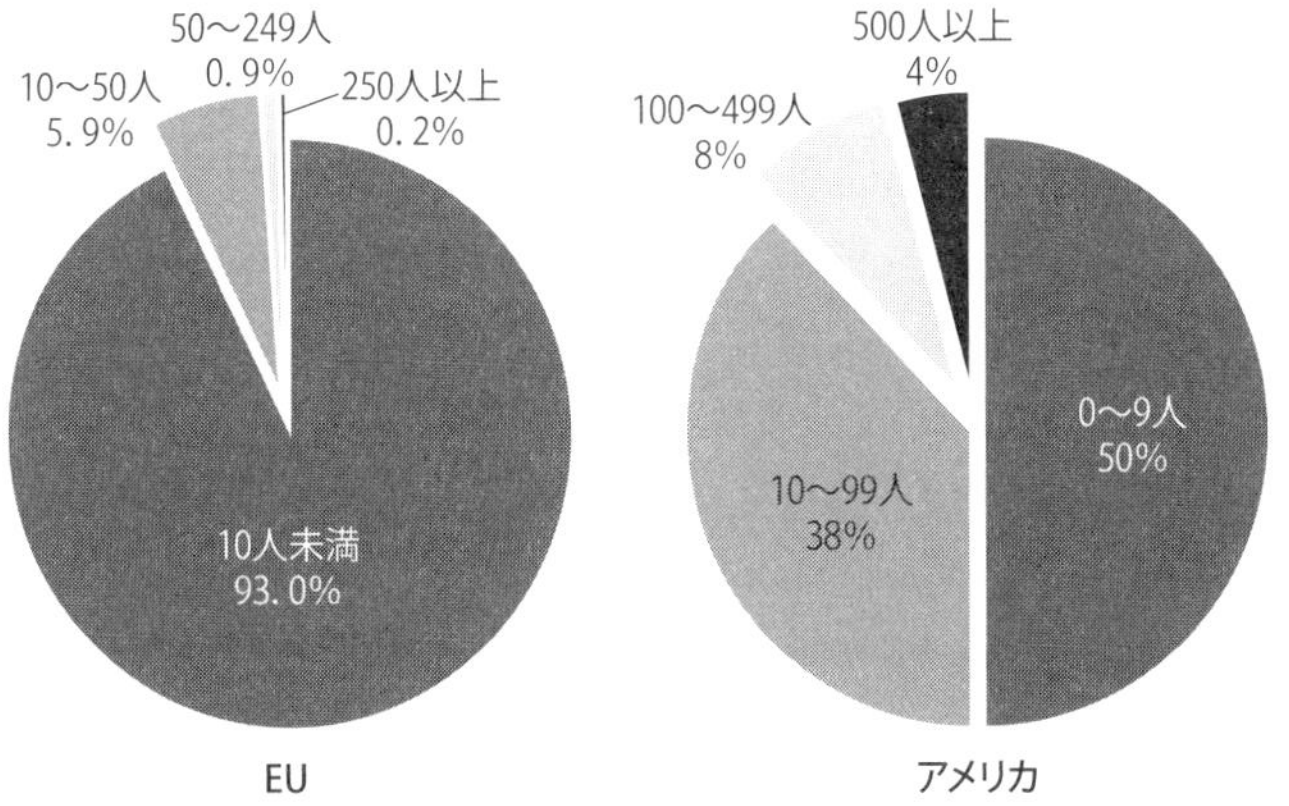

Source: Joint OECD/Eurostat database on SME statistics
出所：Small and Medium-Sized Enterprises: Local Strength, Global Reach

寡で説明ができます。同様に都道府県別でも、それぞれの自治体の1社あたり平均従業員数で、生産性の高低が決まっているのが明らかになっています。

ここまでの分析で、日本の生産性が低い最大の原因は、業種の構成比に問題があるのでも、サービス産業の生産性が低いためでもなく、非常に小さい企業が多く、そこで働く人が多いからであることがわかりました。

つまり、すべての問題の根源が、小さい企業が多いことに集約されるのです。

だとすれば次に、なぜ日本には小さい企業が多いのか、この原因を探っておくべきです。この第4章では、主に規制が及ぼす影響を検証していこうと思います。

その前に、なぜ日本だけでなく他の国でも、中小企業を優遇する多くの政策を実施しているのかを考えます。その上で、それらの政策が引き起こしかねない問題を紹介していきましょう。

中小企業は人口増加時代に大きな役割を果たした

政府が中小企業を補助したり支援したりするのは、先進国ではごく一般的に行われており、まったく珍しいことではありません。さまざまな論文に目を通すと、各国の政府が中小企業を大切に扱う最大の理由が、「雇用を確保するためには中小企業が必要不可欠だから」だということがわかります。

中小企業は労働生産性の向上にはあまり貢献しませんが、雇用を増やすことには大きく貢献します。事実、世界の労働者の約7割は中小企業で働いています。一方、彼らの生み出す付加価値は世界のGDPの約5割なので、労働生産性は大企業にくらべて明らかに劣っています。

つまり国全体で見ると、中小企業は労働生産性が低いかわりに、人をたくさん雇ってくれるから、補助したり支援したりする価値がある存在に映るのです。労働参加率を高めることによって生産性向上に貢献していると言ってもいいでしょう。

少し言い過ぎかもしれませんが、大雑把に役割を分けると「大企業＝労働生産性の向上＝質」「中小企業＝雇用の確保＝量」ということになろうかと思います。

特に人口が増加している間は、中小企業の増加で雇用が確保される恩恵は大きなものがあります。当然、中小企業は雇用の維持に大きく貢献しているだけではなく、新規雇用の創出にも大きな役割を果たしています。

「Small and Medium-Sized Enterprises and Decent and Productive Employment Creation」という論文によると、ＥＵを対象とした調査では、新規雇用の85％は２５０人未満の中小企業によるものだとあります。そして人口が増えるほど中小企業の役割が重要になり、政策で中小企業を優遇するのは合理的だとあります。

極論を言えば、労働生産性が低くても、雇用の確保という意味では、中小企業は増えたほうがいいと結論づけています。

しかし、この論文には以下のような大事な記述もあります。

There is a risk that promoting SMEs because of their large contribution to employment may result in a trade-off between the quantity and quality of employment, because SMEs also include a large number of micro-enterprises that create jobs that are neither productive nor decent.

ポイントだけ説明すると「中小企業を支援することは、雇用の量の確保にはなるが、そのかわりに雇用の質が犠牲になるリスクがある」とあります。そして、特に生産性も所得も労働条件も悪い、ミクロ企業（10人未満）が増加することを危惧しています。

例を使って説明しましょう。ある国に2人の労働者がいて、それぞれが1社ずつ、会社を起業したとします。A社の生み出す付加価値が5で、B社は3だとすると、その国の付加価値合計は8です。これを労働者の数（この場合2人）で割ると、生産性も労働生産性も4になります。

この国で生産年齢人口が1人増えて、3人になったとします。その人が職につかず、失業したままだとすると、労働生産性は変わらず4ですが、国全体の生産性は8の付加価値を2人ではなく3人で割りますので、4から2・67まで低下します。

次に、この失業者が起業したとします。これまでは失業していて、何も生み出していなかったので付加価値は0でしたが、起業することで何かを生み出し、0より高い付加価値をあげれば、国全体の生産性は上昇します。

仮に、その新しい企業の付加価値が1だとすると、国全体の付加価値が9になり、生産性は2・67から3まで回復します。しかし、労働生産性は4から3に低下します。

このように、人口が増えている間は、非常に非効率な企業が増えても国全体の付加価値総額は増えますし、失業者も減って、社会保障負担も軽くなります。

ですので、労働生産性にかかわらず企業の数を増やすのは、人口が増えている間は国策として理にかなっているのです。その国策を受けて中小企業の数が増えれば増えるほど、雇用は生まれますが、産業構造は次第に非合理的で非効率的なものに変わり、労働生産性が犠牲となります。

これこそ、まさに日本で現実に起きている出来事、そのものです。

この第4章以降は、諸外国の分析もまじえながら、どういうプロセスを経て産業構造が歪んでいくのかを分析し、その要因を突き止めることにします。このプロセスがわかれば、国の政策をどう変えるべきかを考えるための土台となります。

「中小企業の保護政策」が非効率を生む：フランス

国によって違いはありますが、中小企業の定義や中小企業の支援策によって産業構造の歪みが生じることが、いろいろな国で確認されています。

まず、企業の規模をベースにして行われる規制によって、産業構造に歪みが発生することがあります。これをthreshold distortionと言います。直訳すれば「境界点歪曲」、ある境界点で歪みが発生することを意味します。

もっとも顕著な例がフランスです。フランスの国際競争力は世界第17位ですが、生産性は世界第27位です。ドイツの生産性と比べると87・1％にすぎません。

その理由の1つに、フランスの産業構造の特徴があります。フランスでは中小企業の27・7％がミクロ企業で、19・6％のドイツなどと比べると非常に多く、国全体の生産性の足を引っ張っているのです。

このようにフランスでミクロ企業が多くなった原因は、企業の規模をもとに行われているある規制にあります。

「Firm Size Distortions and the Productivity Distribution: Evidence from France」という有名な論文があります。

フランスでは企業の従業員数が50人以上になると、さまざまな労働規制の対象になり、企業活動の自由度が低下します。これらの規制の影響で負担が重くなるため、従業員数50人以上の企業は本来の最適な規模まで成長できず、50人未満の企業も、50人未満の規模で成長を止める傾向が見られるのです。結果として、これらの規制が生産性向上にマイナスの影響を及ぼすと、先の論文には記載されています。

つまり、従業員数50人未満の企業が負担の増加を嫌い、50人を超えないように雇用を調整してしまうので、そこで成長が止まってしまうのだそうです。これが典型的なthreshold distortionです。

このように成長を止めてしまう企業も、規制による負担がなければ本来はもっと大きくなり、規模の経済が働いて、生産性が高くなっていたはずです。つまり、フランスではこれらの規制が企業の潜在能力を抑制する障壁となっているのです。

実際にフランス企業の構成を従業員の規模別で見てみると、従業員数50人未満に企業の塊ができているのが確認できます（図表4–3）。このように、規制によってある特定の規模の手前

図表4-3　フランス企業の従業員人数分布

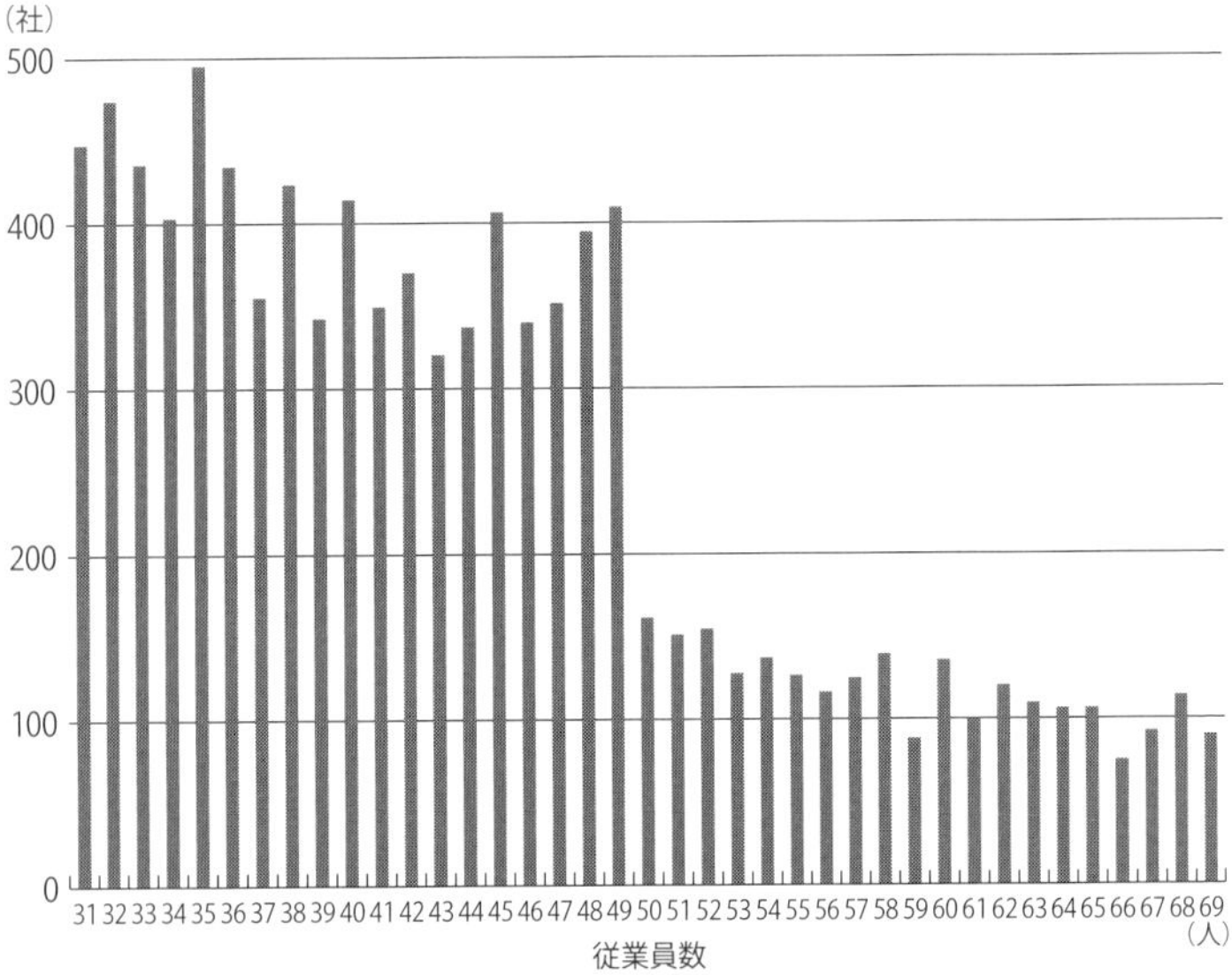

注：製造業、2000年
出所：FICUS

で企業の数が極端に多くなる現象を、bunchingと言います。直訳すると「集群」ということになるでしょうか。

規制が「企業の拡大」を妨げている

さきほどの論文では、フランスの規制によって企業が負担するコストを計算するために、経済モデルをつくっています。その試算では、フランスではこの規制のコストによって、従業員数50人以上の企業の賃金と利益が1％ずつ引き下げられているとされています。

その影響で、フランス全体の賃金が低下しますが、この規制の負担を負わない従業員数50人未満の企業はその分のコストを払わなくてすむので、これらの企業の利益は7％も増えます。また、従業員50人以上の企業は、規制によるコストの負担分だけ規模が小さくなります。

結果として、中堅企業と大企業では雇用が減少し、小さい企業の雇用が増えることになります。それにより、GDPが3・5％も引き下げられているのだそうです。大変なコストです。仮にGDP約560兆円の日本経済に当てはめると、そのコストは毎年19・6兆円になります。

この50人規制とbunchingの因果関係も、当然確認されています。

この論文に紹介されているbunchingのデータ分析を時系列で見ると、従業員数49人の企業の12％は2年以上継続して、従業員が49人のまま変わりませんでした。一方、この規制の影響を受けない従業員数47人の企業のうち、従業員が増えなかった企業はわずか4％でした。すでにこの規制とは関係なくなった従業員52人の企業のうち、従業員数が増えなかったのは2％だけでした。

この規制によって、企業が従業員49人を超えないように壁をつくってしまっている様子が明らかに見られるのです。

この論文で分析した期間では、従業員数49人以下の企業のたった0・32％しか、従業員数50

人を超えませんでした。ここでも、50人の壁の存在が確認できます。

この論文に紹介されている経済モデルでは、きわめて重要な指摘がありました。この50人の壁によって、従業員数50人未満の企業に雇用される労働者は20万人増えるのですが、全体の雇用者数はほとんど変わらないのだそうです。つまり、中堅企業と大企業の雇用者がミクロ企業に流れるだけの結果になり、それによって生産性が低下します。この場合は、最低賃金の規制がないことを想定しています。

しかし、このモデルに最低賃金の影響を加えると、状況は一変します。フランスの場合、最低賃金の水準がかなり高く設定されているので、企業は規制の負担のすべてを労働者に転嫁することはできず、約１４０万人の雇用に影響が発生すると試算されています。賃金が高く設定されることによって起業のハードルが高くなり、小規模事業者の増加を抑える効果が発生するのです。

この論文では、最低賃金を高めに設定することで中小企業のいたずらな増加が制限されているので、産業構造はそれほど歪まないとされています。このポイントは特に重要ですので、第5章で詳しく検証します。

強調しておきたいのですが、140万人の雇用に対しては、あくまでも「影響が発生する」ということで、必ずしも失業するという意味ではありません。

「中小企業の保護政策」が非効率を生む：スペイン

スペインでも、1995年から同様の政策による非効率な資源配分が確認されています。同年、営業収益が600万ユーロ以上の企業に対して、税法の厳守を確認する法律が制定されました。この規制の対象にならない収益600万ユーロ未満の企業の場合、収益600万ユーロ以上の企業に比べ法人税率が約3割低くすむようになったのです。

この法律に呼応するように、収益を600万ユーロの手前に抑える企業が増加し、塊を形成しました。「bunching」です。企業自らが収益を抑制しようとしたため、当然、成長が妨げられることになり、全体の生産性に悪影響を及ぼすことになりました（図表4-4）。その規制による「bunching」の効果はデータにも見事に現れています。

スペインの場合、他にも従業員が50人以上になると適用される規制が増え、小さい企業の成長を妨げる壁になっていると論じられています。

図表4-4　スペインの営業収益別の企業分布

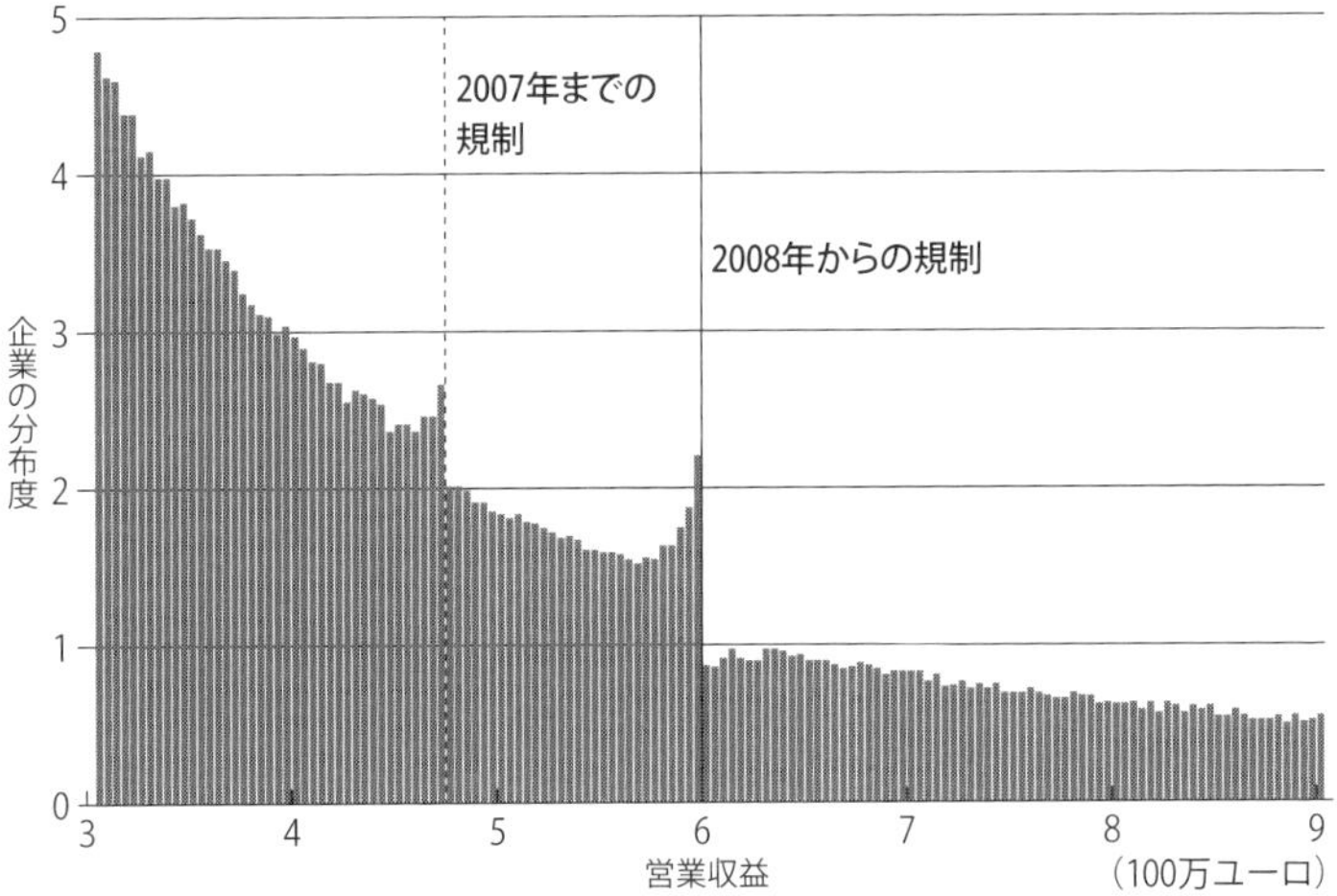

出所：Size-Dependent Policies and Firm Behavior

「Size-Dependent Policies and Firm Behavior」という論文の中には、他にも非常に大切な分析結果が紹介されています。

その分析によると、ドイツとスペインの規模別で見た企業の生産性は、ほとんど同じだそうです。しかし、小さい企業の構成比が高いことによってスペインの企業の平均規模がドイツより小さくなり、両国の生産性に差が生じているのだそうです。逆に言うと、スペインの企業の規模の構成比がドイツと同じであれば、スペインとドイツの生産性はほとんど変わらなくなると結論づけられています。

このことは、スペインの生産性がドイツに比べて見劣りするのは、スペインの個々の企業の実力がドイツ企業より劣っているからではなく、ドイツに比べてスペインの産業構造に歪みがあるからだということを示唆しています。要は資源配分が非効率なのです。

ＥＵ28のデータで確認するとたしかに、ミクロ企業で働くスペインの労働人口構成比は41・0％で、ドイツの19・6％を大きく上回っているのがわかります。

「中小企業の保護政策」が非効率を生む：イタリア、ポルトガル

イタリアでも、「bunching」による問題が確認されています。イタリアでは、社員が15人以上になると労働規制が非常に厳しくなります。従業員数がそれ以上になると解雇規制がかなり厳しくなるのです。

企業の規模別データを見ると、この規制の影響でイタリアでは従業員数15人未満に企業が集中しているのが明らかに見てとれます。イタリアの企業の平均規模は、他の大手欧州諸国の平均のわずか42％だとあります。

イタリアは欧州の大手先進国の中では企業の平均規模が3・9人ともっとも小さく、それにともない生産性も低いです。

２０１８年、従業員10人未満の企業で働く就業者の割合は、ＥＵ28では平均20・７％なのに対し、イタリアでは45・９％と非常に多くなっています。このように、極端に規模が小さい会社が全従業者の半数近くを雇用してしまっているので、イタリアの生産性は世界第33位と低迷しています。

特に建設業とサービス業では、生産性のきわめて低いミクロ企業が大半を占めており、全体の生産性を著しく低下させています。

イタリアの場合、生産性が低いのは、この壁の存在だけでは十分に説明できないという論文もあります。

特に「Diagnosing the Italian Disease」という論文では、イタリアでは経営者を選ぶ際、能力より会社に対する忠誠心が重んじられることを問題視しています。生産性の低さに関しては、小さい企業が多く、ＩＣＴを活用できる規模に企業が成長しないことが問題だとしています。この問題は第6章で検証します。

「The Incredible Shrinking Portuguese Firm」では、ポルトガルでも中小企業の定義と企業の成長意欲をそぐ政策により、いくつかの壁ができ上がっていると指摘されています。

ポルトガルには、10人の壁、20人の壁、そして50人の壁があるそうです。特に20人の壁と50人の壁の前に「bunching」が認められます。

大企業より中小企業を優遇する政策が強化された結果、ポルトガルではここ数十年にわたって企業の規模が小さくなり、生産性が低迷しています。このデータの分析も非常に参考になります。

この論文ではデンマークやアメリカなどの例を紹介し、中小企業の支援策を実施するにあたって中小企業を小さく定義してしまうと、産業構造が著しく歪む危険性が強くなる傾向があることが検証されています。この論文では、規制と産業構造の歪み、そしてその因果関係が徹底的に分析・検証されています。

規模による規制は生産性向上を妨げる

次に、経済学者たちが「bunching」現象についてどう論じているかもチェックしてみましょう。

前出の「Size-Dependent Policies and Firm Behavior」という論文では、「国の生産性が低いのは、その国の産業構造によって相対的に非効率な資源配分がされている証拠である」とされています。

また、ある国の中で、他の業種と比べて生産性が低い業種は、効率性が他に比べて劣っていると断言しています。業種の違いで生じる生産性の違いもあることはあるようですが、効率性ほどの影響は認められないとのことです。

さらに、最近は企業の規模が生産性への影響を増していることを論じる研究が多くなってきています。

加えて、潜在能力が同じなのに、自国のある業界の生産性が海外の同じ業界より低いのは、その国の業界の構造がベストではない証拠であるとも指摘しています。たとえばアメリカでは、1980年代における製造業の生産性向上の約半分は、生産性の低い工場から生産性の高い工場へ労働人口が移行したことによって説明できると指摘しています。

「Policy Distortions and Aggregate Productivity with Heterogeneous Plants」という論文では、業種や企業の生産性は人的資本と物的資本の蓄積だけによって決まるのではなく、経済の中で経営資源がどれだけ効率的に配分されているかにも影響されるとしています。

特に、一部の企業に対して与える不公平な税金の優遇や補助金によって、生産性に大きな悪影響が生じると論じています。補助を受けているところに資源が移動したり、課税されている企業から資源が流出するからです。

この論文では、適切ではない補助政策を行っている国の場合、企業に対する補助政策がない国に比べて、生産性が30％から50％低下することもありえるという結論が紹介されています。全企業を補助するより、特定の企業だけを補助するとその影響が特に大きくなるという点に注目です。

フランスやイタリアなどのように企業の規模をベースにした規制を厳しくすると、その規模を境に資源配分の歪みが生じ、生産性に悪影響が出ます。

逆に、アメリカには規模の大きな企業に対する厳しい規制もあまりなく、中小企業というだけで受けられる優遇もほとんどありません。アメリカの生産性が高い最大の理由はここにあります。

生産性が高いデンマークにも中小企業補助政策は実質的にないと分析されていますし、スウェーデンでも、労働規制は企業の規模と関係なく全企業に適用されているので、中小企業の「bunching」はほとんど見られません。

実はスウェーデンでは、一般の「bunching」現象とは逆の動きが認められます。「Explaining

National Differences in the Size and Industry Distribution of Employment」という論文では、スウェーデンの生産性の高さと社会インフラの関係を検証しています。

1970年代から1980年代にかけて導入された法人税、労働規制、年金制度、賃金制度などの政策によって、スウェーデンでは労働集約型企業、中小企業、新規参入、個人や家族の企業所有が抑制されました。その結果、大企業で働く人の割合が高くなり、自営業者の割合は非常に低くなったのです。

特に中堅企業と大企業の生産性が中小企業より大きく高まった1990年代以降、スウェーデンの産業構造は非常に有利に働いています。

日本にも規模を基準とした優遇策がたくさんある

さて、これまで紹介した海外の事例や論文から得た示唆をもとに、日本の状況を検証してみたいと思います。

日本大学の鶴田大輔教授の論文「SME Policies as a Barrier to Growth of SMEs」では、中小企業への優遇策を設ける本来の目的は市場メカニズムの失敗を正すことであるという説を紹介しています。

たとえば「中小企業は銀行から融資を受けるのが難しいので、信用保証をつける」といった政策は、この説にのっとって正当化されます。

一方で、市場メカニズムが失敗してもいないのに中小企業を優遇すると歪みが発生して、「bunching」が起き、中小企業の成長を妨げる結果になりうるともあります。


さきほどのいくつかの論文にあったように、もっとも歪みが生じやすい政策の組み合わせは、中小企業の規模の定義を小さくして、大企業を厳しく規制すると同時に、手厚く中小企業を補助することです。これはまさに日本で行われている政策、そのものです。


日本の大企業は常に解雇規制を緩和してほしいと要望を出しています。一方、中小企業は労働者を無理やり解雇しても、そのことがバレて罰せられることはあまりないので、解雇規制の緩和については大きな声を上げません。

このようにさまざまな分野において、日本の当局は大企業に厳しく、中小企業に優しいのです。優しいというより、中小企業に対して規制を徹底していないと言ったほうが正しいかもしれません。

さらに、日本には中小企業を対象とした税制優遇もありますし、補助金も助成金も信用保証も幅広く提供されています。ＯＥＣＤの「SME and Entrepreneurship Financing」によると、日本の中小企業の約40％は信用保証を受けています。

ＯＥＣＤの「Japan: Boosting Growth and Well-Being in an Ageing Society」は、この信用保証が中小企業の成長に貢献することもあるとしています。しかし一方で、企業が成長し中小企業として定義されなくなるとこれらの信用保証が使えなくなるため、「bunching」の原因になっているとも指摘されています。

ＩＭＦも「Productivity Drag from Small and Medium-Sized Enterprises in Japan」の中で、日本の信用保証制度は手厚すぎて、生産性を下げているという趣旨の結論を紹介しています。アメリカの論文にあったように、中小企業に対する税などの優遇策と信用保証は中小企業のコストを下げることになるので、資源が中小企業に集中してしまい、その結果、産業構造の非効率を生み出すのです。

日本の手厚い中小企業優遇策

日本には主だったところだけでも、中小企業というだけで受けられる以下のような優遇制度があります。

①法人税率の軽減
②欠損金の繰越控除
③欠損金の繰戻還付
④交際費課税の特例
⑤投資促進税制
⑥少額減価償却資産の特例
⑦固定資産税の特例措置
⑧研究開発費税制
⑨消費税の特例

しかも、令和元年の補正予算と令和2年の予算を合わせると、中小企業庁の予算は5000億円を超えているのです。

このように、日本には「bunching」につながる可能性がある中小企業のための優遇策がいくつもあります。なかでも、特に注目すべきなのは法人税です。法人税法における中小企業軽減税率の適用範囲は、「資本金1億円以下の企業」です。

2019年の消費税の引き上げに合わせて、中小企業が自ら規模を小さくする動きが見られました。資本金を一定の金額以下にすると補助金がもらえるということで、その補助金を目当てに減資をした企業が激増したと報じられています。ネットで検索すると、「こうすれば優遇される」「こうするとお得」などといった、中小企業であり続けるメリットを紹介した記事がたくさんヒットします。

規模を拡大させず、受けられる優遇措置を目一杯享受するのは、中小企業の経営者にとって合理的な行動ではあります。しかし、補助金目当てに中小企業のままでいようとする企業が少なからず存在するのは、看過してはいけない残念な日本の実情です。

第7章では、これら優遇措置の課題をさらに検討します。

日本の中小企業基本法の影響

ところで、中小企業に対する補助制度が手厚いからといって、それだけでは日本の生産性が他の先進国よりここまで低いことと、国際競争力に比べて生産性が格段に低いことの完全な説明にはなりません。ここでは、さらにいくつかの切り口で検証していきます。

繰り返しになりますが、今の日本では大企業で働いている労働者の比率がきわめて低い一方で、小規模事業者で働く人が1000万人もいて、中堅企業にすら労働者が集約されていません。労働力がこのような形に分布している産業の構造が、日本の低生産性問題を引き起こしているのです。

すでに説明したように、企業の平均規模が小さいことと、生産性が低くなることの相関関係と因果関係は明らかです。また、大企業で働く人の比率が低いと生産性が低下することも、相関関係から明らかになっています。

日本の数字を見てみると、業種別の平均社員数と生産性との間には、なんと0・84というきわめて強い相関関係があり、同様に県別では0・83という数字が認められます。

ただし、相関関係が強いという事実だけではなく、なぜ相関関係が強くなっているのか、因果関係を探って明らかにしておく必要があります。

また、ある業界の1社あたりの平均社員数が少なく、そのため生産性が低いということが事実だとして、そもそもなぜその業界の1企業あたりの平均社員数が少ないのか、その原因を明らかにしておく必要もあります。

まず、日本の現在の産業構造は昔から今のように歪んでいたのか、少し時代を遡ってデータを見てみましょう。

現在の日本企業の平均規模は、生産性の高い国の企業規模に比べて小さいという事実があります。もしこの状態がずっと以前から続いているのだとすると、文化などと同様に、日本という国の固有の要因が企業経営に影響を及ぼした結果である可能性が浮上します。

しかし、もしそうではなく、過去のある段階で状況に変化が生じたのであれば、その変化をもたらした原因が何であったのか、おさえておかなくてはいけません。

そこで、過去のデータを調べてみると、日本の企業の規模が小さいのは、けっして昔から続いている伝統的な現象ではないことがわかりました。

図表4-5　1社あたりの平均従業員数

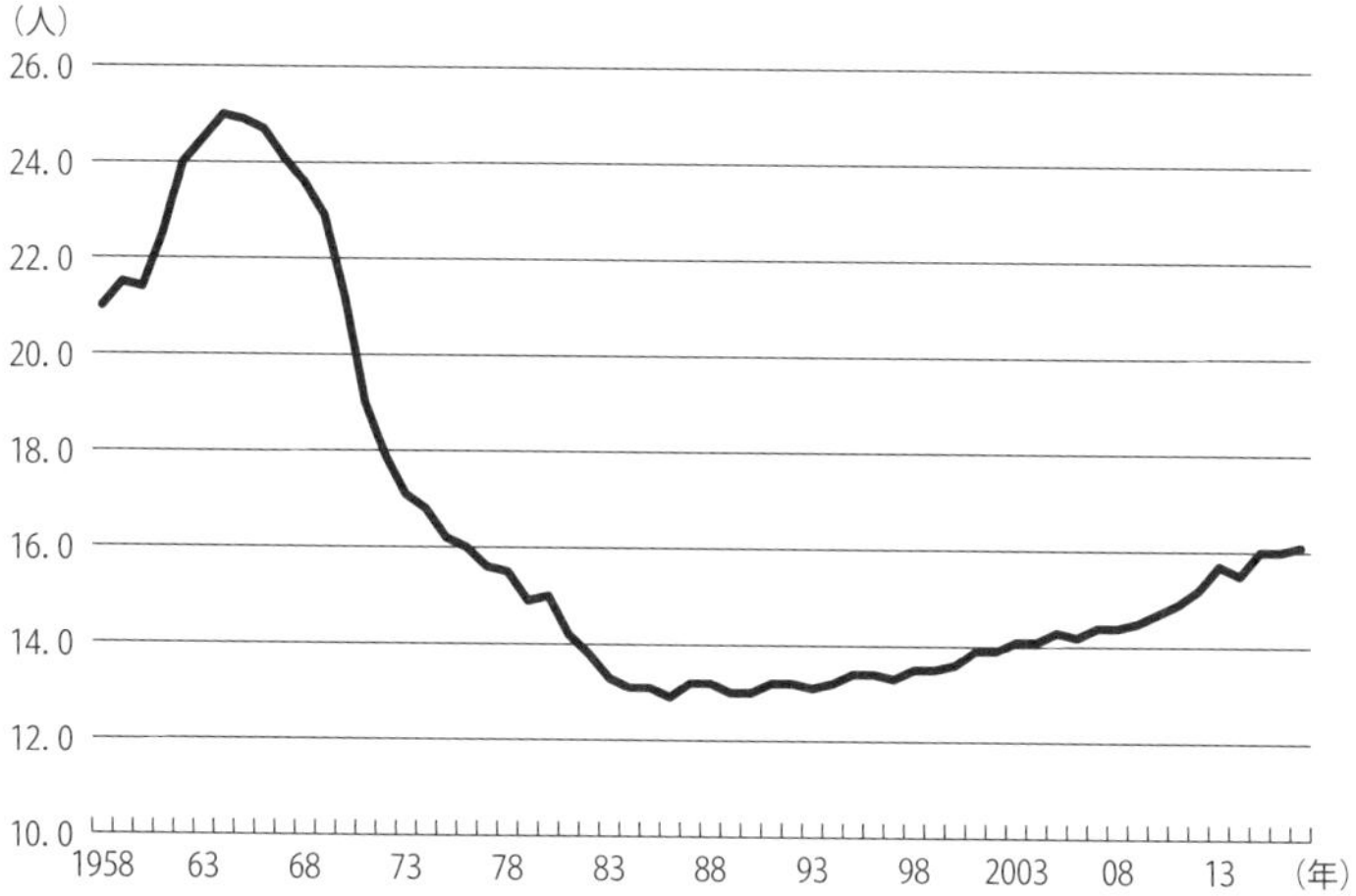

出所：国税庁データより筆者作成

図表4－5をご覧ください。ここにも示したとおり、戦後の日本企業の平均従業員数は今よりずいぶん多かったことがわかります。日本の1社あたり平均従業員数は、戦後徐々に増え、1964年には25人になり、この年がピークになりました。

しかし1964年以降、企業の数が爆発的に増え、特に非常に規模の小さい企業が人口が増えるペース以上に増えた結果、徐々に日本企業の1社あたり従業員数が減少するようになりました。そして、1986年にはついに1社あたり12・9人にまで下がりました。それ以降は次第に改善し、2017年では16・1人になっています。

経済学的に見ると、1964年から日本では雇用の拡大によって労働参加率が上がり、生産性は上がりましたが、労働生産性の面では規模の経済が後退しています。一方、1986年からは規模の経済がふたたび働くようになりました。

1964年に何があったのか

このように平均従業員数の推移を見てみると、どうやら1964年が日本経済にとって大きなターニングポイントだったことがわかります。

ということは、1964年前後に何が起きたのかを調べれば、今の日本経済が喘いでいる低い生産性という問題の根源を突き止められる可能性が高いのではないでしょうか。

1964年、東京でアジア初のオリンピックが開催されました。このことを知らない人はいないでしょう。しかし調べてみると、この時期に起こったビッグイベントは、オリンピックだけではありませんでした。

日本は1964年に、OECDに加盟しました。OECDに加盟するにあたっては、資本の自由化と貿易の自由化が求められます。

そのための準備として、日本は1963年に「中小企業基本法」を制定しました。この法律は1999年に改正されるまで、別名「中小企業救済法」とも呼ばれていました。この法律では、中小企業と大企業の格差是正が基本理念とされていました。

この頃から「中小企業は立場が弱い被害者で、いじめられているから救うべきだ」という雰囲気が世の中に蔓延し始めました。これは当時の記録からもうかがい知ることができます。

このムードに拍車をかけたのは、オリンピック以降に起きた不況です。オリンピックのために整備された一般道や高速道路、または新幹線など、巨額のインフラ投資がなくなり、特需がなくなったため、日本経済が一気に冷え込んでしまったのです。

そのため、日本企業が外資系にやられるというマスコミの論調が、オリンピックが開かれた1964年以降強くなりました。

実際、巨大企業の倒産や証券不況も起き、日本経済は大変深刻な事態を迎えることになりました。「昭和恐慌の再来」と騒がれ、挙句には上場企業が外資系に乗っ取られると、まことしやかに語られるようになりました。

そのための防衛策として進められたのが、上場企業の株の持ち合いでした。株の持ち合いは、後に日本的経営の基本と言われるようになりましたが、実は株主や社会の影響力が希薄化され、ガバナンス機能が弱体化することにつながりました。その結果、日本企業は系列化を強める一方で規模の拡大が妨げられ、利益率が下がり、さらにはバブルへと進んでいったのです。

株の持ち合いは日本的経営の基本と言われていましたが、実はオリンピック後の急激な経済の落ち込みを前に、ある意味、ヒステリックな妄想から発生した場当たり的な窮余の策でしかなかったのです。昔からある日本的経営でも何でもないのです。

「中小企業基本法」が定めた定義に問題があった

このような経緯があったのは事実ですが、これだけでは、なぜ中小企業が増え、1社あたりの社員数が激減し、諸外国とくらべて生産性の低い産業構造が日本に生まれたのかを説明するにはまだ不十分です。

オリンピック以降、日本で中小企業が激増した重要な原因の1つとして、私は「中小企業基本法」が定めた中小企業の定義、すなわち「どの規模の企業を中小企業とするか」に問題があったのではないかという仮説を立てています。

図表4-6をご覧ください。中小企業基本法では、製造業その他の業種は従業員数300人

図表**4-6**　中小企業の定義の変化

旧中小企業基本法		
業種	資本金	従業員数
製造業その他の業種	1億円	300人
卸売業	3,000万円	100人
小売業・サービス業	1,000万円	50人

新中小企業基本法		
業種	資本金	従業員数
製造業その他の業種	3億円	300人
卸売業	1億円	100人
小売業	5,000万円	50人
サービス業	5,000万円	100人

出所：中小企業庁ホームページ

未満、卸売業とサービス業は100人未満、小売業は50人未満を中小企業としています。1999年の改正までは、サービス業も50人未満を中小企業と定義していました。

日本の国際競争力と日本の生産性のギャップが大きく、他の先進国の生産性より低いことを説明するには、この中小企業の基準が他国と比べて小さくないと理屈に合いません。

そこで調べてみると、やはり大手先進国の中で、日本では中小企業がかなり小さく定義されているのがわかりました。

OECDが使っている中小企業の定

義は、業種に関係なく基本的に従業員数250人未満の会社です。その中で、中堅企業が50〜249人、小規模事業者は10〜49人、ミクロ企業は10人未満ですが、5人以下とされている場合もあります。

世界銀行の2013年の調査、「Competitive Small and Medium Enterprises」によると、120カ国中、中小企業の定義に企業の規模を使っている国は115カ国だそうです。一方、資産や売上などを使っている国が61カ国あり、業種別に定義を変えている国が26カ国あるそうです。

規模の定義に関しても、従業員数10人未満をミクロ企業としているのが82カ国で、小規模事業者を50人未満にしている国が75カ国あります。中小企業を250人未満としているのは46カ国です。

中小企業を小さく定義した後遺症

中小企業の定義の違いで、もっとも興味深いのがアメリカです。実は、アメリカでは中小企業の定義が業種別に設定され、従業員数500人未満から1500人未満までとなっています。つまり、他の国と比べてかなり規模の大きな企業も中小企業としてくくっているのです。この規模にまで企業が成長すれば、当然、１社あたりの平均社員数も多くなり、それにともない生産性も高くなります。

アメリカの企業は規模が大きく、生産性も高いのですが、そうなっていることの要因にこの中小企業の定義が関係していることが推察できます。

アメリカに比べると欧州の中小企業の定義は小さいので、１社あたりの平均従業員数も少なく、生産性も低くなっています。ＥＵの分析では、１９９６年の欧州の１企業あたり従業員数は、アメリカの企業より23％も少ないと報告されています。

日本の中小企業の定義は平均１７０人。欧州よりさらに小さく、それにともない企業の平均従業員数も少なく、また労働生産性も欧州より低くなっています。まさに理屈どおりのことが起きているのです。

ＥＵ28の中で１つ、面白い例外の国があります。ドイツです。

ドイツは欧州の中では中堅企業と大企業の占める割合が大きく、そのため生産性が高く、また労働生産性はさらに高くなっています。今回改めて調べてみると、実はドイツも中小企業を５００人未満と定義していることがわかりました。興味深いことに、ドイツの１社あたりの平

図表4-7　中国の企業規模の定義

	中小企業	中堅企業	小規模事業者	ミクロ企業
製造業	1,000人以下 または 4億元以下	300人以上 および 2,000万元以上	20人以上 および 300万元以上	19人以下 または 300万元以下
卸売業	200人以下 または 4億元以下	20人以上 および 5,000万元以上	5人以上 および 1,000万元以上	4人以下 または 1,000万元以下
小売業	300人以下 または 2億元以下	50人以上 および 500万元以上	10人以上 および100万元 以上	9人以下 または 100万元以下
ソフトウェア・IT サービス	300人以下 または 1億元以下	100人以上 および 1,000万元以上	10人以上 および50万元 以上	9人以下 または 50万元以下

出所：中国政府の資料（2011年）より筆者作成

均従業員数は12・1人で、EU28平均の5・9人の2倍です。EU28の中では唯一の2桁です。

日本の定義は、中国と比べてもかなり小さいです（図表4−7）。

小規模事業者が爆発的に増えた2つの契機

さて、仮に中小企業基本法で中小企業の定義を小さくしたことが、日本で小さい企業が増えてしまったことの主要因だとしたら、この法律を制定した後に規模の小さい企業が爆発的に増加したという事実がなくてはいけません。さっそく確認してみましょう（図表4−8）。

図表4-8　日本の労働人口と企業数の推移

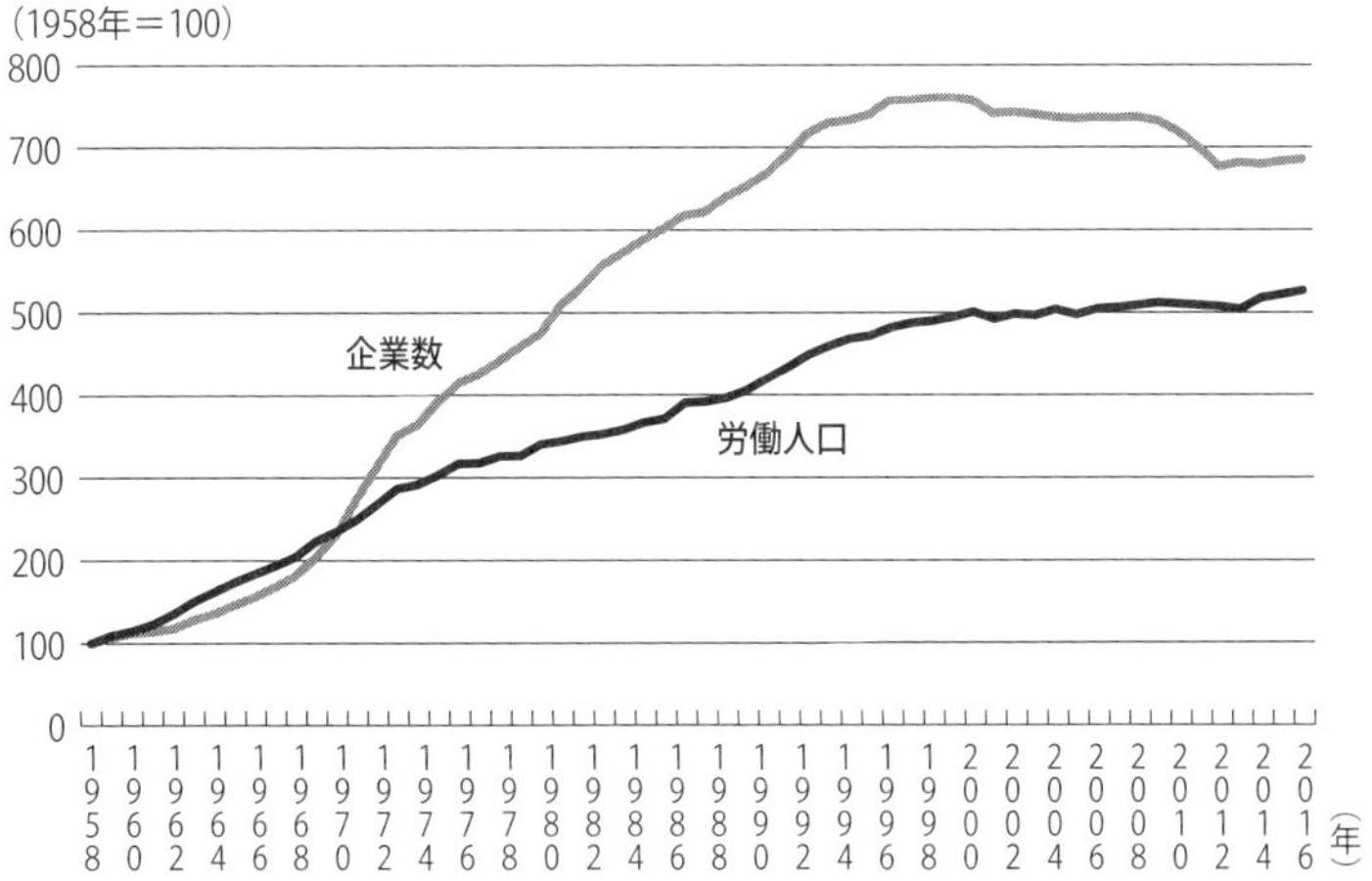

出所：国税庁データより筆者作成

１９６３年の企業数の増加率は、前年に比べて９％増でした。しかし、翌年の１９６４年からは、企業数の増加率は労働人口の増加率を上回るようになりました。１９６９年には対前年度比12・７％増を記録し、その後、１９７３年まで毎年２桁の増加が続きました。

１９５８年から１９８７年までの間、就業人口が３・７倍に拡大したのに対して、企業数は５・９倍にも増加しました。

人口の増加以上のペースで企業の数が増えたのですが、その間にもっとも増えたのが、非常に規模の小さい零細事業者でした。たとえば１９７５年から１９９５年の間に、日本の企業の数は１７０万社も増えています。そのうち、１６３万社は従業員数30人未満で、１５０万社は10人未満です（図表４－９）。

図表4-9　1975〜95年の企業数の増加——生産性の低い企業が増えた

企業規模	1975年	1995年	増加数
10人未満	1,629,427	3,130,983	1,501,556
10人以上	395,030	522,290	127,260
30人以上	124,464	173,053	48,589
100人以上	34,912	53,990	19,078
500人以上	2,888	4,987	2,099
1,000人以上	1,663	2,669	1,006
5,000人以上	154	361	207
合計	2,188,538	3,888,333	1,699,795

出所：国税庁データより筆者作成

当時の大蔵省が支援対象になる企業をある程度絞りたいと考えたことが、中小企業の規模を小さく定義した理由だったと推察されます。しかし、人口が増加していた当時は良かったのかもしれませんが、この政策は生産性の非常に低い企業の爆発的な増加を招き、結果として現在日本が直面している低生産性の問題を生じさせてしまったのです。今となっては、失策に変ったと断じるしかないでしょう。

小規模事業者の爆発的増加にさらに拍車をかけたのが、１９７４年に田中角栄元首相が行った「給与所得控除額」の大幅引き上げです。このとき、控除額がそれまでの倍以上に引き上げられ、これを機に節税を目的として設立される法人が増えました。

これは「法人成り」と呼ばれています。「法人成り」による節税のメカニズムは以下のとおりです。

図表4-10　赤字法人比率の推移

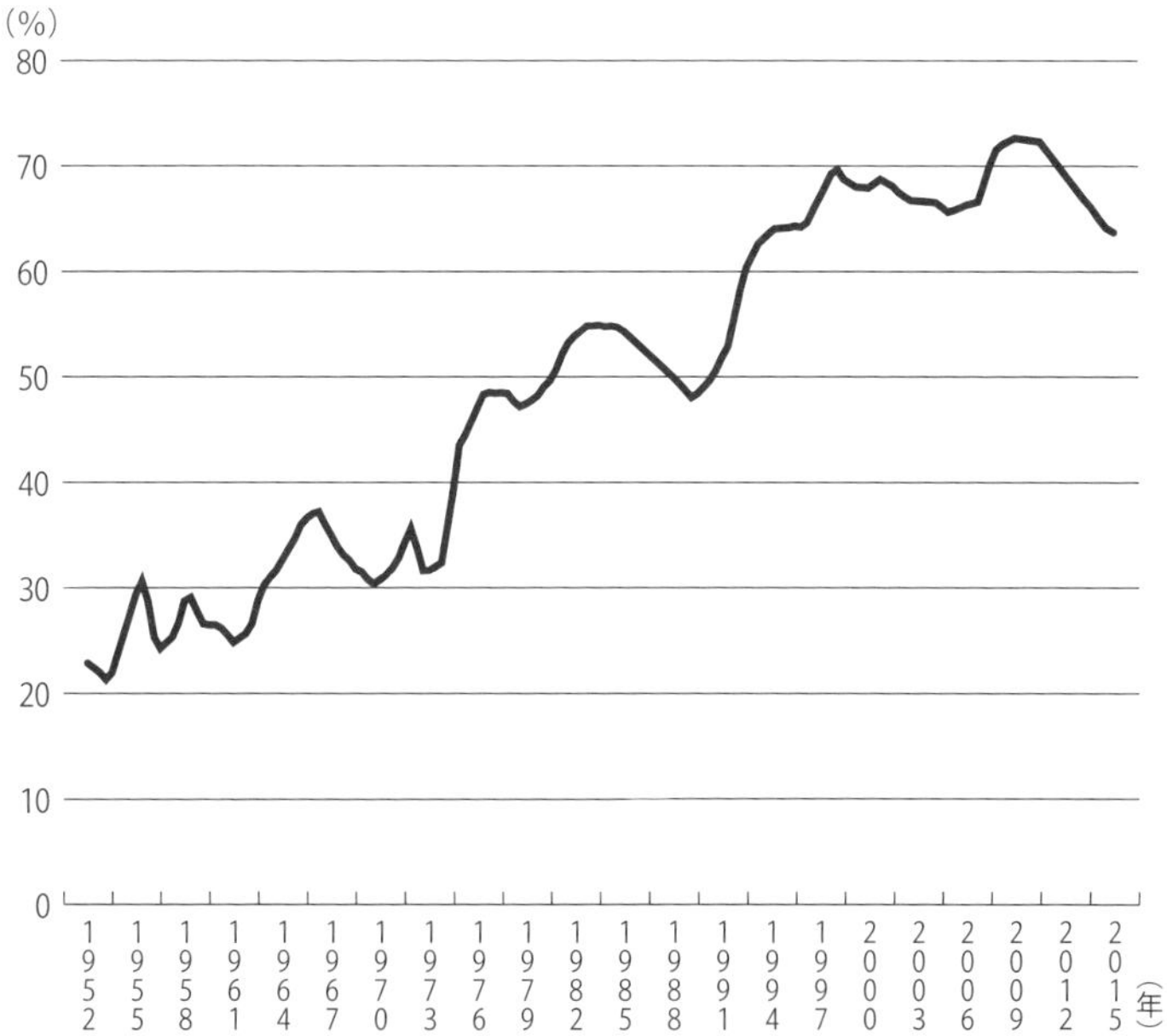

出所：国税庁データより筆者作成

まず、会社の利益をすべて役員の報酬にし、会社を赤字にします。社長の給与には所得税はかかりますが、控除も適用されるので、その分、個人事業主より節税メリットが大きくなります。奥さんや子どもなどを役員にして給与を払えば、各々に控除が適用されるので、利益が増えるほど節税メリットが膨らむのです。

実際、中小企業の数の変遷を見ると、1974年以降も大きく増えているのが確認できます。

他のデータを見ても、このと

きのインパクトが確認できます。景気の動向と関係なく、１９７４年以降ほぼ一貫して赤字企業が占める割合が大きくなっています（図表４―10）。

余談になりますが、大企業は実効税率が低いので、同じような節税ができない中小企業にとって不公平だから、中小企業の税率を下げるべきだという意見を耳にすることがあります。しかし、５割から７割の中小企業は赤字であり、実効税率はそもそもゼロなので、この意見は的外れだと言わざるをえません。

中小企業の大半は「成長していない」

「中小企業基本法犯人説」が成立するためには、たくさんできた中小企業が成長せずに中小企業のままとどまったという事実も必要です。

データで確認してみると、このいわば企業のベビーブームとも呼べる期間に創業した企業には、ある際立った特徴があることがわかりました。これらの企業は創立したときから、ほとんど小さいまま成長しておらず、今もって成長していないのです。

図表4-11　存続企業の規模間移動の状況（2012〜2016年）

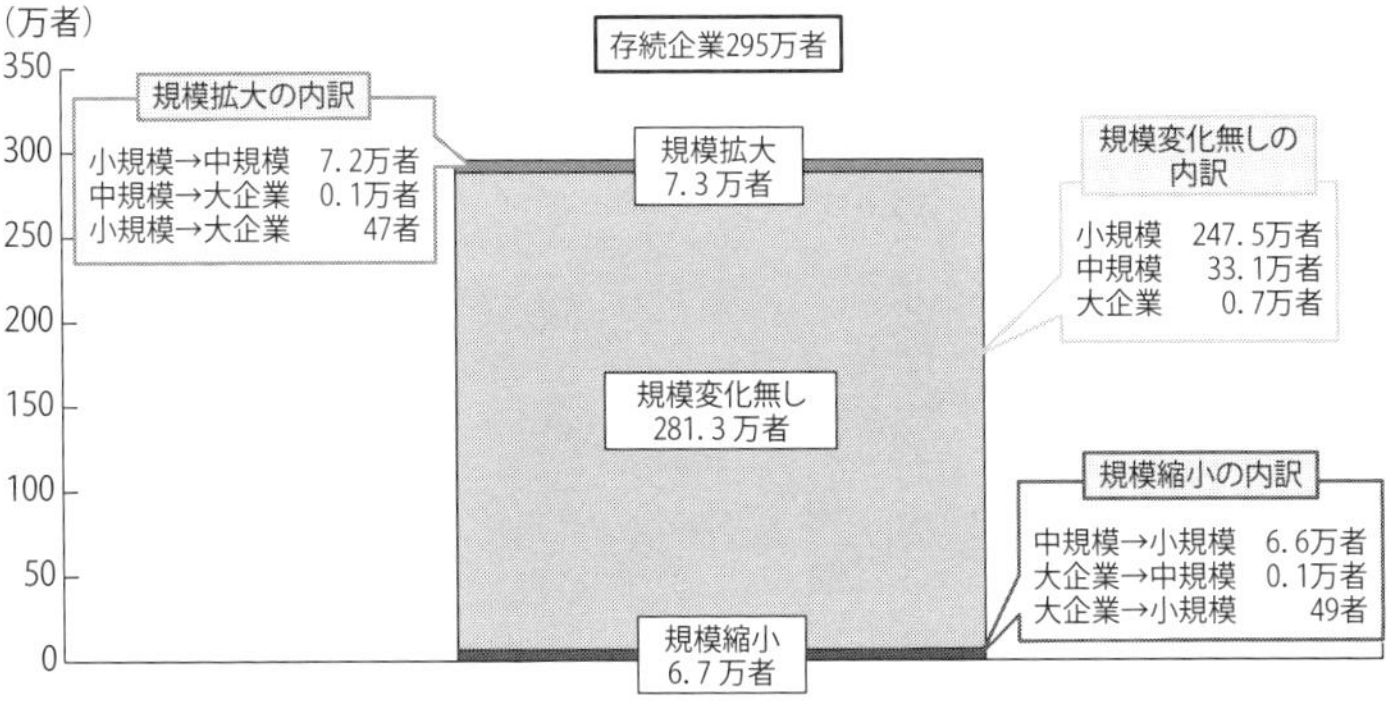

資料：総務省「平成26年経済センサス－基礎調査」、総務省・経済産業省「平成24年、28年経済センサス－活動調査」再編加工

注：ここでいう存続企業とは、各調査によって2012年2月、2014年7月、2016年6月の3時点で存在が確認出来た企業を指す。

出所：『中小企業白書　2019年版』

さらに衝撃的なデータが『中小企業白書』に紹介されています。成長していない企業の割合です。

白書によると、2012年から2016年の間に存続していた295万社の企業のうち、規模を拡大して規模間移動した企業は7・3万社、たったの2・5％です（図表4－11）。規模間移動とは、小規模事業者から中堅企業に移動したりすることを言います。区分の移動です。

95・4％にあたる281・3万社は規模間移動をするまで成長していません。規模間移動をしなかった小規模事業者は、なんと247・5万社にものぼっています。

さきほども説明したように、日本では1963年に中小企業基本法が制定されたのを境に、中小企業の定義以下の規模の企業が爆発的に増えたという厳然たる事実があります。この法律によって定められた「中小企業の規模」が産業構造の歪みを生じさせたと判断しても、問題ないと思います。

日本でも「bunching」が証明されている

先に紹介した鶴田教授の論文に、日本では規模が小さく定義されている中小企業を手厚く支援する政策が企業の成長を妨げているという仮説を裏づける、きわめて重要な検証結果が紹介されています。

この論文では、企業の規模を条件にした税優遇策が中小企業の成長を妨げているかどうかを判断するため、2種類のデータ分析を行っています。

1つ目は、フランスの論文にもあったように、資本金が1億円に近い企業の場合、増資をして1億円を超える企業が多いか少ないかです。2つ目は、1999年に中小企業としての優遇を受けるための資本金の条件が引き上げられましたが、その後、前の基準に近かった企業が資本金を増やしたかどうかを検証したデータです。

1つ目の分析の結果は、資本金が1億円に近い企業は、他の企業に比べて資本金を増やさない傾向が認められ、規制が企業の成長に悪影響を及ぼしていると書かれています。

個人的には、2つ目の検証結果により深い関心を持っていました。中小企業として優遇が受けられる基準が引き上げられることによって、以前は増やしていなかった資本金を増やす傾向があるのであれば、優遇策自体に企業の成長を妨げる効果があることを、企業経営者の行動をもって確認することができるからです。

分析の結果、以前の基準以下の資本金だった企業は、基準の変更以降、新しい基準近くまで資本金を増やし、会社の規模を拡大させていることが確認できたそうです。

「Size-Dependent Policy and Firm Growth」でも、1億円規制は資本金が1億円に近い企業の健全性に悪い影響を及ぼすことが確認されています。資本金を増やすことで中小企業の優遇策が受けられなくなることを嫌って、資本金を増やさないかわりに、銀行などからの借入金が膨らんでいくからです。

面白いことに、小売業の場合、相対的に生産性の低い企業が中小企業の定義内に残る確率が高かったとあります。つまり中小企業の優遇政策は、生産性の低い企業を惹きつける可能性があるということです。

図表**4-12**　日米の企業規模別従業員の分布

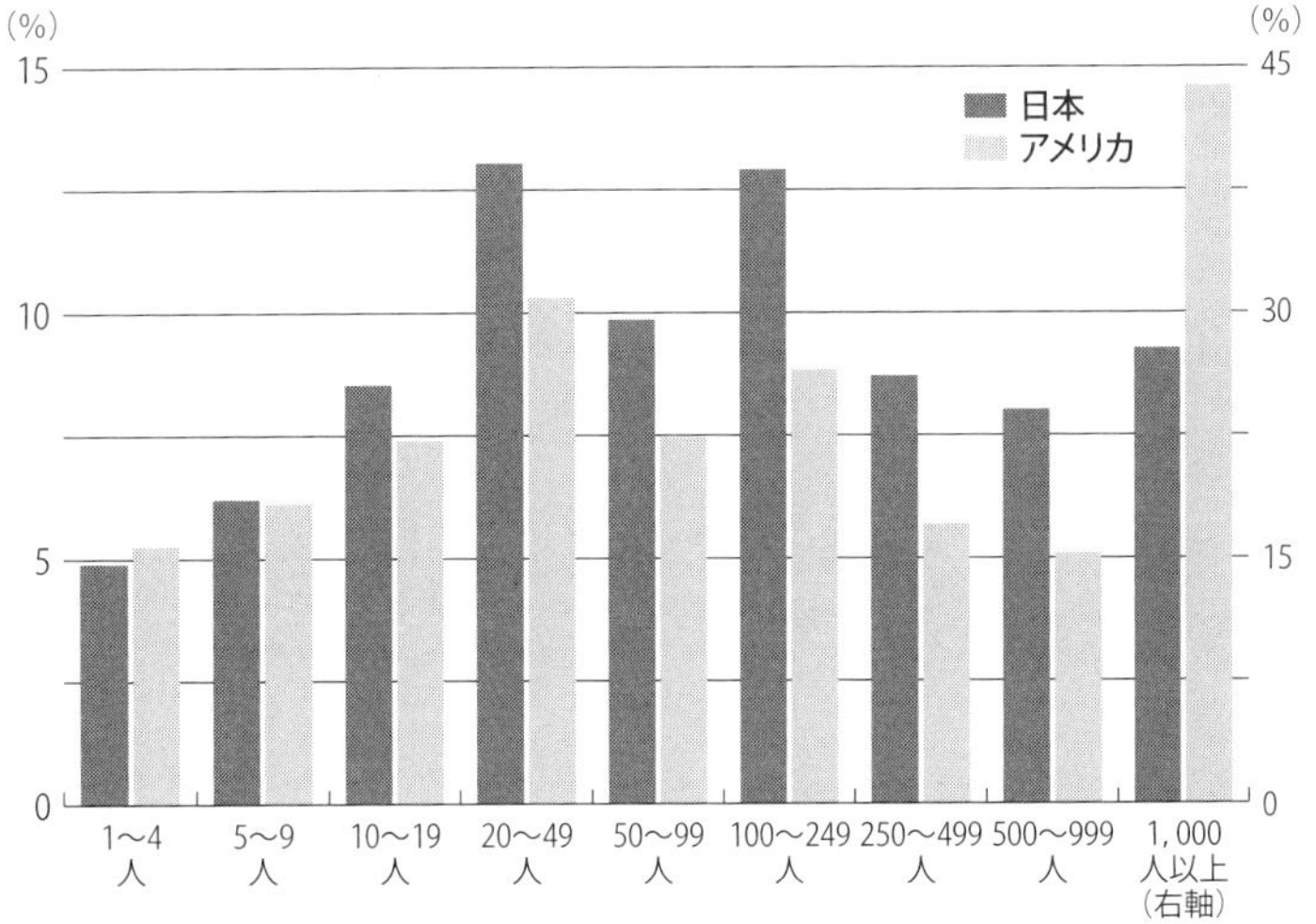

出所：『事業所・企業統計調査』、Business Dynamics Statisticsのデータ（2006年）より筆者作成

総務省が出している「事業所・企業統計調査」の２００６年のデータでは、従業員数を企業規模別にまとめています。アメリカとの比較で、明確なbunchingの存在を確認できます。

図表４－12をご覧ください。経済学が示唆するとおりに、50人の壁、３００人の壁が確認でき、その分だけ大企業の雇用が犠牲になっています。残念ながらこのデータの総従業員数は３２１０万人ですので、すべての雇用を把握しているわけではありませんが、参考にはなります。

製造業の生産性が高いのは、中小企業が大きく定義されているから

海外の事例や研究の結果を勘案すると、中小企業をどの程度の規模と定義して守るかが、生産性の高低に影響を与えるきわめて重要な要素だと断言しても問題はなさそうです。

中小企業政策によって産業構造が歪み、企業の平均規模が小さくなったことを確認できる、もう1つの見方があります。この見方で考えると、日本の製造業の生産性は高いのに、サービス産業の生産性が相対的に低い理由もわかります。

第3章で述べたように、日本では製造業とそれ以外の業種との大きな生産性の違いを、国民性などを理由に使って説明しがちです。

すでに説明したとおり、1963年の中小企業基本法で、製造業は従業員数300人未満、小売業・サービス業は50人未満の企業を中小企業と定めました。このように中小企業を定義したことが、製造業では規模が相対的に大きくなって、生産性が高まりやすくなった一方、小売業・サービス業では平均規模が相対的に小さくなって、生産性を低迷させる要因となったのです。

図表4-13　日本の製造業と小売業における企業規模別従業員数の割合

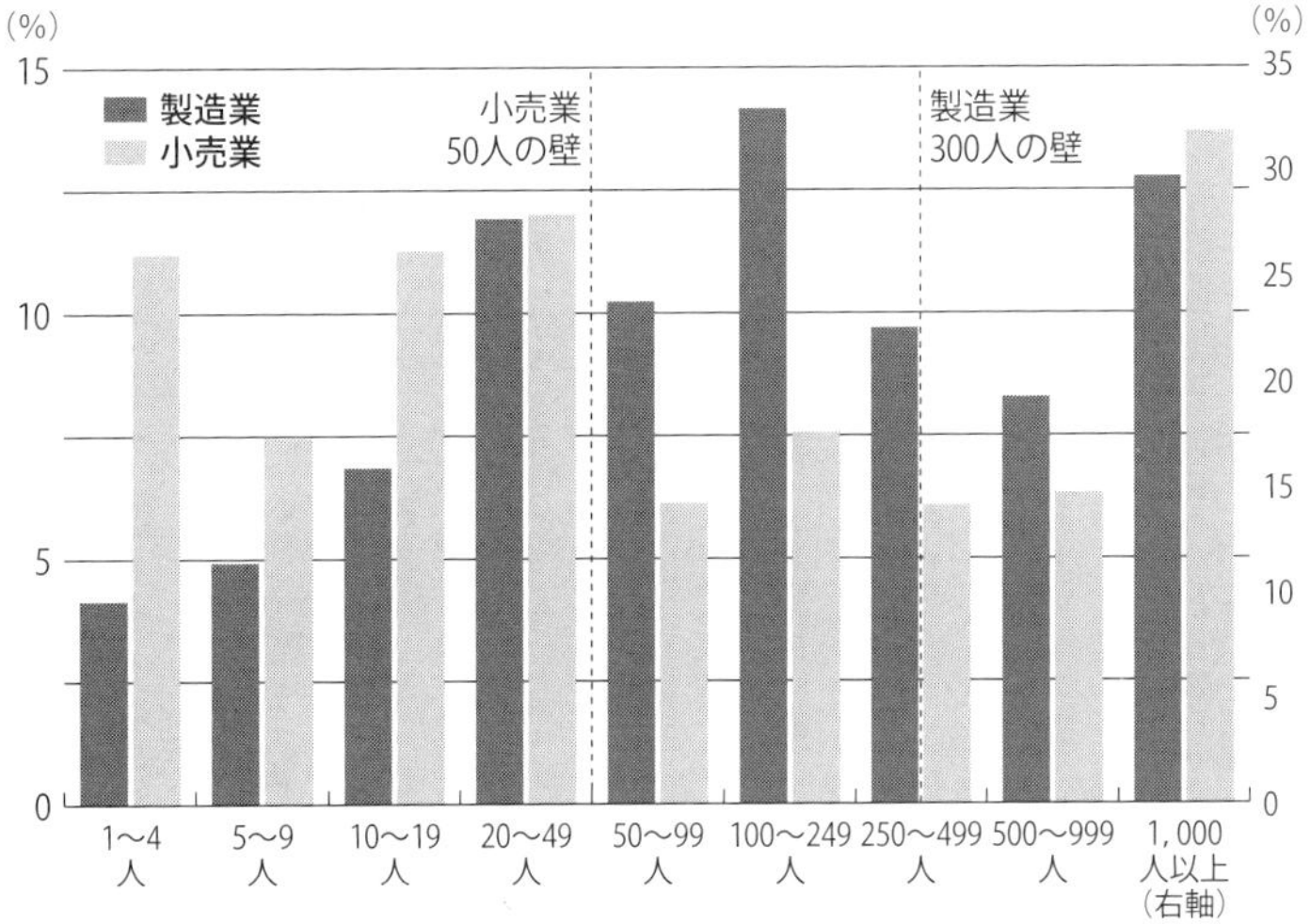

出所：『事業所・企業統計調査』、Business Dynamics Statisticsのデータ（2006年）より筆者作成

図表4-13のデータを見ると、小売業ではものの見事に、5人以下と定義されている小規模事業者が溢れかえり、さらに従業員数を50人未満にとどめる壁ができたことがわかります。

もちろん、製造業と小売業・サービス業という業種の特徴の違いも、生産性の高低には関係しています。

先述したように、設備投資などの違いによってもともと製造業の生産性が高くなりやすいところに、中小企業を「従業員数300人未満」と小売業・サービス業より6倍も大きく定義したため、製造業の企業の平均規模が大きくなったのです。結果として、製造業では規模の経済

図表4-14　日米の小売業の企業規模別従業員数の分布

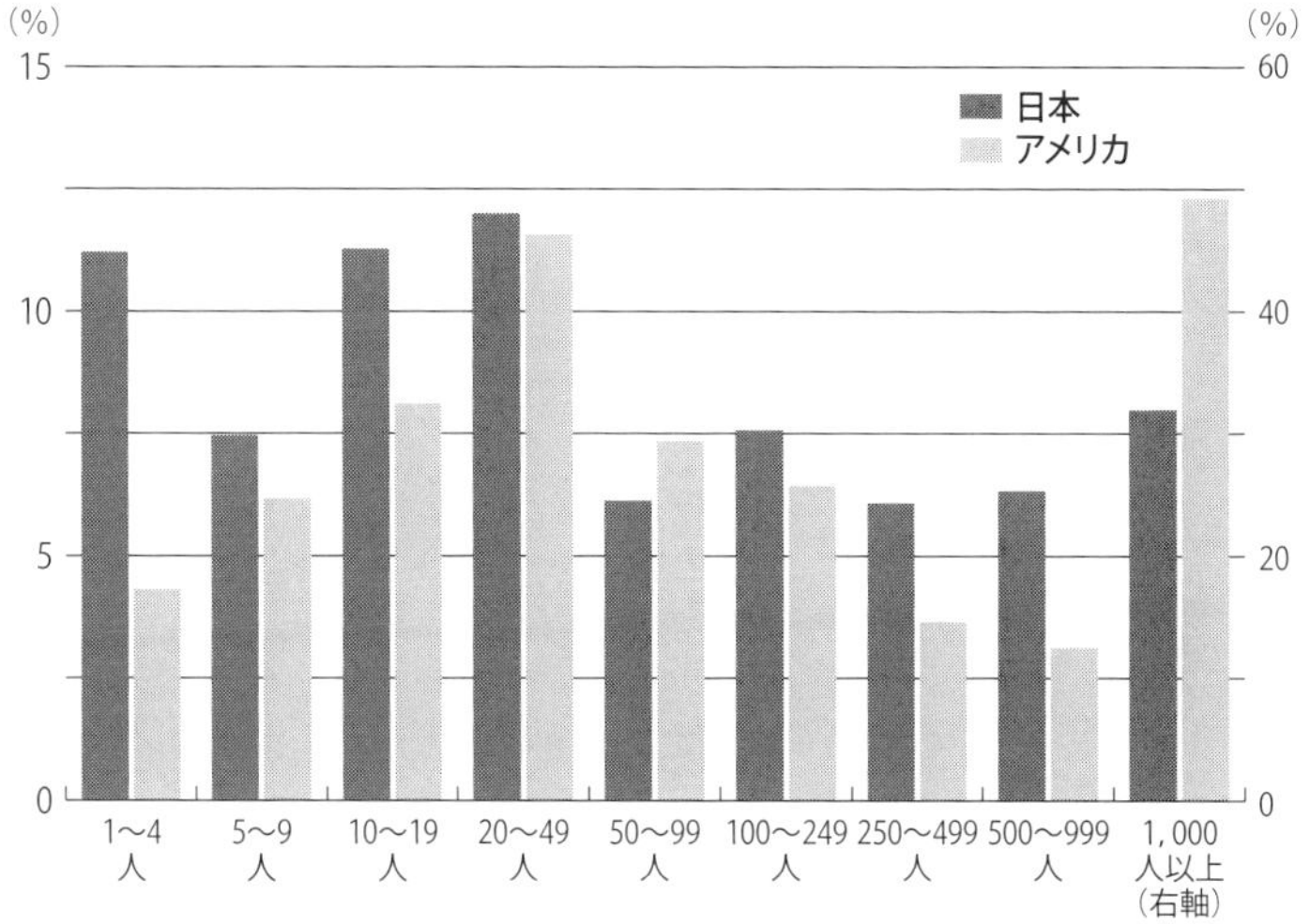

出所：『事業所・企業統計調査』、Business Dynamics Statistics のデータ（2006年）より筆者作成

が働いて、生産性が高くなりました。

日本とアメリカの小売業の従業員の分布を比べてみると、たしかに日本は5人未満と50人未満までの山が高く、その後に谷が形成されており、その分だけ大企業と中堅企業の割合が減っています（図表4-14）。これまで見てきた「bunching」の理屈のとおりです。

海外では、製造業とそれ以外の業種で中小企業を別々に定義することはあまりなく、一律に従業員数250人未満とするケースが大半です。しかし日本では、そもそも規模が小さくなりがちな製造業以外の中小企業の定義を、製造業より大幅に小さくしてしまいました。その結果、それら企業の成長が抑え込まれ、生産性が低迷してしまったのです。

この負の連鎖に拍車をかけているのが、日本経済の発展です。経済が発展して平均寿命が延びるほど、その国の需要は次第に製造業からサービス業へ移行します。それはすなわち、経済の主役が生産性の高い製造業から、50人未満に「bunching」され、生産性が低いサービス業に移行するということです。そうなればもちろん、日本の生産性は他国に比べて低迷しやすくなってしまうのです。

小売業は「規制による生産性低下」がもっとも顕著な業種

日本において、規制による生産性の低下がもっとも顕著に確認できる業種は小売業です。２０００年に廃止されましたが、それまで日本では大規模小売店舗法などによって、小さい小売業者を守る体制が敷かれていました。

小売業は生産性が他業種も含めた国全体平均の５４６万円に比べて、３６５万円とかなり低い業種です。一方で、従業者は９５０万人の製造業に次ぐ第2位の７２９万人と、雇用者全体において大きな比率を占めています。結果として、小売業は国全体の生産性を大きく低下させているのです。

この問題を「Macroeconomic Implications of Size-Dependent Policies」が取り上げています。この研究では、厳しい規制（実質的な課税）によって、企業の規模が最適な水準より20％小さくなると、付加価値が8・1％減少、企業の数が23・5％増加、企業の平均付加価値が25・6％減少するとされています。雇用における大企業の占める比率も低下します。

その例の1つとして取り上げられているのが、日本の小売業です。データが少し古いのですが、2003年の人口1000人あたりの小売店舗数は、アメリカが6・1店だったのに対して、日本は11・2店でした。

コンサルティング会社のマッキンゼー・アンド・カンパニーによると、日本の小売業のうち、伝統的な小規模店舗が占める割合は労働時間ベースで55％だったのに対し、アメリカは19％でした。日本の小売業の生産性はアメリカの半分だと分析されています。規制によって歪みが生じているのは確かでしょう。

「小さい小売店を守るべき」は短絡的な感情論

一部の評論家には、日本の生産性を引き上げたいなら、小売業を潰せばいいという極論を言う人もいます。感覚論としては、この結論になりやすいのでしょう。しかし、この見解は浅はかです。

小売業の労働者の生産性を、小売業を除く日本全体の平均的な生産性まで引き上げても、日本の生産性は今の546万円から580万円にしかなりません。わずか6％アップです。人口減少に対応するためには、この程度の生産性の向上ではまったく十分ではありません。

データ分析をきちんとすれば、日本の生産性の問題はある特定の業種が主因だという感覚にそった結論ではなく、すべての業種に関わる産業構造の歪みにあるということに考えが至るはずです。日本の低生産性は業界を横断した中小企業の問題です。

一方で小売業の生産性の低さを話題に挙げると、「細々とお店をやっている爺ちゃん婆ちゃんをいじめるつもりか」「街が大企業のチェーン店だらけになっていいのか」「生産性の向上と町の肉屋さんを両立できる方法はないか」とヒステリックなことを言い出す人もいます。

ここで重要なのは、そういうことではありません。

人口減少が進む日本では、生産性を高めなくては社会保障を存続させることすら危うくなってしまいます。このことはけっして忘れてはいけません。

これまで説明したように、小売業は明らかに生産性が低いのです。さきほどのような情緒的な反論を持ち出して、生産性の低い業種に貴重な人的資源を配分したまま放置してしまうと、社会保障制度を維持することはできなくなります。「爺ちゃん婆ちゃん」を守るつもりが、逆に彼ら彼女らを苦しめることになるのです。

たとえば、年収200万円の人の生涯収入は9000万円だとしましょう。そのうち1000万円を国に納めたとします。しかし、高齢化が進み平均寿命が延びた結果、老後のコストは6000万円になっているとします。

差額は5000万円ですが、その差額分を誰が払うというのでしょうか。平均寿命が短く、老後の負担がさほど大きくない前提でつくられた産業構造にメスを入れ、差額の負担が可能な産業構造に変換しなくてはなりません。

これらの改革を拒むのであれば、長生きするのをやめるか、社会保障制度をあきらめるしかありません。

感覚論を即刻やめて計算機を叩いてみれば、昭和の時代にできた商店街の肉屋さんや八百屋さんと、超高齢化社会の社会保障制度を共存させることが無理なのは一目瞭然です。

このことを肝に銘じた冷静かつ適切な対応が、今求められているのです。もし何も変えず現状のまま放置したら、生産性は上がらないので、社会保障制度を維持することはあきらめなくてはなりません。人口減少の規模があまりにも大きいので、両立は不可能です。

これからの時代は、何を最優先で守り、そのためには何を犠牲にしなくてはいけないのか、バランス良く選択することがきわめて重要なのです。

参考文献

Fukao Kyoji, "Service Sector Productivity in Japan: The Key to Future Economic Growth," RIETI Policy Discussion Paper Series, 10-P-007, August 2010.
Kato Atsuyuki, "Mark-Up, Productivity and Imperfect Competition: An Empirical Analysis of the Japanese Retail Trade Industry," RIETI Discussion Paper Series, 10-E-031, June 2010.
OECD, "Small and Medium-Sized Enterprises: Local Strength, Global Reach," OECD Policy Brief, June 2000.

International Labour Office, "Small and Medium-Sized Enterprises and Decent and Productive Employment Creation," International Labour Conference, 104th Session, Report IV, 2015.

Luis Garicano, Claire Lelarge, and John Van Reenen, "Firm Size Distortions and the Productivity Distribution: Evidence from France," *American Economic Review*, Vol. 106, No. 11, 2016.

Miguel Almunia Candela, "Size-Dependent Policies and Firm Behavior," University of California, Berkeley, 2013.

Miguel Almunia and David López-Rodríguez, "Heterogenuous Responses to Effective Tax Enforcement: Evidence from Spanish Firms," Banco de España, Documentos de Trabajo, No. 1419, 2014.

Serguey Braguinsky, Lee G. Branstetter, and Andre Regateiro, "The Incredible Shrinking Portuguese Firm," NBER Working Paper, No. 17265, July 2011.

Diego Restuccia and Richard Rogerson, "Policy Distortions and Aggregate Productivity with Heterogeneous Plants," NBER Working Paper, No. 13018, April 2007.

Tsuruta Daisuke, "SME Policies as a Barrier to Growth of SMEs," RIETI Discussion Paper Series, 17-E-046, July 2019.

Hosono Kaoru, Takizawa Miho, and Tsuru Kotaro, "Size-Dependent Policy and Firm Growth," RIETI Discussion Paper Series, 17-E-070, May 2017.

Lucia Cusmano, "SME and Entrepreneurship Financing," OECD SME and Entrepreneurship Papers, February 2018.

OECD, "Japan: Boosting Growth and Well-Being in an Ageing Society," OECD Better Policies Series, April 2016.

Mariana Colacelli and Gee Hee Hong, "Productivity Drag from Small and Medium-Sized Enterprises in Japan," IMF Working Paper, WP/19/137, July 2019.

Nezih Guner, Gustavo Ventura, and Yi Xu, "Macroeconomic Implications of Size-Dependent Policies," *Review of Economic Dynamics*, Vol. 11, No. 4, 2008.

Steven J. Davis and Magnus Henrekson, "Explaining National Differences in the Size and Industry Distribution of

Employment," NBER Working Paper, No. 6246, October 1997.

Magnus Henrekson and Dan Johansson, "Institutional Effects on the Evolution of the Size Distribution of Firms," *Small Business Economics*, Vol. 12, No. 1, 1999.

Lopamudra D. Satpathy, Bani Chatterjee, and Jitendra Mahakud, "Firm Characteristics and Total Factor Productivity: Evidence from Indian Manufacturing Firms," *Journal of Applied Economic Research*, Vol. 11, No. 1, 2017.

International Labour Organization, "World Employment Social Outlook: Trends 2017," International Labour Office, 2017.

Charles Brown and James Medoff, "The Employer Size-Wage Effect," *Journal of Political Economy*, Vol. 97, No. 5, October 1989.

Rowena Barrett, Md Shahiduzzaman, and Marek Kowalkiewicz, "Productivity of the UK's Small and Medium Sized Enterprises: Insights from the Longitudinal Small Business Survey," Enterprise Research Centre, Research Paper 67, June 2018.

Oliver Mallett, Robert Wapshott, and Tim Vorley, "Understanding the Firm-Level Effects of Regulation on the Growth of Small and Medium-Sized Enterprises," Department for Business, Energy and Industrial Strategy, Research Paper, No. 10, May 2018.

第5章

「低すぎる最低賃金」が企業の競争を歪めている

「低すぎる最低賃金」は究極の中小企業支援策

第4章では、中小企業の規模の定義が日本の産業構造に与えた影響について考えました。また、日本で実施されている主だった中小企業支援策を紹介しました。日本の生産性がアメリカやドイツより低い原因についてはは十分にご理解いただけたのではないかと思います。

しかしながら、生産性がフランスやイギリスより低いことの説明はまだ不十分です。

前章まではあえて紹介しませんでしたが、実は日本ではもう1つ、中小企業を支援する非常に強力な優遇政策が実施されています。それが「最低賃金を低く抑えること」です。

最低賃金を中小企業支援策として捉えることに、違和感を覚える方もいらっしゃるかと思います。しかし経済学的には、最低賃金を低く抑えることが中小企業の支援策として機能しているのです。

まず、その水準を確認しましょう。日本の最低賃金は、諸外国に比べてきわめて低く設定されています。購買力調整をすることで物価の違いを調整し、最低賃金を国際比較することができます。それで見ると、日本の人材評価や国際競争力はかなり高いにもかかわらず、日本の最低賃金はイギリスの90・4%、ドイツの83・8%、フランスの80・5%でしかありません（図表5－1）。

このように他国に比べて低く抑えられている最低賃金は、どう考えれば正当化できるのでしょうか。

優秀な人材を安く使える日本企業

一般的には、労働者のスキルが高いほど給料水準も高くなります。生産性で考えるべきだという人もいますが、生産性はいくら払うべきかではなく、資源配分のよし悪しを反映していくら払えるかという基準となってしまうので、国際競争力を考えるには適切ではありません。このポイントは後で詳しく説明します。

日本人労働者のレベルに関してはさまざまな分析が行われていますが、どの分析の結果を見ても日本の人材の潜在能力は高く評価されています。

たとえば、若者の学習到達度を調査しているOECDのPISAテストの結果（2015～

図表5-1　各国の最低賃金とPISA得点、国際競争力、平均所得

	最低賃金（ドル、購買力調整済み）	PISA	国際競争力	平均所得（ドル、購買力調整済み）
ルクセンブルク	11.85	483.3	76.6	63,062
オーストラリア	11.83	502.3	78.9	49,126
フランス	11.53	495.7	78.0	43,755
ドイツ	11.07	508.0	82.8	47,585
ニュージーランド	10.79	505.7	77.5	40,043
オランダ	10.47	508.0	82.4	52,877
イギリス	10.26	499.7	82.0	43,732
台湾	10.09	523.7	79.3	40,255
アイルランド	9.80	509.3	75.7	47,653
日本	9.28	528.7	82.5	40,863
カナダ	8.32	523.7	79.9	47,622
韓国	8.32	519.0	78.8	35,191
スペイン	8.19	491.7	74.2	38,507
スロベニア	7.63	509.3	69.6	34,933
アメリカ	7.25	487.7	85.6	60,558
リトアニア	6.65	475.0	67.1	24,287
イスラエル	6.59	472.0	76.6	35,067
ギリシャ	6.43	458.7	62.1	26,064

出所：世界経済フォーラム（国際競争力、2018年）、OECD（平均所得、2018年）データより筆者作成

２０１６年）では、日本人の若者の総合ランキングは世界72カ国中、シンガポール、香港に続いての第3位でした。

能力別では、数学的リテラシー第5位、科学的リテラシー第2位、読解力第8位と、他の大手先進国より高い評価を獲得しています（図表5−2）。最近は少し順位を下げているようですが、それでも高い位置を維持しています。

日本の最低賃金はドイツの83・8％ですが、ＰＩＳＡテストの得点はドイツ人の５０８点に対して、日本人は５２８・７点でした。最低賃金がイギリスの90・4％しかない日本は、ＰＩＳＡテストでは、イギリスの４９９・７点を大きく上回っています。

小さい企業にとって、このように評価の高い人材を非常に安い給料で雇える環境が整備されているのは、実質的にかなり大きな支援になっていると考えるべきでしょう（図表5−3）。

要するに、最低賃金を政府が低く抑えることは、企業が本来払うべき労働報酬より低い給与で、優秀な人材を雇用することができることを意味します。割安で調達できる分だけ、補助されていると考えられるのです。

前章でも紹介したフランスの分析、「Macroeconomic Implications of Size-Dependent Policies」には、大企業に対する規制を厳しくしたり、中小企業に対して優遇策を実施したり

図表5-2　各国の生産性とPISAランキング（2018年）

	生産性（ドル）	数学	科学	読解力	総合
カタール	130, 745	58	56	61	59
マカオ	116, 808	3	6	10	4
ルクセンブルク	106, 705	33	33	36	34
シンガポール	100, 345	1	1	1	1
アイルランド	78, 785	17	39	5	35
ノルウェー	74, 356	19	24	9	18
アラブ首長国連邦	69, 382	47	46	47	48
クウェート	67, 000	—	—	—	—
スイス	64, 649	8	18	28	15
香港	64, 216	2	9	3	2
アメリカ	62, 606	39	25	24	31
サンマリノ	60, 313	—	—	—	—
オランダ	56, 383	11	15	16	14
サウジアラビア	55, 944	—	—	—	—
アイスランド	55, 917	31	19	35	11
台湾	53, 023	4	4	23	7
スウェーデン	52, 984	24	28	18	26
ドイツ	52, 559	16	16	12	13
オーストラリア	52, 373	23	14	15	21
オーストリア	52, 137	20	26	33	27
デンマーク	52, 121	13	20	17	17
バーレーン	50, 057	—	—	—	—
カナダ	49, 651	10	7	2	6
ベルギー	48, 245	15	21	19	20
オマーン	46, 584	—	—	—	—
フィンランド	46, 430	12	5	4	8
フランス	45, 775	26	27	20	25
イギリス	45, 705	27	17	21	23
マルタ	45, 606	35	41	44	41
日本	44, 227	5	2	8	3
韓国	41, 351	7	11	7	9
スペイン	40, 139	32	30	25	29

出所：IMF データ（2018年）より筆者作成

図表5-3　人材評価と最低賃金

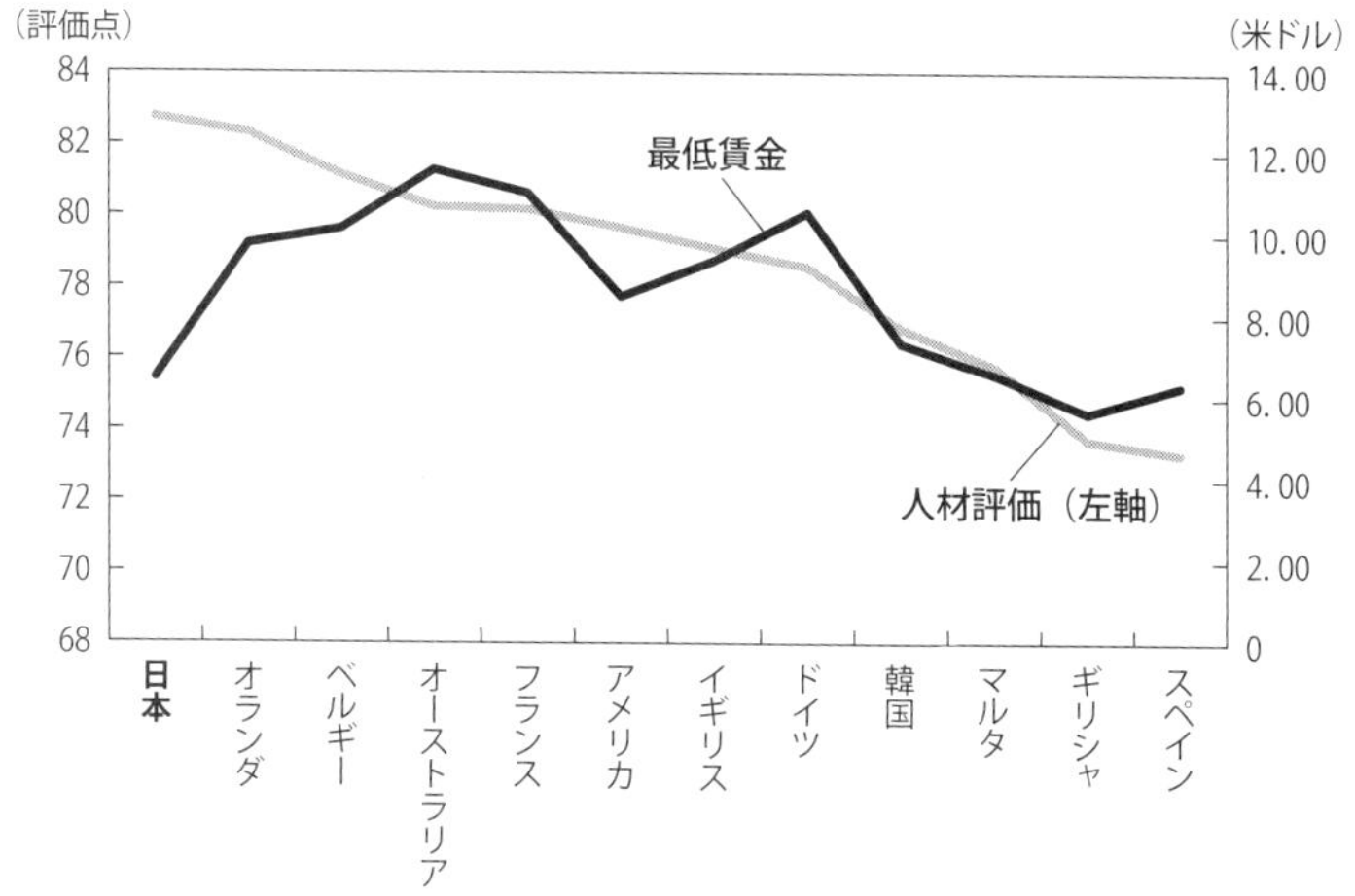

出所：世界経済フォーラム、各国政府データより筆者作成

すると、大企業の規模が縮小し、逆に中小企業の数が増えて、国全体では規模の経済に悪影響が生じるとありました。

この論文の中のもっとも大事な指摘は、フランスが非常に高い最低賃金を設定していなければ、生産性の低い企業で働く雇用者がさらに増えていたという点です。

後ほどそのメカニズムを説明しますが、最低賃金を低く設定することは、一種の中小企業支援策になることが示唆されます。

ちなみに、最低賃金の高低を論じる際には2つの基準があります。1つが国際比較、もう1つがその国の所得の中央値に対する最低賃金の比率を見る「Kaitz index」という指標です。日本の最低賃金は、どちらで見ても非常に低くなっています。

「低すぎる最低賃金」は、いくらの補助金に相当するか

さて、日本で最低賃金を安く抑えることが、年間いくらの中小企業支援に相当するか、試算してみましょう。

IMFによると、2018年のアメリカ人の平均所得は世界第12位の6万5558ドルでした。一方、日本は第31位の4万863ドルでした（図表5-1参照）。その差は1万9695ドルです。ここでの分析には平均所得を使っていますが、最低賃金が所得水準を決める基礎であることを忘れてはいけません。最低賃金が上がると、所得全体が上がりやすくなります。

非常に粗い計算ではありますが、アメリカ人の潜在能力が日本人と同程度だと仮定すると、日本が企業に対して実質的にいくらの補助金を出していることになるかを計算することができます。雇用者数の6046万人にアメリカとの給料の差額1万9695ドルをかけたものがそれで、なんと120兆円の補助をしていることになります。

同様にドイツとの比較で計算すると、44兆円の支援をしていることになります。なお、ドイツ人の労働時間は日本人の8割程度なので、このことも勘案すると実質的な支援は55兆円とな

ります。

中小企業の優遇にＧＤＰの１割から２割に相当する金額を使っていることに、違和感を覚える人も少なくないかもしれません。しかし残念ながら、これは間違いではありません。

「低すぎる最低賃金」が生産性の低迷を招くメカニズム

中小企業の規模の定義が小さく、優遇策が手厚い日本で、さらに最低賃金を低く抑えるとどうなるか。結論から言うとさらなる産業構造の歪みを招き、生産性が大きく低迷することにつながります。なぜでしょうか。

まず、優秀な人間のコストが低いと、コストがかかる機械などに投資するインセンティブが低下します。機械化されないので生産性はあまり向上しません。たくさんの人を安く雇うことができると、経営者にはビジネスモデルを工夫するインセンティブが湧きづらくなります。

また、人材の評価が高いのにもかかわらず最低賃金を低く設定すると、起業するコストが下がりますので、小さい企業が増えます。企業の規模が小さいと創出する付加価値の絶対額が小さく、研究開発も難しくなります。研修も少なくなりますので、社員のスキルアップも進みません。

新しい商品を開発しても、規模が小さいためにそれを売り込む人材が不足していたり、取引先が少なかったりすれば、規模の経済はなかなか進まず、投資効率も良くなりません。

規模が小さい企業が増えると、従業員がもともと持っている高いスキルを発揮できず、なおかつ磨くこともできないので、生産性の向上が進みません。要するに、従業員の高いスキルを、無理のある組織を維持するために浪費してしまい、生産性向上に活用できていないと解釈することができるのです。当然、その分だけ給料が安くなります。


興味深いことに、同じように小さい企業が多いイタリアには、最低賃金制度そのものがありません。スペインもギリシャも、最低賃金は非常に低く抑えられています。韓国は最低賃金を2年間で約30％も引き上げて、今では日本の水準に近づいていますが、それでも他の先進国に比べるとかなり低い水準で、生産性も低迷しています。

逆に、フランスは企業の規模を基準とした厳しい規制があるので、中小企業がもっと増えてもおかしくありませんが、そうなっていません。なぜなら最低賃金が高く設定されているので、中小企業の中の小規模事業者の比率はドイツやイギリスより高いものの、イタリアやスペインのような中小企業の爆発的増加は起きていないからです。

つまり最低賃金を高く設定することは、生産性の低い経営者が起業できないようにする、一種の「参入障壁」として機能するのです。

このように国際比較をすると、経済学の論文のとおりのことが、実際の世界でも起こっているとわかります。

最低賃金が安いということは、日本では同じレベルの人材を他の先進国より安く企業に提供していることになります。当然、その人材が受け取る所得は減ってしまいます。

これは日本の中小企業にとっては、実質的に巨大な補助金と言えます。ただ、この仮説が成立するには、企業の雇用市場における交渉力が強く、かつ寡占状態にあって、「monopsony」の力が強く働いているという前提が必要です。

日本人は「monopsony」をもっと真剣に考えるべきだ

この20年間、海外の学会では「monopsony」の研究が急ピッチで行われています。これは1994年に中国、1999年にイギリス、2000年にアイルランド、2015年にドイツが最低賃金制度を導入したことと深い関わりがあります。

もともと、「monopsony」とは「1つの買い手」という意味です。経済学では「1つの買い手が供給者に対して独占的な支配力を持つこと」と定義されてきました。

「monopsony」の概念はアダム・スミスの時代まで遡ることができますが、1933年のロビンソン教授の論文がきっかけで再評価され、2003年のアラン・マニング教授の『Monopsony in Motion』という有名な本で、さらに広く知られるようになりました。

しかし、最近では「新monopsony論」と呼ばれ、以前とは異なる定義がされています。「雇用側が労働者に対して、相対的に強い交渉力を行使し、割安で労働力を調達することができる」という定義に変わったのです。

従来の経済学では、労働市場は完全競争の状態にあり、同じスキルを持つ労働者が2人いる場合、まったく同じ賃金が支払われるとされていました。

その背景には、雇用側は市場で提示される金額の賃金を払うだけで、労働力の価格を設定することや価格に影響を与えることができない、つまり受け身であるという前提があります。労働力の価格は需給によって決まるとされてきたのです。だから、最低賃金を引き上げると、その分だけ雇用が減るとされます（図表5-4）。

一方「新monopsony論」では、雇用側が労働者より強い影響力を持っているため、労働市

図表5-4　新古典派モデル

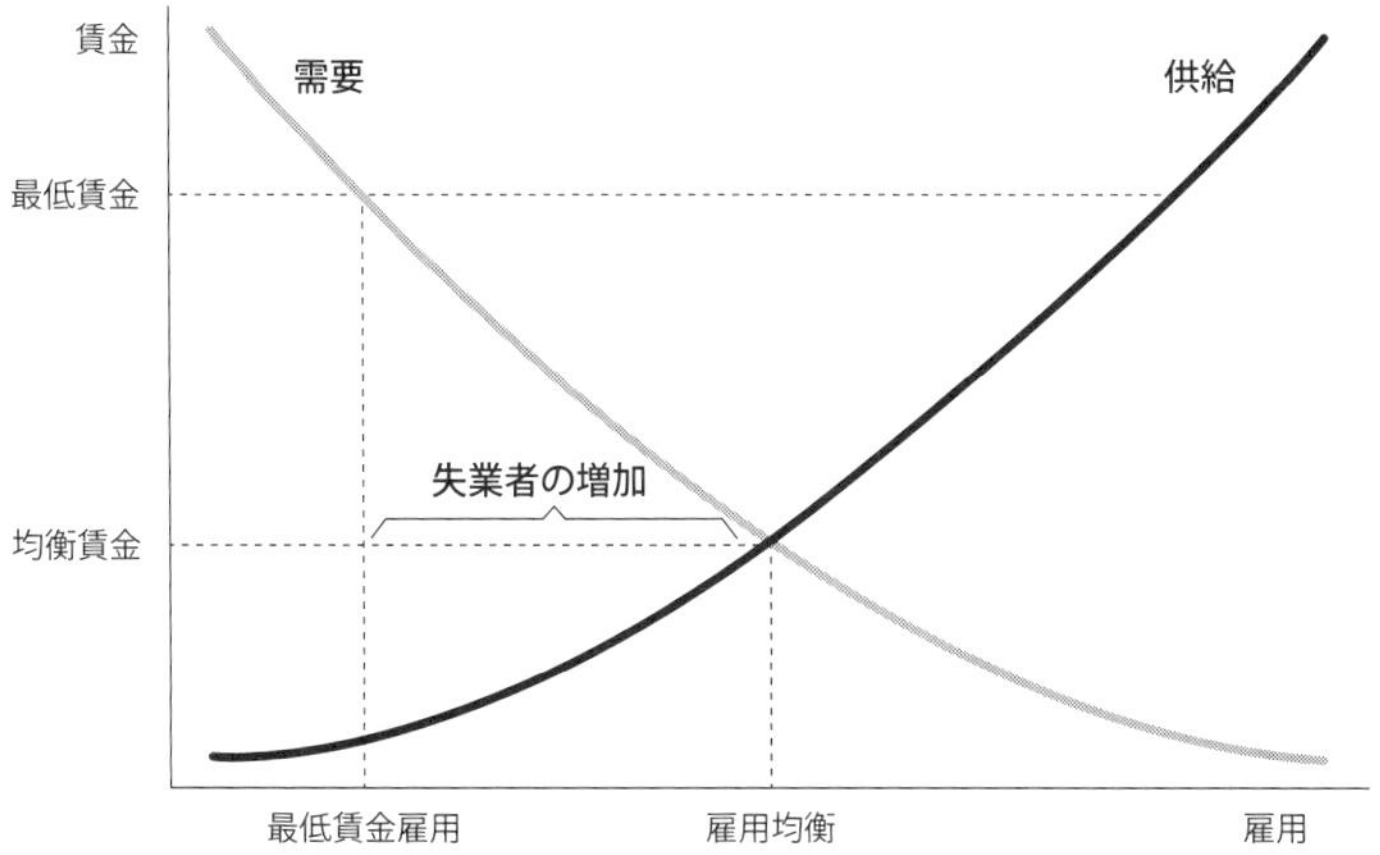

場は完全競争の状況ではないと考えられています。雇用側が影響力を行使し、経済学で考えられる本来の賃金より安く労働者を雇用することができることを、「monopsony」と定義しているのです。この「monopsony」によって産業構造が歪むと論じられています。

「monopsony」が実現する理由

なぜ「monopsony」の状態が実現するか、説明しましょう。

労働市場が完全に効率的な状況にあるのであれば、労働者の賃金は需給で決まります。極論すると、その労働者の限界価値を反映しているその賃金より、企業側が社員の給料を1円でも引き下げれば、直ちに社員全員がやめて、違う会社に移ってしまうとされます。

しかし、現実にはそのようなことが起きないのは明らかなので、労働市場には「monopsony」の力が働いていると断言できます。「monopsony」の力が強くなるほど、労働者の給料は本来あるべき水準より割安になります。

労働者が新古典派の経済学の理論どおりに行動しない理由についてはさまざまな解釈があります。

たとえば、雇用される側は給料をもらわないと生きていけないので、雇用側の「雇用したいニーズ」より労働者側の「雇用されたいニーズ」のほうが強く、その分だけ雇用される側の交渉力が低下するという説明もあります。

情報の不十分さなど、他にもいろいろな解釈があります。しかし本書の目的は「新monopsony論」を説明することではないので、ここでは「新monopsony論」の研究結果を紹介しながら、日本経済をこの論理で検証してみたいと思います。

「monopsony」の下では最低賃金を上げても雇用は減らない

従来は、ある地域で企業の数が増えず、集中度合いが高くなるほど「monopsony」の力が強く働くと考えられていました。

しかし「新monopsony論」では、企業の集中度合いだけではなく、どちらかといえば労働者の特徴によって「monopsony」が働くと考えられるようになりました。さまざまな研究で、「monopsony」の影響を特に強く受けるのは女性、学歴やスキルの低い人、外国人労働者、高齢者、地方の労働者だとされています。

「monopsony」の存在の証拠としてよく引き合いに出されるのは、最低賃金の引き上げの例です。完全に効率的な労働市場であるならば、最低賃金を段階的に引き上げていけば、その分だけ雇用が減るとされています。

しかし、実際はそうはなりません。ドイツが最低賃金を導入する前に「90万人の失業者が出るぞ」と騒いでいたエコノミストがいました。しかし、かなり高い水準の最低賃金を全国一律で導入したものの、実際には全体の雇用は減るどころか増え続けました。

イギリスでも、1999年から20年間で2・2倍も最低賃金を引き上げましたが、失業率が歴史的な低水準にまで下がっているという事実があります。

さらに古い話として、『Monopsony in Motion』という本における検証があります。この本では、イギリスが1970年に制定した同一労働・同一賃金法によって女性の賃金が大幅に増えたものの、雇用には影響がなかったことが紹介されています。

雇用が減らない理由は、「monopsony」の力が働いているからです。

企業側は労働者を、その付加価値より低い賃金で雇用しているので、最低賃金が引き上げられてもその労働者の限界価値を超えないかぎり、雇用は減らないのです。

企業は、その人の限界価値以上の給料を払って損をするぐらいなら、その人を解雇するはずです。しかし、賃金が引き上げられてもその人の限界価値を上回らないのであれば、ただ単に利益が減るだけなので、その労働者を解雇することはないのです。

「Modern Models of Monopsony in Labor Markets: A Brief Survey」では、このメカニズムを以下のように説明しています。

時給1000円で1000人を雇用している企業があり、同じ仕事をする人をもう1人雇用すると1時間あたり１２００円の収益が上がるとします。この場合、経済学の原則に基づくと１２００円の時給を支払わないといけないのですが、「monopsony」の力によって１０００円で雇えるため、利益はさらに２００円分もよけいに増えます。

ここで、新しく雇用する人に時給１１００円を支払わないといけない場合、何が起きるでしょうか。実は、１２００円－１１００円＝１００円分の過剰な利益が得られるにもかかわらず、この企業は新しい人を雇用しないと考えられます。

なぜなら新しい人に時給１１００円を支払うと、すでに雇用されて同じ仕事をしている１０００人の時給も、１０００円から１１００円に上げなければならないからです。この場合、人件費の増加は１１００円ではなく、１０００人×１００円＋１１００円＝10万１１００円となり、新しい人を雇うことによる収益の増加分１２００円を超えてしまうのです。たとえ赤字にならなかったとしても利益が大きく削られますので、新しい人が雇われることはありません。

ここで政府が最低賃金を１１００円に上げたら、経営者はどう動くでしょうか。

新しい人を雇っても雇わなくても既存の１０００人の時給は１１００円になります。新しい人を雇えば時給１１００円で１２００円分の収益が上がるのですから、経営者は新しい人を雇います。

結果、雇用全体は減るどころか増えます。企業の倒産も起こらず、給料が増え、個人消費も膨らみます。

この説が正しいことは、日本のデータで確認することができます。

日本の最低賃金の引き上げ幅は、1999年から2011年までは年平均7円でした。それが2012年以降になると、年平均21円も引き上げられています。その結果、図表1−5で見たとおり、就業者数は減るどころか371万人も激増しました。増えた分の多くは最低賃金かそれに近い水準の雇用です。「monopsony」論のとおりの反応です。

さらに調べてみると、日本の生産年齢人口の労働参加率は、最低賃金を引き上げるほど大きく上昇することがわかりました。1975年以降のデータで検証すると、その相関係数は0・904という驚くべき高さでした。

「monopsony」と「供給の弾力性」の関係

最低賃金を引き上げても雇用に影響が出ない原因は、供給の弾力性にあります。

供給の弾力性とは、価格の変化に応じて供給がどれほど変化するかを示す数値です。賃金が少し変動しただけで供給が大きく増減することを「弾力性が高い」、逆に賃金が変化しても供給がそれほど増減しないことを「弾力性が低い」と表現します。

新古典派的な考えでは、労働市場は完全競争の状態であり、雇用する側が賃金を上げていけば、無限に労働の供給を受けられるという前提があります。要は、賃金を引き上げるほど、労働力が集まってくるということです（弾力性が無限大）。

この考え方を逆に解釈して、労働力の供給の弾力性が無限かどうかを確認し、もし無限でないとすれば「monopsony」の力の存在を確認することができます。

「Monopsonistic Competition, Low-Wage Labour Markets, and Minimum Wages - An Empirical Analysis」では、旧西ドイツと旧東ドイツの業種別の弾力性を分析しています。

旧西ドイツも2・021というかなり低いレベルですが、予想どおり、旧東ドイツのほうがさらに低い1・788です（図表5-5）。つまり、旧東ドイツのほうが、労働市場の競争は旧西ドイツほど激しくないことがわかります。

アメリカやイギリス、中国、インド、インドネシアなどの分析もされ、同じような結果が得られています。

図表5-5　旧東西ドイツの労働の供給弾力性

	旧東ドイツ	旧西ドイツ
農業	1. 292	0. 883
鉱業・電気・ガス・水	2. 280	2. 577
食品製造	2. 482	2. 227
消費財製造	3. 369	1. 757
工業用品製造	1. 343	2. 249
資本財製造	2. 507	2. 841
建設	2. 762	2. 167
卸業	0. 717	1. 728
小売業	0. 344	0. 737
運輸	1. 427	2. 178
宿泊・飲食	1. 095	0. 274
金融	1. 794	2. 526
自由業	1. 896	2. 473
教育	2. 918	3. 498
健康	2. 109	1. 047
その他サービス	2. 786	1. 445
その他の組織	0. 932	1. 607
行政	1. 563	1. 597
合計	1. 788	2. 021

出所：Monopsonistic Competition, Low-Wage Labour Markets, and Minimum Wages - An Empirical Analysis

「monopsony」を放置すると生産性は激減する

次に「monopsony」を放置すると、経済がどう動くかを考えましょう。

「Monopsonistic Labor Markets and International Trade」では、「monopsony」による経済の歪みとその特徴を分析しています。

①企業の規模が縮小する

まず「monopsony」が働いていると、労働者はそう簡単には勤務先を変えないので、生産性の高い企業に悪影響が生じ、経済全体の生産性向上にも悪い影響が出ます。

弾力性が高い市場では、生産性の高い企業がより高い賃金を提示すると、労働者が賃金の違いに敏感に反応してこれら生産性の高い企業に集中するため、その国では生産性の高い企業で働く労働人口の比率が上がります。生産性の全体平均が上がり、産業構造の効率性・合理性が改善します。

しかし、弾力性が低いと、人を集めるためにはどんどん賃金を上げないといけないので、その国の経済で中堅企業と大企業の占める比率が低下し、産業構造が歪んでしまい、規模の経済が働かなくなります。

さらに、規模の小さい企業の数が増え、大企業が大きくなりにくくなり、規模の経済にマイナスの影響が生じ、小さい企業の平均規模もいっそう小さくなるという悪影響も生じます。

小さい企業が増えると、労働者の本来持っている価値に比べてもらえる賃金が低くなるので、その分だけ雇用者側の利益が厚くなります。それを狙って新しい企業が増えますが、起業してもそれほど規模は拡大しないので、規模の小さい企業がうじゃうじゃと増えることになります。小さい企業は経営者の質が低いため、生産性が低く、高い賃金が払えなかったり、成長もできない企業が少なくありません。こういう企業が増えてしまう結果、国全体の生産性が低迷するのです。この理由は第6章で検証します。

②輸出比率が低下する

「monopsony」が強く働くと、輸出比率も低下します。これは少し理解が難しいのですが、説明します。

生産性の高い企業は、輸出するために人を増やす必要があります。労働市場が非効率的な場合、労働者はそう簡単に会社間を移動しないので、賃金をかなり高く設定しなければ人を集めることはできません。

賃金を高く設定すると人件費がかさむので、輸出能力が低下します。さらに他の従業員の賃金も上がり、国内市場での利益も圧迫されるようになり、海外に進出する原動力が低下します。こうして輸出できる企業が減るのです。

③格差が拡大する

「monopsony」が働くと、特に低賃金で働く人の賃金が相対的に低く抑えられるので、格差が開くことになります。平均所得は減り、労働分配率が下がるはずです。その結果、デフレ圧力が強まります。

④労働市場の流動性が低くなる

「monopsony」の力が働きやすい国には、労働市場の流動性が低いという特徴があります。企業が中途採用を嫌うと労働者は簡単には転職できないので、雇用する側の力が強くなります。また、解雇規制が強ければ、社員はどこの企業でも使えるメタスキルより、働いている企業で必要となるスキル、すなわち社内人脈、社内の派閥政治やその企業の歴史・文化に合わせた専門性を高める傾向が生まれます。

こういうスキルは他の企業に移ると評価されないので、なおさら労働市場の流動性が低下する結果になります。会社に対する忠誠心は「monopsony」の源の1つです。

⑤サービス業の生産性が低下する

海外の分析では、業種によって「monopsony」が働きやすい業種とそうではない業種があることが明らかになっています。たとえば農業、宿泊・飲食、小売業は「monopsony」が働きやすい傾向が見られるそうです。

「Firm Market Power and the Earnings Distribution」では、アメリカの供給の弾力性を、産業別に分析しています。これによると製造業の労働市場はもっとも完全競争に近く、供給の弾力性は1・82です。一方、女性が多い管理業務、医療・福祉、宿泊・飲食の供給の弾力性は1を割っており、「monopsony」の力が強いとされています（図表5−6）。医療・福祉の弾力性が低いのは、医師ではなく主に看護師が影響している結果です。看護師資格は他の業界では使えないので、雇用側が強いとされています。

ドイツでも同じような分析が行われています。「Monopsonistic Competition, Low-Wage Labour Markets, and Minimum Wages - An Empirical Analysis」では、旧東ドイツと旧西ドイ

ツに分けて、業種別の弾力性が計算されています（図表5－5参照）。

ドイツでもアメリカ同様に、宿泊・飲食、小売業の弾力性が低く、monopsonyの力が強く働いていることがわかります。

世界的に見て、製造業よりサービス業のほうが「monopsony」の力が働く傾向があります。

図表5-6　アメリカの労働供給の産業別弾力性

	労働供給の弾力性
農業	1.43
鉱業	1.52
電気・水道・ガス	1.18
建設	1.42
製造業	1.82
卸業	1.48
小売業	1.03
運輸	1.47
情報通信	1.17
金融・保険	1.27
不動産	1.01
学術研究など	1.17
経営	1.17
管理業務	0.72
教育	0.91
医療・福祉	0.78
生活関連	0.94
宿泊・飲食	0.85
その他サービス	1.04
行政	1.19

出所：Firm Market Power and the Earnings Distribution

そうなるのには、主に2つの理由があると言われています。

製造業で働く人、たとえば職人は他の会社でもすぐに活用できる明確なスキルがあるので、労働市場における競争がより完全に近いと言われています。建築士などが代表的ですが、スキルが定量化されやすく、測定もしやすい傾向があるので、資格制度などに向いているとも言われています。また、製造業はもともと組織として大きくなりやすい特徴もあり、労働組合が組織されやすくなります。すると雇用される側の交渉力が強くなるので、「monopsony」の力が緩和されます。

一方、製造業に比べてサービス業は企業の規模が小さいので、労働組合が組織されにくい傾向にあります。実際、サービス業で働いている人の労働組合に加入している比率は、世界的に見ても著しく低くなっています。

先進国では、製造業の構成比が低下していることと、労働組合に加盟している労働者の比率が低下していることには、因果関係があります。結果として、先進国では「monopsony」の力が高まっていると分析されています。

⑥女性活躍が進まない

いくつかの論文では、男女の同一労働・同一賃金が実現できない理由として、「monopsony」が大きな説明要因となっていることを指摘しています。

たとえば、アメリカを対象とした「Firm-Level Monopsony and the Gender Pay Gap」という論文では、男性と女性の供給の弾力性のギャップの60％が、結婚し子どもを持った女性の交渉力が弱まることによって説明できるとあります。

この分析では、「monopsony」の力が特に強く働く、結婚している女性や子どものいる女性は、賃金水準が低い業種に集中すると予測し、実際に分析によってそのことを確認しています。

「新monopsony論」では、最低賃金で働く人はスキルの低い人より女性が多くなるともされています。

女性の教育水準が男性より低いのであれば、最低賃金で働く女性の割合が高くなってもおかしくはありません。しかし教育水準が同じ場合でも最低賃金で働く女性の比率が高くなっているのであれば、「monopsony」が働いている疑いが強くなります。

移民や外国人、女性やスキルの低い労働者の場合、「monopsony」がもっとも強く働くことも示唆されています。これらの属性の人々は交渉力がもっとも弱いからです。

ドイツの市場を研究した「Is There Monopsonistic Discrimination Against Immigrants? First

Evidence from Linked Employer-Employee Data」には、ドイツ生まれの人の供給の弾力性が1・9だったのに対し、移民は1・6だったとあります。

また、女性は、特に結婚している場合や子どもがいる場合、男性と同じようには働けない事情が生じる場合があるので、交渉力が低くなるとされています。

⑦有効求人倍率の高止まり

「monopsony」の理論を考えると、求人倍率が高止まりしているときほど「monopsony」の力が強くなっている可能性が高いということも予測されます。なぜなら、すぐに需給が均衡するほど現実的な賃金を示していないと言えるからです。

「monopsony」の影響を緩和するには、主に3つの政策が考えられます。

1つは労働組合の組織率を高めること。2つ目は最低賃金を引き上げること。そして最後は、少し時間がかかりますが、教育と研修によってスキルを高めることにより、労働者の交渉力を高めることです。

「monopsony」の特徴は日本にどれほど当てはまるか

ここまで、「monopsony」が働いている国の特徴を見てきました。これらの特徴は多くの論文でエビデンスをもって検証されています。

これらの論文を読み進めると、「日本経済の実情が見事に解説されている」と思うようになります。1つひとつの特徴を日本に当てはめて見ていきましょう。

①企業の規模

まずは企業の規模です。

これまで何度も繰り返し述べてきたように、日本はGDPが約560兆円で世界第3位の経済大国です。この経済規模に比較すると、日本企業の平均規模は非常に小さいと断ずることができます。

さらに「新monopsony論」によると、最低賃金に近い水準の賃金で働いている人の割合（最低賃金の1・15倍未満までの賃金で働いている人のことを最低賃金近傍と呼びます）は、中小企業ほど高くなるはずです。企業の規模別で見ると、2014年のデータでは、従業員5

〜9人の企業の最低賃金近傍率は19・4％、10〜99人は16・8％、1000〜999人は10・9％、1000人以上は12・1％でした。やはり規模が小さい企業ほど、低い賃金で働いている人の比率が高くなります。

ちなみに、「The Employer Size-Wage Effect」では、企業の規模が小さくなるにしたがって賃金が下がることは、雇用している人の経歴やスキルの違いでは説明がつかないと分析しています。この論文では、同じ人が規模の違う企業に転職した後の給料などを追って分析して、この仮説を証明しています。

②輸出比率

日本の輸出総額は世界第4位です。しかし対GDPの輸出比率は世界160位です（世界銀行の直近のデータ）。世界平均の28・5％に比べて少なく、16・1％しかありません。大手先進国中では2番目の少なさです（図表5−7）。

③格差

格差の大きさを示すGINI指数を比べてみると、大手先進国の中では日本はアメリカに次

図表5-7　各国の輸出状況

国名	輸出額（10億ドル）	人口（人）	1人あたり輸出額（ドル）	対GDP（名目）比率（%）
中国	2, 157. 0	1, 409, 517, 397	1, 530. 3	19. 6
アメリカ	1, 576. 0	324, 459, 463	4, 857. 3	11. 9
ドイツ	1, 401. 0	82, 114, 224	17, 061. 6	46. 1
日本	**683. 3**	**127, 484, 450**	**5, 359. 9**	**16. 1**
韓国	577. 4	50, 982, 212	11, 325. 5	42. 2
フランス	551. 8	64, 979, 548	8, 491. 9	29. 3
オランダ	526. 4	17, 035, 938	30, 899. 4	82. 4
イタリア	499. 1	59, 359, 900	8, 408. 0	29. 8
香港	496. 6	7, 364, 883	67, 428. 1	187. 4
イギリス	436. 5	66, 181, 585	6, 595. 5	28. 3
カナダ	433. 0	36, 624, 199	11, 822. 8	31. 0
メキシコ	406. 5	129, 163, 276	3, 147. 2	38. 2
シンガポール	372. 9	5, 708, 075	65, 328. 5	172. 1
台湾	344. 6	23, 626, 456	14, 585. 3	59. 5
ロシア	336. 8	146, 989, 754	2, 291. 3	25. 7
スイス	336. 8	8, 476, 005	39, 735. 7	65. 8
上記計	11, 135. 7	2, 560, 067, 365	4, 349. 8	25. 3

出所：CIA のデータ（2017年）より筆者作成

いで第2位で、かなり格差が大きいことがわかります。

これはある意味当然です。なぜかと言うと、日本の場合、賃金中央値に対する最低賃金が低いからです。GINI指数は賃金の最高値と最低値を比較しているので、定義上、最低賃金の設定値が低くなるほど、GINI指数は上がってしまうからです。

実際、日本の賃金の中央値に対する最低賃金の比率は、直近のデータではOECD加盟国のうち下から3番目です。

④労働市場の流動性

日本は労働市場の流動性が低いとよく言われますが、それを明確に示すデータは見つかっていません。

⑤サービス産業の生産性

「monopsony」の力がもっとも働きやすい業種は、日本の場合も他の国とほぼ共通です。しかし、日本の農業、宿泊・飲食業、小売業、生活関連サービス業は、国内において最低水準の生産性で、海外の同業種に比べてもさらに低水準です。

「これらの業種では、最低賃金で働いている人が多いはずだ」という推察も、実際の日本の

図表**5-8**　産業別の最低賃金近傍の労働者の分布状況

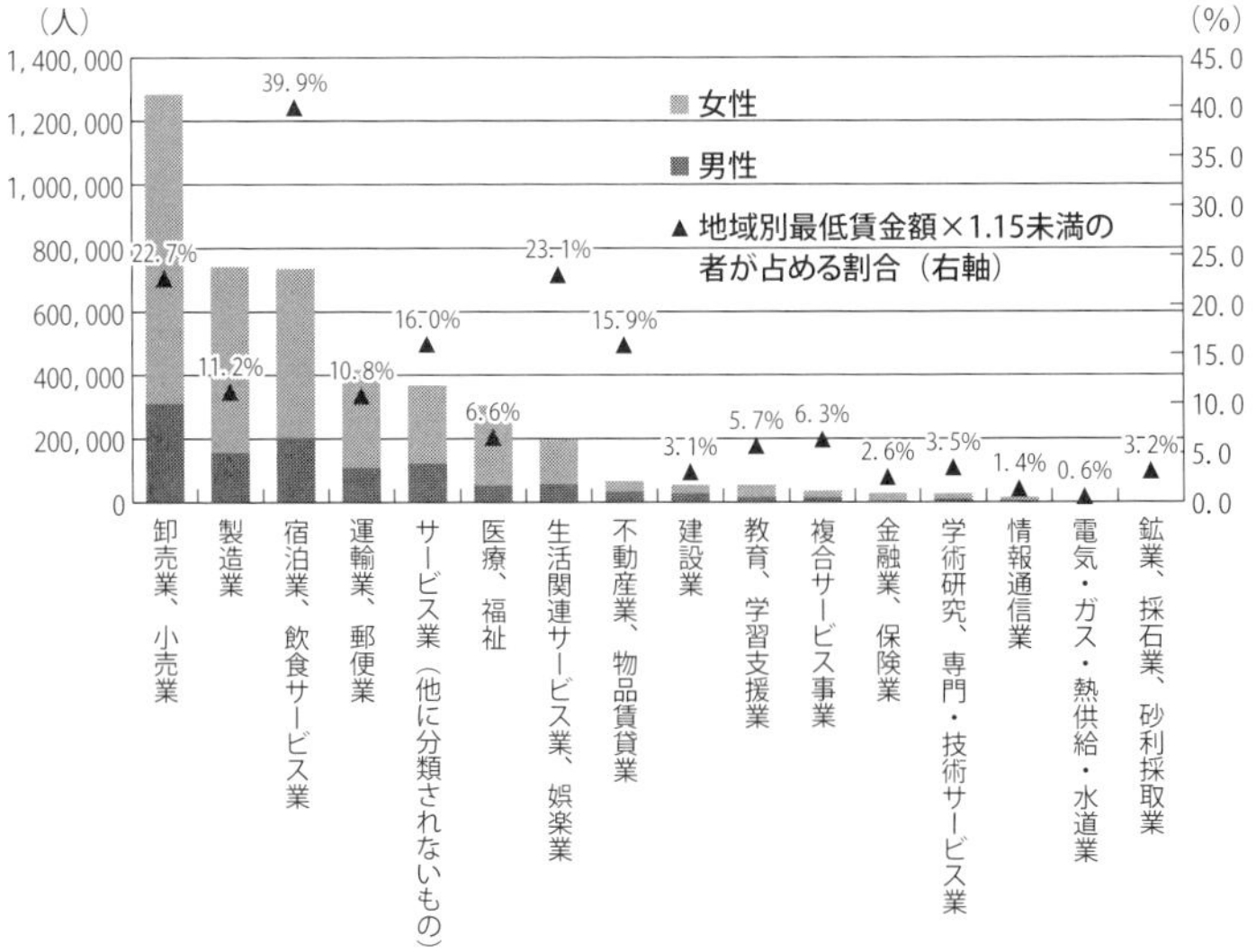

資料：「賃金構造基本統計調査（厚生労働省）」を労働政策研究・研修機構により特別集計
出所：厚生労働省

データで確認できます。

業種別の最低賃金近傍率を見ると、宿泊業、飲食サービス業が39・9%ともっとも高く、続いて生活関連サービス業、娯楽業で23・1%でした（図表5−8）。

これらは海外で「monopsony」の影響がもっとも強いと確認されている業種とほぼ一致します。海外では、卸売業より小売業のほうが問題が多いのですが、厚生労働省のデータでは両方を一緒にしているので、実態が見えにくくなっています（図表5−9）。分解して見てみると、やはり相関関係がさらに鮮明に出ます。

図表5-9　産業別の最低賃金近傍労働者割合と生産性、企業の平均規模

	最低賃金近傍労働者割合（%）	生産性（円）	企業の平均規模（人）
宿泊・飲食	39.9	1,935,576	9.7
生活関連	23.1	3,382,625	6.1
卸売業・小売業	22.7	4,943,713	12.8
サービス業	16.0	3,304,793	29.9
不動産	15.9	6,457,465	4.7
製造業	11.2	7,219,672	24.8
運輸業	10.8	5,238,468	45.1
医療・福祉	6.6	2,892,895	9.1
複合	6.3	4,646,442	123.6
教育	5.7	2,066,906	6.7
学術	3.5	9,702,474	7.8
鉱業	3.2	32,391,400	15.5
建設業	3.1	5,675,709	8.5
金融・保険	2.6	12,103,581	45.8
情報通信	1.4	9,994,897	36.6
電気・ガス	0.6	20,970,996	189.7

出所：厚生労働省データ、『中小企業白書　2019年版』より筆者作成

「新monopsony論」では、生産性の低い業種に交渉力の低い女性が集中するはずだと論じています。日本では、こういう業種で働いている人の中に最低賃金で働く人が多いこと、最低賃金で働く人は女性が多いことを併せて考えると、「monopsony」論のとおりになっているのがわかります。

⑥女性活躍

理論上、「monopsony」が強いほど最低賃金で働く女性の比率が高くなり、女性活躍が進まなくなります。この傾向は日本の実際のデータでも確認できます。

少しデータが古いのですが、厚生労働省の「最低賃金近傍の労働者の実態について」という報告書によると、最低賃金の1・15倍未満までの賃金で働いている労働者の72・6％が女性だそうです。2014年には短時間労働者の39・2％は最低賃金近傍でした。

このデータでもっとも注目したいのは、年代別の最低賃金近傍の分布です（図表5-10）。15〜19歳と20〜29歳までは男女の割合が半々に近いのですが、30〜39歳から急に女性比率が上昇して、40〜49歳になると女性比率が約9割となり、ピークを打ちます。

女性のスキルが男性に比べて30歳から急激に低下するとは考えられないので、「monopsony」

図表5-10　年齢階級別の最低賃金近傍の労働者の分布状況

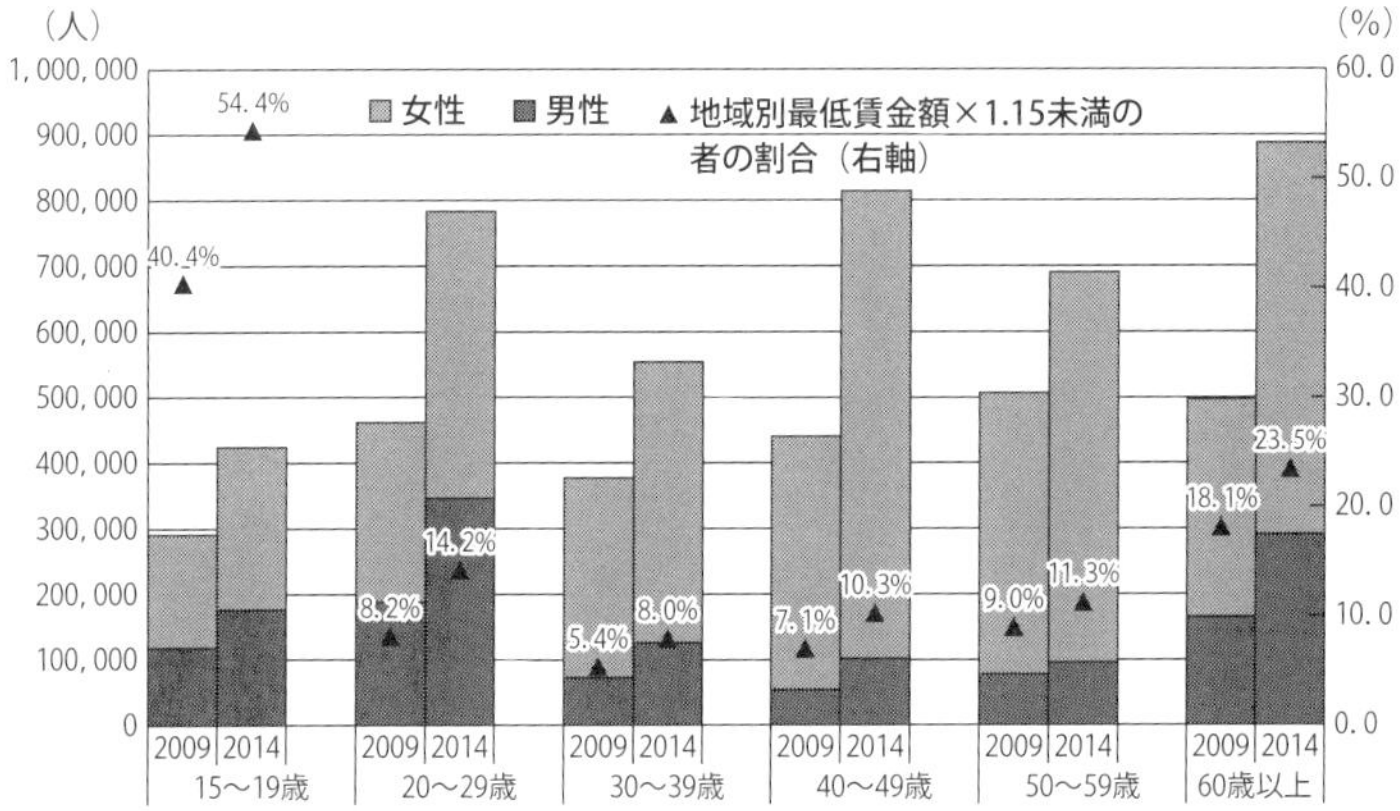

資料：「賃金構造基本統計調査（厚生労働省）」を労働政策研究・研修機構により特別集計
出所：厚生労働省

が働いている疑いがきわめて濃厚だと言えます。これは結婚して子どもができると女性の交渉力が低下するという、アメリカの論文の結論と一致します。

当然、結婚している女性特有の「150万円の壁」などの存在は「bunching」の原因となって、女性の交渉力をさらに低下させます。これもまた、日本人女性の年齢が上がるほど最低賃金で働く比率も上がる原因の1つになっています。

⑦有効求人倍率

日本では企業の規模が小さくなるほど、求人倍率が高くなります（図表5－11）。この現象は「monopsony」の考え方で説明できます。要は、小さい企業ほど示している賃金が低く、なかな

図表5-11　企業規模別の大卒求人倍率

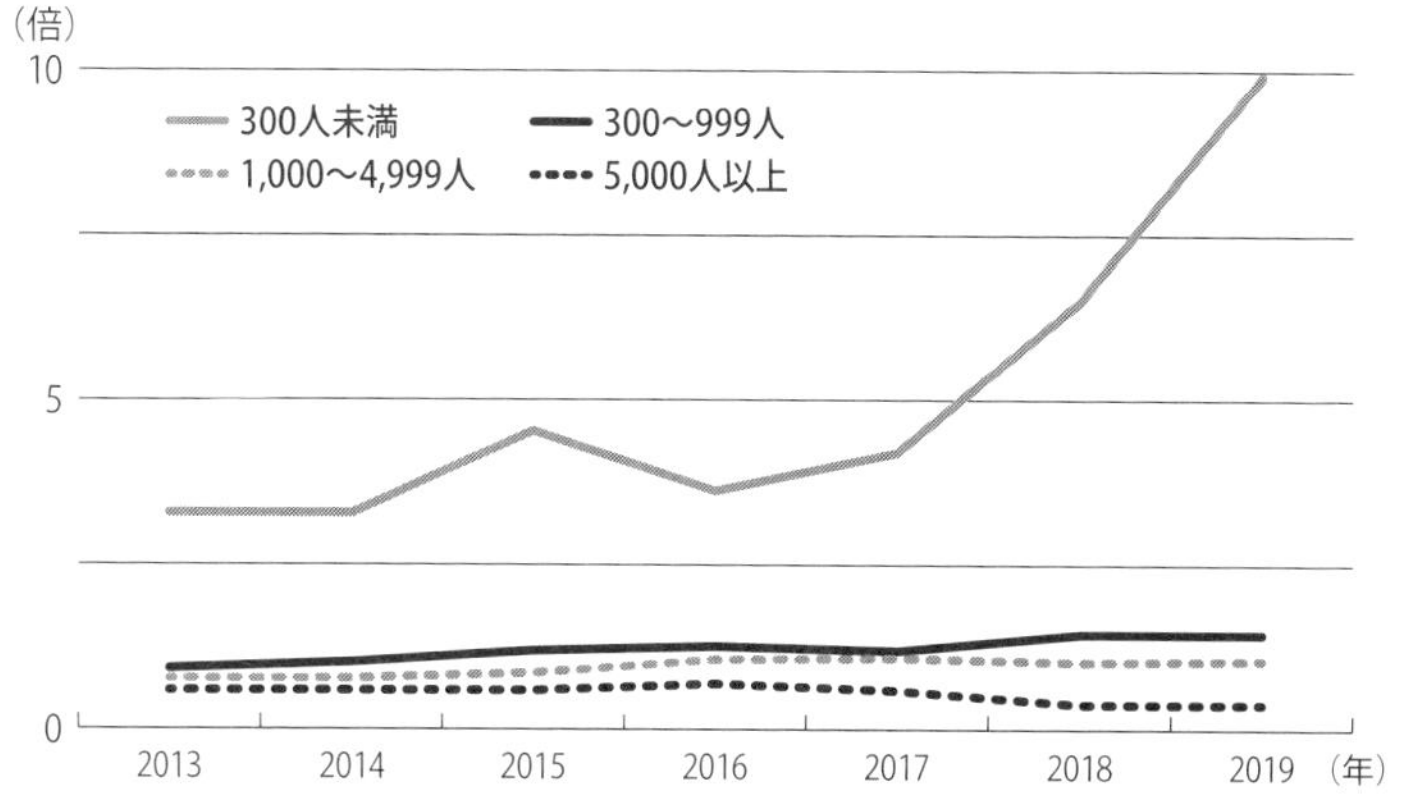

出所：リクルート調査より筆者作成

か人が集まらないということです。

⑧外国人労働者

前節では詳しい説明はしませんでしたが、「monopsony」の力は外国人の労働者にも強く働きます。

スキルの高い先進国からの労働者ではなく、途上国からの労働者が増えるほど、「monopsony」の力が強くなります。データを見ると、日本の経営者が「monopsony」を利用して外国人労働者を使い倒している姿が浮き彫りになります。

日本で働いている外国人労働者の中で数が一番多いのは中国人とベトナム人ですが、これは経営者にとっては賢い選択です。

彼らは非常に安い賃金で働いてくれますが、2015年のPISAテストの結果では、中国は世界第10位、ベトナムもイギリスより高い第22位でした。これら2カ国は、途上国の中で一番優秀な上位2カ国なのです。しかも、数学のスコアは中国が第6位（ベトナムは第22位）、科学では逆にベトナムが第8位ときわめて上位で、中国も第10位でした。

日本は「monopsony」大国だ

「monopsony」の理論から導き出される要件を1つひとつ日本に当てはめていくと、日本は世界に冠たる「monopsony」大国のように見えてきます（図表5－12）。

残念ながら日本のケースでは、業種別の労働市場の供給の弾力性の分析は見たことがありません。私もそれを分析するためのデータを持っていませんし、それをやるだけの労力もないので、ここでは提示できません。

しかし海外の論文に示されている特徴を見ると、あまりにも当てはまるものが多すぎます。また、生産性の水準から推察すると、ドイツなどより日本のほうが労働供給の弾力性は低いはずなので、「monopsony」の力が弱いとは考えづらいです。むしろ日本では「monopsony」の力がきわめて強く働いていると考えるほうが妥当だと思います。

図表5-12　「monopsony」が強い国の特徴と日本

「monopsony」が強い国の特徴	日本	ドイツ	アメリカ
生産性が低い	○	×	×
大企業の規模が小さい	○	△	×
大企業の数が少ない	○	△	×
中堅企業が少ない	○	×	△
小規模事業者が多い	○	△	×
高成長企業が少ない	○	△	×
イノベーションが少ない	○	×	×
輸出が少ない	○	×	○
女性活躍度が低い	○	×	△
格差が大きい	○	×	○
貧困率が高い	○	×	○
最低賃金で働く比率が高い	○	△	×
外国人労働者はスキルの低い比率が高い	○	○	○
労働市場の流動性が低い	○	△	×
労働者の専門性が低い	○	×	×
会社に対する忠誠心が高い	○	△	×

出所：筆者作成

図表2-11をもう一度ご覧ください。規制と優遇と低い最低賃金が相まって、日本では中小企業が増殖しています。それが、経済にさまざまな悪影響をおよぼしているのです。

イギリス、ドイツなどが最低賃金を導入している理由は、サービス業の増加による「monopsony」の強化を緩和するためです。最低賃金を賢く引き上げていけば、「monopsony」

の力を低下させて、失業率が上がらずに、倒産も増えず、産業構造を効率化させることによって、生産性を高められるからです。

私が最低賃金の引き上げを提言すると、倒産の増加や失業率の上昇につながるというコメントを多くもらいます。日本では「monopsony」が見られないのであれば、この反論には説得力があります。

しかしここまで見てきたように、日本では「monopsony」の力がきわめて強いはずです。ということは、多くの日本人は「monopsony」を理解していないとしか考えられません。だから日本では、なぜ生産性が低迷しているのか、その原因の本質が見えないのではないでしょうか。

つまり「monopsony」を理解しているかどうかによって、最低賃金の引き上げに対する考え方、評価、最低賃金の役割への理解は大きく分かれるのです。

総括すると、日本は教育水準が高く、忍耐力が強い労働市場を有し、輸出入も少なく、言葉の壁があって外資系企業の参入も少なく、かつ「monopsony」の力が強い国です。このような日本で、その「monopsony」の力を緩和してくれるはずの最低賃金が低く設定されると、非常に小さい企業が増えすぎるのです。

「monopsony」がなければ、日本企業はもっと発展していたはず

「monopsony」と最低賃金政策に深い関わりがあるという理屈はご理解いただけたかと思いますので、次に日本の産業構造を「新monopsony論」をもとに考えていきたいと思います。

本来であれば、日本企業の平均規模は今よりずっと大きかったはずです。それにともない、労働者は世界の中でも相対的に高い付加価値を創出して、賃金も今よりずっと高く、国全体も豊かで財政も健全だった……はずでした。

けっして夢物語を語っているわけではありません。実際、「What Determines Firm Size?」という論文で、この「本来あるべきであった日本の姿」が検証されています。

第1章で紹介した生産性と社会インフラの関係を論じた論文「Why Do Some Countries Produce So Much More Output per Worker than Others?」同様、この論文でも、社会インフラ、とりわけ法制度が発達している国ほど、企業の規模が大きくなることが確認されています。

また、業種別で見ると、資本をたくさん使う業種、賃金が高い業種、研究開発費の負担が重い業種ほど、企業の規模が大きくなるという分析の結果も紹介されています。さらに、平均す

ると国内市場が大きくなればなるほど、企業の規模が大きくなる傾向も確認されています。

また、「Cross-Country Differences in Productivity: The Role of Allocation and Selection」という論文では、先進国になるほど、企業の規模と生産性の関係が強くなると結論づけています。

この2つの論文の結論を併せて考えると、日本の企業は規模が相対的に大きく、生産性が高くてしかるべきであるという結論に達します。しかし現実は、まったくそうなっていません。

「低すぎる最低賃金」は経済の新陳代謝を阻害する

「monopsony」の影響を緩和するために最低賃金を段階的に引き上げないと、本来起きるべき新陳代謝の障害になります。逆に言うと、最低賃金を適切に引き上げることで、生産性を高めることが可能です。以下では、そのメカニズムについて説明していきます。

最低賃金の引き上げは、3つのルートで生産性を高めます。

①生産性の低い企業が起業しづらくなる

一般的には、新しい企業が増えるほどその国の生産性は上がります。新しい企業は最新の技術を使って起業するのが一般的なので、過去の技術を使っている企業も含めたすべての企業の平均より、高い生産性を発揮するからです。

こういう企業が増えるほど、生産性が順調に向上します。特に、アメリカのように人口が増えていると、生産性への貢献度がより大きくなります。

一方、最低賃金が低く設定され、本来なら到底雇えない優秀な人を安く雇うことができると、平均より生産性の低い企業でも起業することが可能になります。これは、高齢化と人口減少によって大変な負担が発生する日本には到底ふさわしくない状況です。

毎年最低賃金を適切に引き上げると、採算がとれるハードルが高くなるので、新しい企業の生産性は自動的に上がっていきます。別の言い方をすれば、最低賃金の引き上げは、生産性の低い企業を参入させないための壁を高くすることを意味します。

②既存企業への刺激になる

次は、既存企業への刺激です。

生産性の低い企業の経営者は、低い最低賃金を念頭に自ら生み出す商品の付加価値とその商品の単価を決めます。当然安い価格帯の商品が生み出されるようになるので、生産性も低くなります。最低賃金を引き上げると、単価を上げるために商品の付加価値を高めなければなりませんので、何らかの投資をする必要が生まれます。

しかし、低い最低賃金に慣れた経営者の多くは、生産性を高める術を持たないので、最低賃金の引き上げには大反対し「そんなことをしたら倒産するぞ！」と騒ぎたてます。こういう声を聞いた政治家が経営者たちの話を真に受けてしまうと、生産性の低い産業構造が永遠に固定されて、動かなくなります。「低生産性・低最低賃金トラップ」にハマってしまうのです。

しかし最低賃金を引き上げると、さすがに経営者たちも対応するしかありません。社会保障負担の増加に苦しんでいるのにインフレがないこの国にとって、最低賃金引き上げは経営者に生産性向上を促す、大切な刺激策なのです。

③生産性の低い企業から労働者が離れる

最低賃金の引き上げが生産性の向上に貢献するもう1つの理由は、生産性の低い企業が雇っている労働人口が相対的に減ることです。

当然ですが、国の中には最低賃金が今よりもさらに低い時代に誕生した企業も、古い技術しかなかった時代に生まれた企業も数多く含まれています。こういう企業の一部は、最低賃金が高まると存続が難しくなり、生産性向上を余儀なくされます。それができないなら、淘汰されるしかありません。これが本来起こるべき新陳代謝の姿です。

しかし最低賃金が低いままだと、生産性の低い企業でも存続する確率が高くなります。特に、本来市場からの撤退を余儀なくされるはずの企業が「monopsony」による賃金の割引を企業の存続の原資に使っている場合、企業の平均寿命が長くなり、新陳代謝がその分進まなくなるのです。

最低賃金が低いまま放置されてしまうと、本来なら生産性を向上させなくてはいけない企業も、また本来なら淘汰されていたはずの企業も生き残ることができます。こういった企業は労働者を囲い込みます。古い時代の構造が変わることなく継続し、全体の生産性を下げることになるのです。

人口が増加している時代ならそれでもかまわないでしょうが、人口が減少する時代には、そうはいきません。本来淘汰されるはずの企業から生産性の高い企業に、労働者を移動させなくてはならないのです。

最低賃金を低く抑えることには、中小企業を優遇して経済を発展させる意図があったのかもしれません。しかし結果的には、企業の規模の縮小につながってしまっています。人口増加による経済成長要因が消えてしまった今の日本にとっては、完全に逆効果になっていると言えるのです。

企業の新陳代謝を起こすためには、最低賃金の引き上げは絶対に必要不可欠なのです。

最低賃金の引き上げは労働集約型業界に規律をもたらす

最低賃金の引き上げによる影響に関しては、海外の学会において大まかなコンセンサスができています。それは、最低賃金を賢く引き上げていけば、現在の雇用への影響は出ないということです。

最低賃金を賢く引き上げると、離職率が低下するので採用コストが軽減されるメリットがあることもコンセンサスとなっています。雇用への影響が出るのは、将来の新規採用に限るということもコンセンサスがとれています。新しい仕事は少しだけ見つかりにくくなりますが、その分、質の高い仕事が多くなります。

「monopsony」の緩和のため最低賃金を引き上げても雇用全体に対する悪影響は出ませんが、雇用にまったく何の影響も出ないということではありません。

最低賃金を引き上げても、すでに雇用されている労働者が解雇されることはほとんどありませんが、「monopsony」の力を使って存続している企業は、賃金の割引が使えなくなる分だけ、新規採用を抑える傾向が出ることが確認されています。

こうなると、もともと人材の価値より低い賃金で人を雇っていた企業は、それまでの労働集約型の経営を継続するのが難しくなります。こういう生産性の低い企業が雇用を抑えると、普通はより生産性の高い企業に労働力が集中します。生産性が低い企業で働く労働者の割合が低下するので、生産性は向上し、産業構造も改善します。

もっとわかりやすく言えば、最低賃金の引き上げによって宿泊・飲食・小売業の新規雇用は相対的に抑制されます。この動きは、今の日本でもすでに確認できます。

最低賃金を賢く上げたヨーロッパ諸国

産業構造を改善させるこのプロセスを効率よく実現するために、欧州では時間をかけて、段階的に最低賃金の引き上げを実施しています。

この件に関しては、「机上の空論ではないか」と疑う人がいるかもしれません。しかし2015年にドイツが最低賃金を導入し、さきほど説明したとおりの動きが起こったことがデータで確認されています。

「Reallocation Effects of the Minimum Wage: Evidence from Germany」には、1995年から2015年までの期間、賃金がもっとも低い1割の労働者の賃金水準が実質13％減少したことへの対策の1つとして、最低賃金制度が導入されたとあります。

減少した原因の1つに、労働組合参加率が1995年の約80％から2015年の約55％まで下がったことが挙げられています。つまり、「monopsony」の力が強まったのです。

2015年、ドイツは賃金の中央値に対して、かなり高い最低賃金を設定しました。その効果をデータ分析で検証して得られた主な結論は、学会のコンセンサスどおり、全体の雇用に対する影響はないということです。

最低賃金で働いている人のデータを見ても、最低賃金の導入前と導入後では、雇用され続ける確率の変化は見られませんでした。むしろ、最低賃金の引き上げによって労働市場への参加率が上がったり、アルバイトからフルタイムに移行した例が増えたことが確認されています。

もっとも重要な出来事は、最低賃金の引き上げによって生じた収入増加の80％は、労働者が自主的に、同じ地域内の同じ業種内で、生産性の低い従業員3人未満の小規模事業者からより規模の大きい企業に転職したことで発生したという事実です。就業率への影響はなかったものの、より規模の大きい企業への転職が進んだことで、雇用の質が改善されたという結果です。

ドイツは、東西の経済格差が大きいにもかかわらず、全国一律の最低賃金を導入しました。その結果旧東ドイツでは、最低賃金の影響を受ける労働者の割合が4人に1人と、全国平均のほぼ倍になりました。

最低賃金導入の雇用に対する悪影響は大きく懸念されていましたが、この論文のデータ分析では旧東ドイツの雇用への影響はなかったことが明らかになっています。

一方、最低賃金の影響が大きいほど、より規模の大きい企業へ転職する人が増えますので、旧西ドイツより旧東ドイツのほうが企業の規模が拡大しました。また、労働人口に占める規模の大きい企業で働く人の割合も大きく拡大しました。

「Labor Market Power」という論文では、ドイツのデータをさらに分析し、モデル化しています。それによると、最低賃金の導入で労働者が規模の大きい企業に移動することによって、企業の平均規模が12％拡大しました。全体の雇用は1・07％増えて、個人消費も0・37％増加したとあります。

図表5-13　従業者規模別非農林雇用者数の推移

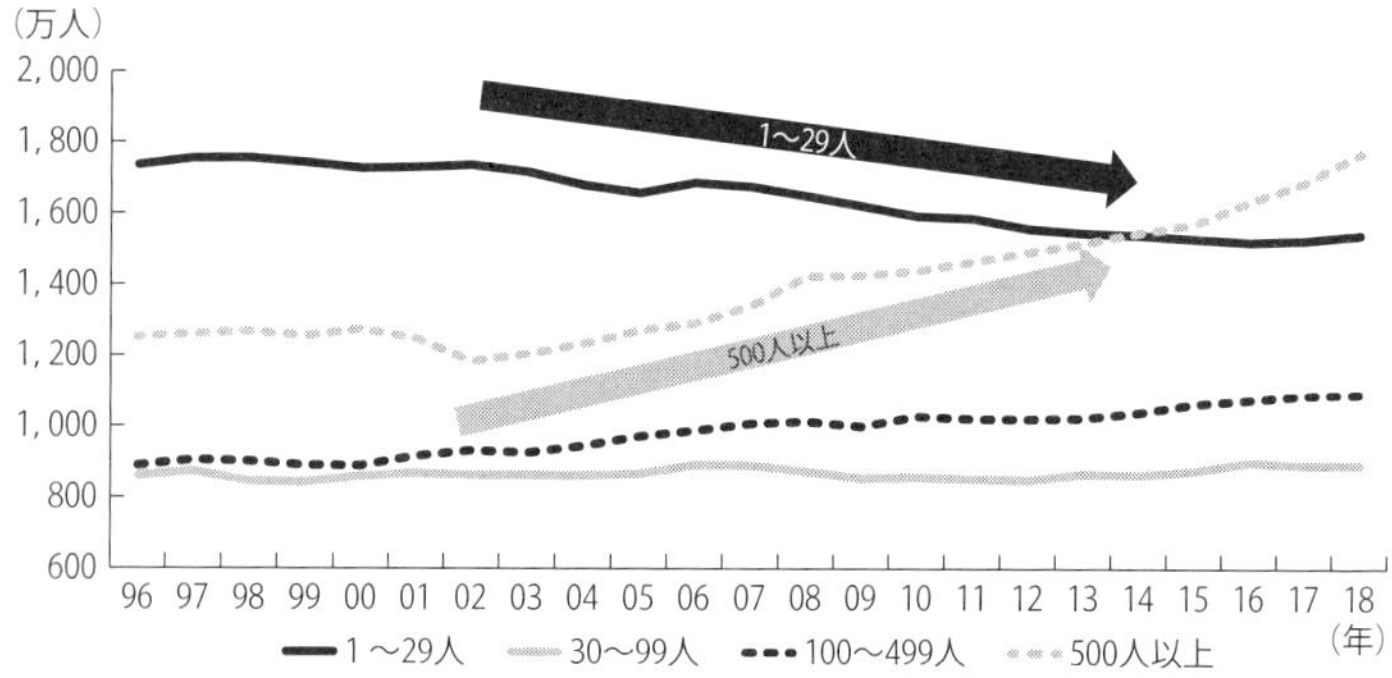

資料：総務省「労働力調査（基本集計・長期時系列データ）」
（注）1．2011年3月11日に発生した東日本大震災の影響により一部地域において調査実施が一時困難となったため、2011年の値は補完推計値（2015年国勢調査基準）である。
2．2017年平均から算出の基礎となる人口を2015年国勢調査の確定人口に基づく推計人口（新基準）に切り替えており、2010年から2016年の数値については、2017年以降の結果と接続させるため時系列接続用数値（2015年国勢調査の確定人口による補正ないし遡及を行ったもの）に置き換えている。また、2005年から2009年の数値については、2010年以降の結果と接続させるため時系列接続用数値（2010年国勢調査の確定人口による補正ないし遡及を行ったもの）に置き換えている。
出所：『中小企業白書　2019年版』

第3章で紹介した『中小企業白書』のデータからは、日本でも最低賃金が引き上げられた結果、全体の雇用が増える一方で、主に小規模事業者の数が減り、全国の企業の平均規模が拡大している傾向が確認できます（図表5−13）。

日本の場合、これから労働者が毎年約100万人ずつ減るので、欧州より積極的に最低賃金を引き上げることが可能なはずです。

労働市場の規制緩和と最低賃金

経団連や竹中平蔵教授などは、労働

市場の流動性を高めるべきだと主張しています。非常に大事な政策ではありますが、やり方には注意が必要です。「monopsony」の力が強くならないように配慮しなくはいけません。

戦後、人口が激増していた時代の日本では、「monopsony」の力が強く働いていたはずです。なぜなら、人口が増え続けていた上、社会保障制度が充実していなかったからです。

1990年からは、企業の「monopsony」の力は低下するはずでしたが、金融不況とデフレの影響で、今振り返ると逆に強くなったように思います。特に非正規雇用者が1990年の約2割から、今では約4割まで激増したので、雇用側の力が以前より強くなっているはずです。「monopsony」が強くなると、交渉力の弱い人が非正規雇用に集中することが予想されます。実際、男性の非正規比率が21・2%なのに対して、女性は55・3%と倍以上になっています。150万円の壁などの影響もありますが、やはり「monopsony」の力が働いている疑いが濃厚です。

当然、解雇規制を緩和するのは経済学的にも非常に大事ですが、雇用する側がそれを不当に使えないような縛りが必要です。雇用の不安定さが増すのであれば、解雇される可能性が高まった分に相当する賃金のプレミアムを払わないといけなくなるのが道理です。

要するに、解雇規制を緩和したり、労働市場の規制を緩和するならば、「monopsony」力の強化につながらないように最低賃金の引き上げも一緒にやらなくてはいけないのです。

小さい企業ほど「最先端技術」を使いこなせない

最低賃金の話から話題を移す前に、「monopsony」以外にいくつか説明しておかなくてはいけないポイントが残っているので、それらを説明します。

日本の低すぎる最低賃金は企業の規模の拡大を阻害し、最先端技術の普及にも悪い影響を与えています。

先進国の間では1995年から、各国間で生産性と所得水準に大きな開きができています。そうなった原因は、一言で言うと企業規模の違いに集約できます（図表5－14）。

その背景として、規模の大きい企業と小さい企業では技術の活用度合いに大きな開きがあることが、いくつもの研究で確認されています。

最先端技術を使うには大きな固定費が必要です。企業の規模が小さいと、技術を導入するための投資ができないケースも少なくありません。

図表**5-14**　大企業と小企業の生産性の推移（図表2-5再掲）

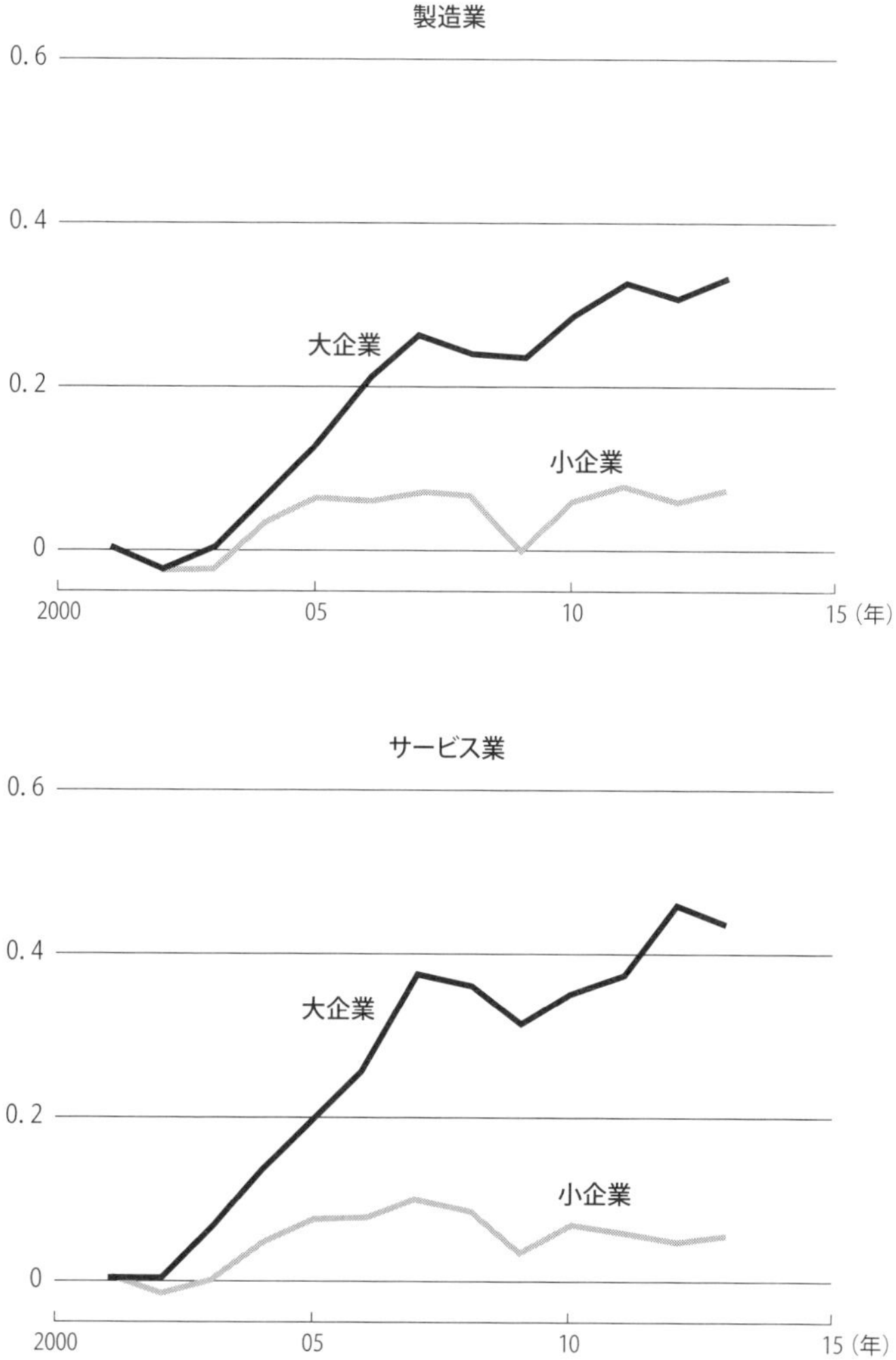

注：縦軸は2001年比の増加率の対数
出所：OECD

また、技術をフルに活用するには優秀な人材が必要ですが、その人材のコストが大変です。そういう優秀な人材は需給がタイトで、小さい企業の場合、いくら募集をかけても来てもらえないこともありますし、彼らに見合った水準の給料が払えないことも大いに考えられます。

また、中堅企業以上であれば、導入した技術をたくさんの部門、人材、顧客に活用できるので、コストを負担しやすくなります。

しかし残念ながら、小さい組織では大きな企業のような十分な対応が難しいのは火を見るより明らかです。だから、結果として大きい企業と小さい企業の生産性に大きな乖離ができてしまうのです。

結局、大企業と中堅企業で働く労働人口が多いほど、技術の面でもその国の生産性が上がりやすくなり、反対に小さい企業で働く労働人口が多いほど、生産性は低迷しやすくなるのです。

実際の世界で、この理屈どおりのことが起きているのが確認できます。

日本には優れた最先端技術がたくさんあります。しかし、それらは十分に普及しておらず、活用もされていません。当然、国内に普及していないものは海外に輸出することも難しくなります。

これらの技術が普及しない理由は、国民性や能力、組織論などとは関係がなく、日本の産業構造の下では最先端技術を使える企業が少なすぎることにあると、私は考えています。つまり、小さい企業があまりにも多いことが問題なのです。

この件に関して、一橋大学の深尾京司教授の論文「Why Was Japan Left Behind in the ICT Revolution?」ではICTの普及と企業の規模、設立年数の関係を検証しています。

その結論は、企業規模が大きくなるほど、ICTの普及率が高まるということでした。設立年数とICTの関係は海外ほど強くないとありますが、日本では企業が古くなるほど規模が大きくなる傾向がありますので、関係がないとは言えないようです。

規模が小さく、ICTの普及率が低い企業で働く人の割合は、アメリカの56・2%に対し、日本は72・2%でした（従業員1000人以下の企業）。この比率は、中小企業で働く人の比率とほぼ一致します。

最先端技術を買ってくれる顧客が少なすぎる

中小企業が多いことには、普段あまり指摘されない併害がもう1つあります。

最先端技術を商品にしている企業には、その技術を使ってもらう顧客が必要です。しかし、ビジネスモデルが古く、規模が小さく、なおかつ生産性を高めるインセンティブが働いていない企業が多いと、最先端技術に対する需要が十分でなくなり、最先端技術を商品にする企業は成長が難しくなります。

たとえば、日本には計算が早く、お釣りを正確に計算できる人がたくさんいます。こういう人でも最低賃金で働いていることが少なくありません。優秀な人を安いコストで雇えるので、経営者にはコストをかけてキャッシュレス化を進めるインセンティブが湧きにくいのです。特に脱税を考えている経営者であれば、なおさらです。

しかし、キャッシュレス化が進まないと、その技術を売り物にしている企業が成長するのは難しくなります。また、顧客の消費行動のデータがとりにくくなり、ビッグデータが活用しにくくなるという弊害も起こります。

日本は人口が多く、国内市場が巨大なので、本来は日本企業もビッグデータを使ったグローバル競争で優位に戦えるはずです。しかしながら日本市場は昭和の時代のままで、武器にするべき最先端技術が普及していないので、規模の経済が働かず成長が遅くなっているのです。

経済産業省の「サービス産業の高付加価値化に関する研究会」報告書によると、ICTを含むビジネス支援サービスの市場規模は、アメリカの12兆円（GDP比0・75％）に対して、日本はわずか6630億円（GDP比0・14％）しかないとあります（いずれも2012年、出典：矢野経済研究所）。

IMFが調査したICT輸出額の調査によると、2017年の日本の総額は世界第21位でした。アメリアの12・0％、ドイツの13・5％しかありません。驚くべきことに、日本のICT輸出額はフィリピンよりも少なかったのです。

最近はAIの専門家が足りていないという声をよく耳にしますが、育てていないから足りていないというより、需要がないから育たないのではないかと思います。需要のないところで育てても無駄になるだけなので、まずは需要をどうつくるかを考えるべきでしょう。

国際競争力と最低賃金には、関連性はほとんどない

一部の人は、最低賃金が低いことが日本の国際競争力につながっていると主張します。その理屈の延長線で、最低賃金を引き上げると日本の国際競争力が低下してしまい、輸出が減少するだけでいいことはないとも主張しています。

この理屈ももっともらしく聞こえますが、ただの感覚論です。やはり、思いつきのアイデア

は検証して、事実かどうかを確かめなければなりません。

まず、日本は総額では世界第4位の輸出量を誇りますが、それは人口が多いからGDPが大きいのと同じで、数の原理によるものです。人口1人あたりの輸出量では、日本は世界第44位です。

また、輸入で見ても、国内市場における国内企業と海外企業の競争の度合いは大手先進国の中でもっとも低いのです。要は、そもそも日本は大して国際競争をしていないので、国際競争力低下云々という指摘は根本から的外れなのです。

さらに深刻な誤解は、最低賃金で働いている労働者の多くは、輸出産業の大半を占める製造業ではなく、飲食・宿泊・小売などのサービス業で働いていることです。こういったサービス業の輸出比率はもっとも低く、海外との競争もほとんどない業界ばかりです。

つまり、最低賃金と国際競争力を結びつけること自体、おかしな話なのです。

最低賃金を引き上げても地方の雇用は減らない

最低賃金を引き上げると、特に地方の失業率が上がると論じる人がいます。これももっともらしく聞こえますが、検証されていないただの意見にすぎない危険性があります。検証するべきポイントは2つあります。

まず、「monopsony」のところで説明したとおり、海外では最低賃金の引き上げが雇用全体に与える影響はほとんどなく、地方の雇用にも影響はきわめて少ないことがわかっています。なぜなら、さきほどのドイツ経済の分析にあったように、地方は都心より「monopsony」の力が強い傾向にあるからです。それによって、本来払うべき賃金に対する割引率が地方ほど大きいのです。

地方の失業率が高まるという人は、この現実を知らないのだと思います。

この論には、さらなる問題があります。日本で「最低賃金を引き上げると、雇用に影響が出る」と言っている人は、日本の最低賃金がきちんとした理屈に基づいて設定されていると暗に考えているようなのです。

たしかに最低賃金が「中小企業の生産性」に基づいて決められているなら、雇用に影響が出るという結論もわからなくはありません。しかし実は、日本の最低賃金が科学的に設定されているという前提が非常に疑わしいのです。私は最近、日本の最低賃金の設定方法にも疑問を抱くようになりました。

日本経済は長年の成功体験があったためか、政策や制度が実態にどのように影響を及ぼしているかの検証が十分ではありませんでした。そのため、社会のいろいろなところに歪みが生じているように強く感じることがありますし、感覚論が多いと思います。

日本人も「what is, is best」、すなわち「どんな制度でも今の制度が最適で、変える必要はない」と思っているのではないかと感じます。

「小規模事業者の生産性」を無視して決められる日本の最低賃金

厚生労働省のサイトにも明記されていますが、日本では最低賃金を決める際に、各都道府県の実態を見て、それを反映させた上で実際の金額を決めることになっています。

各都道府県が最低賃金を設定するときには、企業の支払い能力を勘案します。事実、都道府県別の最低賃金の水準と相関関係がもっとも強いのは、その都道府県全体の生産性だということが、分析の結果明らかになっています。その相関係数は0・92ときわめて高いので、全都道府県に当てはまります。

しかし最低賃金を決めるにあたって全体の生産性を参考にするのは、大雑把すぎてあまり意味がありません。

たとえば、京都府の平均生産性は451万円で、お隣の滋賀県の生産性は395万円です。この数字だけを見ると、京都府のほうが滋賀県に比べて経済力が強いと考えられがちです。

京都府と滋賀県の最低賃金を比べると、2019年では京都府が909円で、滋賀県は866円なので、43円も違います。これだけを見ると、明らかに滋賀県の経済は京都府より弱いと判断されて、最低賃金が設定されているように感じます。「滋賀県の最低賃金を引き上げたら、滋賀県の企業は倒産するぞ」と言われても、それぞれの県全体の生産性だけを見ていれば、もっともらしく見えます。

しかし、データを詳しく見てみると、異なった状況が見えてきます。

事業所の規模別の生産性を見てみましょう。実は、滋賀県の小規模事業者の平均生産性は３２４万円で、京都府の２９３万円より高いのです。中堅企業も、京都の生産性の４００万円に比べて、滋賀県は４０５万円です。

一方、京都府の大企業の平均生産性は７０４万円で、滋賀県の４９７万円を大幅に上回っています。つまり、京都府の生産性が滋賀県より高く見えるのは、大企業の生産性が圧倒的に高いからなのです。

京都府の大企業は生産性が非常に高く、京都府全体の企業の支払い能力を押し上げています。しかし、最低賃金引き上げの影響をもっとも受けやすい小規模事業者の生産性は、滋賀県より低いのです。

にもかかわらず滋賀県より最低賃金をかなり高くしているのは、どのような理屈で正当化できるというのでしょうか。物価の違いなどを見ても、説明はつきません。

このように、京都府の経済が滋賀県より強いのは、経済全体に当てはまる話ではなく、実は単に産業構造が違っているからそう見えるだけなのです。最低賃金であまり人を雇っていない大企業が多く、その生産性が高いことだけを基準にし、実際に最低賃金で多くの人を雇っている中小企業の実態を無視して最低賃金を設定するのは、明らかに矛盾しています。

審議会はおそらく経済全体の状況を見ているだけで、最低賃金でもっとも多くの労働者を雇用していると考えられる小規模事業者の実態は見ていないのではないのでしょうか。だからこのようなことが起こるのです。まったく科学的ではありません。

最低賃金引き上げ反対派は、「最低賃金を引き上げると中小企業の倒産が続出する」と声を大にして主張しています。しかし、今も説明したように、滋賀県の最低賃金を相対的に大きく上げても、滋賀県の中小企業は表面的な見解が示すほど困らないことは明らかです。

「アトキンソンさんも今、京都府と滋賀県というエピソードを出しているだけではないか」と反論されそうですが、ご安心ください。他にもこういう例はたくさんありますので、ちゃんと相関関係を確認しています。

たとえば、小規模事業者の生産性と都道府県別の最低賃金の相関係数は、0・82です（図表5―15）。最低賃金と全体の生産性の相関係数0・92より、明らかに相関が弱いのです。

全体の生産性を見てその都道府県の中小企業が弱いか強いかという結論を導いてしまっては、間違いを起こすことになります。こういうのを論理の飛躍と言うのです。

図表5-15　各都道府県の小規模事業者の生産性と最低賃金

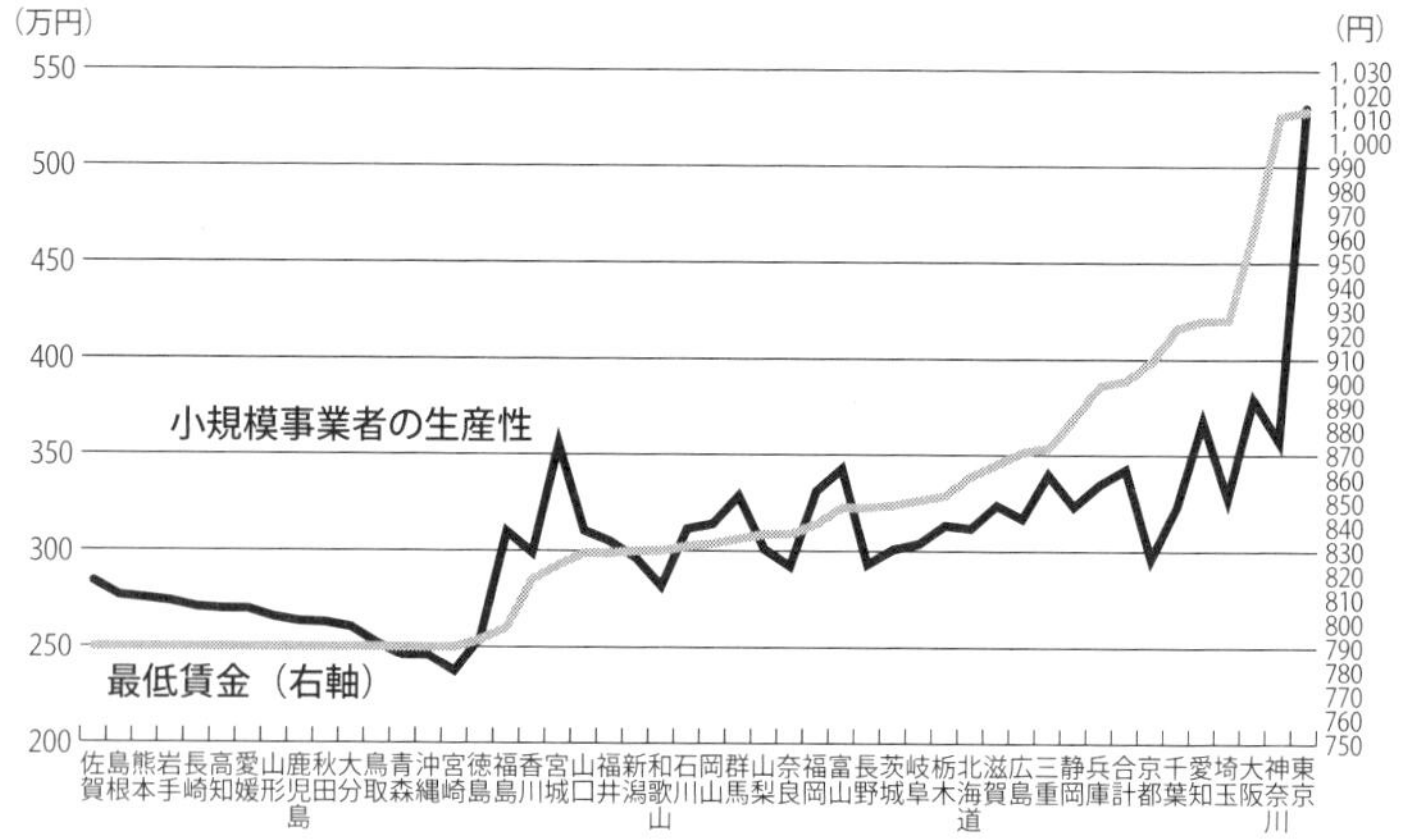

出所：『中小企業白書　2019年版』、厚生労働省データより筆者作成

改めて言うまでもなく、最低賃金を設定するにあたっては、それぞれの都道府県の中小企業の強さを、他の都道府県の同規模の企業と比較して検討するべきです。イギリスなどではデータ分析のプロを雇って、雇用への影響の出ないギリギリの引き上げ幅を分析し、政府に提案しています。日本でも同じような機能を持った組織をつくることを検討するべきでしょう。

この実態を踏まえると、日本も最低賃金を全国一律にする方向に舵を切るべきだと言えます。

生産性を左右する「4つの条件」

今までの議論を整理してみましょう。

会社の規模が小さくなればなるほど、最低賃金もしくはそれに近い給料で雇用される社員の比率が高くなります。つまり、最低賃金を低い水準に設定するということは、小規模事業者に対する間接的な補助をしていることになるのです。

効率のよい産業構造を持つ国には、以下のような特徴があります。

①大企業にだけ規制を厳しくするようなことはしない
②中小企業の規模を大きく定義している
③中小企業を優遇する政策が限定的である
④最低賃金が相対的に高い

この中で、④以外の特徴を持ち合わせている国の典型がアメリカです。さすが、たくさんのノーベル賞経済学者を輩出した国です。

反対に、産業構造が非効率になる国には以下の特徴が見られます。

①中小企業の定義が非常に小さい

②中小企業に対する優遇策がきわめて手厚い
③中小企業以外の企業に対し、厳しい規制が存在する
④最低賃金が低い（もしくは最低賃金の規制がない）

これらの特徴を持ち合わせている国の典型例が、スペイン、イタリア、ギリシャ、韓国、そして日本です。

これらの国々では、規模の非常に小さい企業が掃いて捨てるほど存在します。また、これらの国々では企業の規模も一向に拡大しないので、生産性向上のペースも緩やかです。

人口増加の時代から人口減少の時代に移ることを考えると、企業の「monopsony」の力は今後大きく低下し、それが企業経営に大きな影響を与えるようになるはずです。それにともない、産業構造も変革が強いられることになるでしょう。政府も経営者も労働者個人も、その動きにどう対応するか、真剣に考えなければなりません。

次の第6章では生産性と経営の関係を論じた上で、第7〜8章では日本が何をどうするべきなのか考えていきたいと思います。

参考文献

Alan Manning, *Monopsony in Motion: Imperfect Competition in Labor Markets*, Princeton University Press, 2003.

Ronald Bachmann and Hanna Frings, "Monopsonistic Competition, Low-Wage Labour Markets, and Minimum Wages – An Empirical Analysis," *Applied Economics*, Vol. 49, No. 51, March 23, 2017.

Boris Hirsch and Elke J. Jahn, "Is There Monopsonistic Discrimination Against Immigrants? First Evidence from Linked Employer-Employee Data," Institute for the Study of Labor, Discussion Paper, No. 6472, April 2012.

Priyaranjan Jha and Antonio Rodriguez-Lopez, "Monopsonistic Labor Markets and International Trade," University of California, Irvine and CESifo, July 2019.

Douglas A. Webber, "Firm-Level Monopsony and the Gender Pay Gap," *Industrial Relations*, Vol. 55, No. 2, April 2016.

Krishna B. Kumar, Raghuram G. Rajan, and Luigi Zingales, "What Determines Firm Size?" NBER Working Paper, No. 7208, July 1999.

Eric J. Bartelsman, John C. Haltiwanger, and Stefano Scarpetta, "Cross-Country Differences in Productivity: The Role of Allocation and Selection," NBER Working Paper, No. 15490, November 2009.

Christian Dustmann, Attila Lindner, Uta Schönberg, Matthias Umkehrer, and Philipp vom Berge, "Reallocation Effects of the Minimum Wage: Evidence from Germany," July 2019.

David W. Berger, Kyle F. Herkenhoff, and Simon Mongey, "Labor Market Power," NBER Working Paper, No. 25719, October 2019.

Sónia Félix and Pedro Portugal, "Firm Monopsony Power and Wage Setting Policy," Banco de Portugal and Nova School of Business and Economics, 2015.

Douglas A. Webber, "Firm Market Power and the Earnings Distribution," Institute for the Study of Labor, Discussion Paper, No. 7342, April 2013.

Dara Lee Luca and Michael Luca, "Survival of the Fittest: The Impact of the Minimum Wage on Firm Exit," Harvard Business School, Working Paper, 17-088, 2017.

Orley C. Ashenfelter, Henry Farber, and Michael R. Ransom, "Modern Models of Monopsony in Labor Markets: A Brief Survey," Institute for the Study of Labor, Discussion Paper, No. 4915, April 2010.

Jan C. van Ours and Lenny Stoeldraijer, "Age, Wage and Productivity," Institute for the Study of Labor, Discussion Paper, No. 4765, February 2010.

Maria Abreu, "Skills and Productivity," Economic and Social Research Council, Evidence Review, PIN-08, July 2018.

第6章

日本の「経営者の質」が低いのは制度の弊害だ

「経営者の質」も生産性を左右する

経済学には、「経営者は常に自社の利益の拡大を目指して、効率性を追求している」という暗黙の了解があります。

しかし国別で比較すると、生産性が高い国もあれば低い国もあり、一律ではありません。この本でも紹介しているように、一見、似たような特徴を持っていそうな国でも、生産性には大きな違いがある例もあります。

また、業界によっても生産性にはばらつきがありますし、同じ業界の中でも個々の企業の生産性はかなり違います。外から見ると条件がほぼ同じに見える企業の間でも、生産性に大きな差がある例はたくさんあります。

多くの研究者が、このような生産性の違いがなぜ生じるのかを研究し、その原因を論文にして発表しています。

原因の1つは、第4章で紹介した国による規制や政策により生じる産業構造の歪みです。また、税制などによって生じる歪みにその原因があると結論づけている論文も少なくありません。

その歪みが企業規模の違いとして現れ、その規模の違いが生産性の違いにつながっていると説明されています。

第5章でも説明したように、最低賃金の設定方法もまた、中小企業の規模の定義やそれをベースに決められる優遇政策と絡まり合い、生産性に大きな悪影響を与えています。

実は他にも、企業の規模と生産性を決定づける大きな要因として、多くの論文で取り上げられている要素があります。それが経営者の経営能力のレベルです。

経営能力がある人材には限りがある

経営能力と企業の規模に焦点を当てた有名な論文があります。1978年に発表された「On the Size Distribution of Business Firms」です。この論文には以下の1文が載っています。

「the observed size distribution is a solution to the problem: allocate productive factors over managers of different ability so as to maximize output.」

今の産業構造は「生産性を最大化するためには、能力のレベルに違いがある経営者にどのように経営資源を配分すればいいのか」という問題に対する1つの答えである、ということでしょうか。

この論文で提示されているモデルの中では、企業の規模は主に2つの要素で決定されるとあります。

1つは各企業の規模が経営者の能力によって制限されること。もう1つは各業種に最適な規模が存在し、それが規模を制限する要素になることです。

たとえば、ある経営者に従業員数1000人の企業を経営する能力があったとしても、その業界では850人が利益の最大化が図れる理想の従業員数だった場合、850人規模の企業に落ち着きます。逆に、850人が理想の業界なのに、経営者に700人規模の会社しか経営する能力がない場合は、700人までしか規模が拡大しないということを意味します。

このモデルでは、経営能力の高い人たちが経営者になり、他は労働者になると考えます。経営者の能力に比例して従業員が増えるので、能力が高い経営者の企業ほど規模が大きくなります。

この仮説に基づくと、業界の特徴によって違いはありますが、経営者の能力のレベルいっぱいまで経営資源が集中することが示唆されます。

この仮説によって、企業の規模に違いが生じる理由が説明できます。企業の規模は経営能力の鏡であって、企業の規模が小さくなればなるほど、企業の経営者のレベルが低いことを意味するのです。

中小企業であっても、能力の高い経営者のもとには経営資源が集まるので、その企業は成長します。成長しない企業は、基本的には経営者のレベルがそこまでということになります。

「中小企業の経営者＝経営能力が低い」という指摘は、日本ではなかなか受け入れられにくいと思います。しかし事実として、大企業では当たり前の経営が中小企業ではまったくできていないことが、国内外で確認されています。後ほど、その例の1つを紹介します。

この仮説に従って話を進めると、経営者になる起業家のレベルが高く、その数が相対的に少なく、経営者1人ひとりに配分できる従業員の数が多くなるほど、その国の生産性が上がることになります。

この論文では、従業員に対する資本が増えると、経営者の賃金に比べて従業員の賃金が相対的に上がるとされています。つまり、経営者としての能力が低い人は経営者にはならず、従業員のままでいるインセンティブが高まるのです。逆に給料が低いと、経営能力の低い人も経営者になろうとします。

「Firm Size, Productivity, and Manager Wages: A Job Assignment Approach」という論文では、企業の規模と経営者の質、そして経営者の給料に強い相関関係があることが確認されています。これらいくつかの論文から読み取れるのは、どの国でも優れた経営者になりうる人材の数は限られているということです。

経営者の質と生産性の関係が立証されつつある

生産性の違いの研究では、経営能力の違いによる影響を追求している論文はあまり多くはありません。特に以前は、ほとんどありませんでした。

しかし、近年になって生産性向上に関心が集まり、このテーマでの研究が進むにつれ、少しずつ経営能力の違いが生産性に与える影響に関する研究も発表されるようになってきました。

ここでは、経営者の質や能力の違いが生産性にどのような影響を及ぼすのか、ある分析の結果を紹介したいと思います。

「Measuring and Explaining Management Practices Across Firms and Countries」という論文では、イギリス、アメリカ、ドイツ、フランスの中堅企業732社にアンケート調査を行って

データを収集し、経営者の質と生産性との関係を調べた結果が紹介されています。

イギリスとアメリカに加えてドイツとフランスの企業を研究の対象に加えている理由は、アングロサクソンの国である前者2カ国の分析結果を、アングロサクソンではない大陸の2カ国と比較し、傾向を確認するためです。


結論から言うとこの論文では、経営者の質と生産性との間には明確かつ有意な関係が存在するとされています。

分析の結果、「より良い」経営がされている企業ほど、生産性、収益性、売上の成長率と持続性が高いという強い相関関係が認められました。

国別の経営力の評価は、アメリカが5点満点中3・37でトップ、ドイツが3・32、フランスが3・13、イギリスが3・08と続いています。ドイツの評価はアメリカとあまり変わりませんが、フランスとイギリスはかなり低くなっています。

この順位は、実際の生産性と同じです。経営力の評価点から推定される生産性も、実際のものにかなり近くなっています。経営力の評価点を見るかぎり、経営者の能力の違いはアングロサクソンかどうかという民族の違いとは関係ないことは明らかです。

分析の結果、フランスとイギリスの2カ国の評価がアメリカやドイツより低い理由は、「評価の低い企業の評価点が極端に低い」ことと、「そのような低評価の企業がアメリカやドイツより多い」ことの2つでした。

経営形態と生産性には強い関係がある

この論文には、20カ国、1万社以上のデータベースを分析した結果も発表されています。その中から17カ国の企業を対象に分析した結果、経営の質と生産性の間には0・81と非常に強い相関係数が認められるとされています。回帰分析の結果、経営の質が0・7ポイント（5点満点）上がると、生産性はなんと45％も改善することがデータから読み取れます。さらに経営の評価が1ポイント上がると、倒産・廃業する確率は2・4％から1・3％まで、実に45・8％も下がります。

この研究で使われているデータは非常に数が豊富なので、この分析の結果は信頼性が高いと考えても問題ないでしょう。

この分析の結果では、経営形態の違いによって企業の生産性に差が生じる傾向が強いとされ

図表**6-1**　**経営形態別の経営評価点**

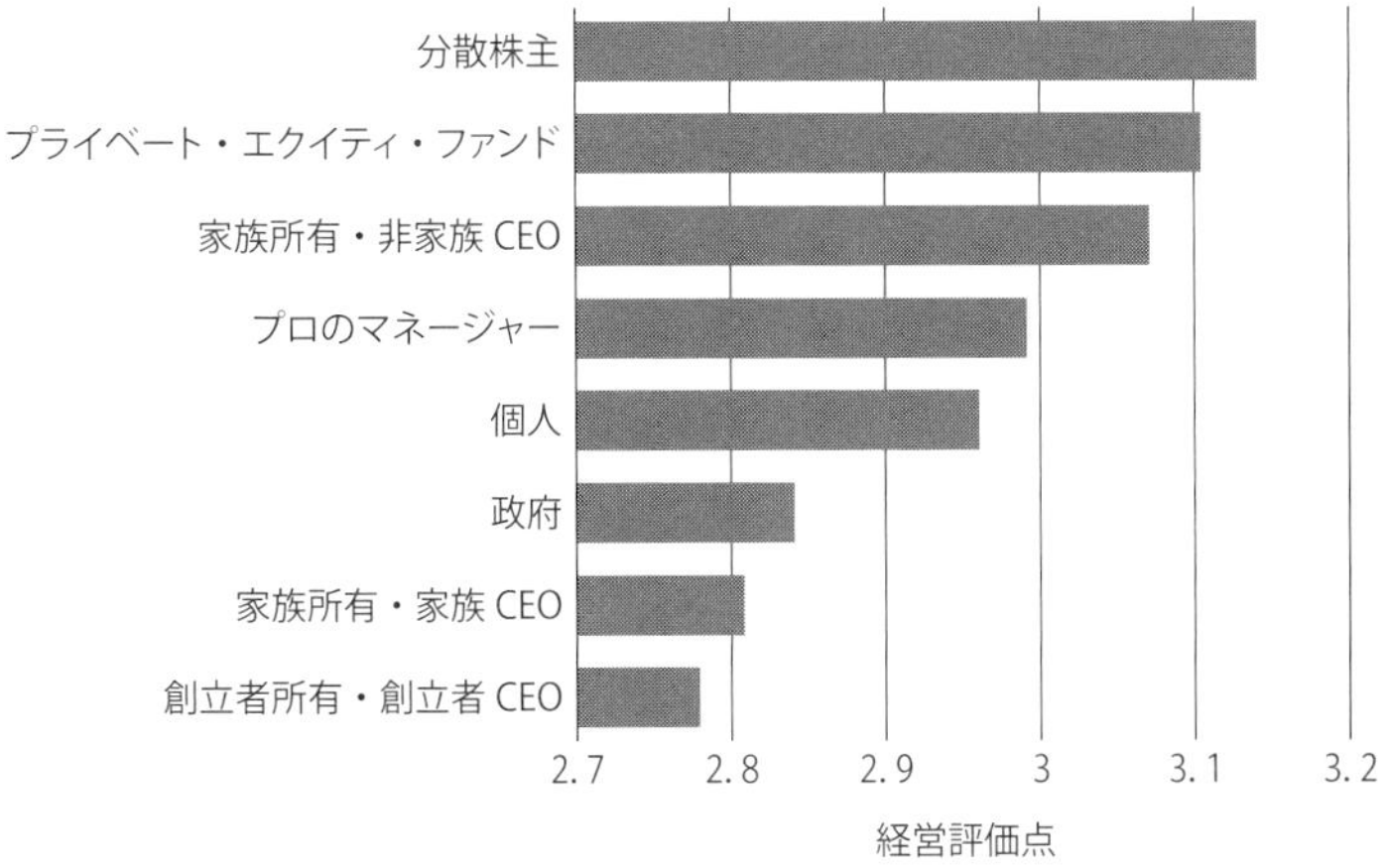

出所：Measuring and Explaining Management Practices Across Firms and Countries

ています。この論文では、経営評価は図表6－1にある順番です。他の分析結果と合わせてみると、生産性が高い順番は以下のとおりです。

①起業した家族が株式の一部を保有している上場会社で、経営者が最適なプロ経営者
②上場会社でプロ経営者
③家族所有でプロ経営者
④家族所有で、家族の人間が経営者
⑤家族所有で、長子が経営者

①の企業が②よりも生産性が高くなるのは、リスクをとるのにやや慎重になる一方で、短期的な利益至上主義がやや緩和されるからだそうです。

④に関しては、経営者が家族の人間という限

定された人材から選ばれるので、経営者としての資質がどうしても下がると説明されています。これは当然のこととして理解できます。この場合でも、家族全体の中から経営者を選ぶのであれば、生産性はそれほど低下しないことが報告されています。

また少子化の進んでいる国では、経営者の候補となりうる子どもの数が減っているので、家族経営が生産性に与える悪影響が徐々に大きくなっているともあります。

統計上最悪なのは、⑤の家族の長子を経営者にすることです。経営者に向いているのかどうかが完全に度外視されるので、生産性はもっとも低くなります。

「歴史の違い」が経営形態に影響を与える

この論文の対象企業のうち、欧州では最大株主が家族だったのは全体の約30％でしたが、アメリカでは10％だったそうです。

また、経営者がプロではない比率、すなわち家族所有・家族経営の比率は、フランスとイギリスでは22％と23％で、アメリカの7％、ドイツの12％に比べると非常に高くなっています。

さらに経営者が家族の長子である割合は、イギリスが15％、フランスが14％で、ドイツやアメリカの3％よりきわめて高い数字です。

この論文にも同内容の記述がありますが、他のいくつかの論文にも、イギリスとフランスではノルマン時代からの伝統である長子相続の文化がいまだに続いていると指摘されています。また、イギリスとフランスは家族経営を優遇してきたのに対し、アメリカとドイツはプロの経営者を伝統的に大切にしてきたともあります。

このような歴史的な違いは、相続税の違いにも現れています。

アメリカには基本的に企業の相続を優遇する制度はありませんが、フランス、ドイツ、イギリスには、それぞれ33％、50％、100％の優遇策があり、企業の経営形態と生産性に影響しているとも指摘しています。

たとえばイギリスの場合、企業を家族で相続するときには税金がかからず、家族所有・家族経営を優遇しています。家族経営はもっとも生産性が低い傾向にあるので、この税政がイギリスで指摘されている「経営能力の低い経営者が多い産業構造の問題」の一因になっているのがわかります。

フランスとアメリカの経営評価の差のうち、3分の2は市場の競争と家族経営によって説明ができます。イギリスとアメリカの場合、その割合は3分の1だそうです。

このことは次の2つを意味します。

①市場での競争を妨げることによって、フランスとイギリスでは経営者がアメリカほど鍛えられない
②家族経営が多くなると、そもそも経営者気質の欠けている経営者の比率が高くなる

興味深いことに残りの説明要因は、大学を卒業している社員の比率の違いに起因するともあります。この論文が紹介しているデータ分析では、経営者の下で働いている大卒の労働者が増えれば増えるほど、生産性がさらに高くなることが確認されています。

仮説として、大卒など学歴が高くなるほど、経営者の意向を理解する能力と実行力が高いという点が指摘されています。つまり、スタッフの質が向上することによって経営の能力が発揮されやすくなるのです。

日本企業に対する4つの教訓

ここまで紹介した海外の例を、日本に当てはめて考えてみましょう。これらの分析結果には、日本の経営と産業構造を考えるにあたって、4つの大切な指摘がありました。

①企業が増えるほど平均的な経営者の質が下がる

1つ目は、どの国でも経営者に向いている人材は無尽蔵ではなく、企業の数が増えれば増えるほど経営者の質の全体平均が下がること。これは必然です。

別の見方をすれば、非常に小さい企業が数多くできてしまう優遇策を設けると、優れた経営ができる人以外にも、経営者になる機会を与えてしまうことになります。経営者としての資質に欠けた人が起業しても、会社を大きく成長させることはできません。結果的に生産性の低い産業構造ができ上がってしまうのです。

②賃金が低いほど経営者になるインセンティブが高まる

2つ目は、先述した論文のとおり、賃金が低い国ほど経営者になるインセンティブが高まるということです。

ここには2つの要因が働きます。まず、賃金が低いほど人を雇うコストが低いので、経営者になろうとする人が増えます。さらに、賃金が低ければ既存の企業で働くメリットが相対的に小さくなるので、経営者になる道を選ぶ人が増えます。逆に既存企業の給与水準が高ければ、リスクと労力がともなう起業の道を選ぶインセンティブは低下します。

日本のように起業するハードルが低く、かつ既存企業の賃金が低い国では、向き不向きは関係なく、起業して経営者になろうとする人が増えると考えられます。1964年以降の日本でこのとおりのことが起こったのは、実際のデータで確認したとおりです。

所得水準は、最低賃金に大きく左右されます。最低賃金が低く設定され所得水準が低くなると、経営者にならないと自分の希望する額の賃金を手にできません。だから優れた経営ができなくても、無理をして会社をつくろうとする人が増えます。

能力が低いので、その人がつくる企業は規模が小さく、生産性も低くなります。こういう企業が増えれば増えるほど、日本という国全体の生産性が低下するのです。

製造業は工場などに多額の設備投資が必要なので、新規参入のハードルが高くなります。ですから、日本でも製造業では構造問題は起こりにくいと考えられます。このことはデータでも確認できます。

日本では規制と優遇策の影響で、サービス業の企業の平均規模が著しく小さくなった上、経営者になる人も激増したため経営のレベルが低くなってしまっています。そのため、他国のサービス業と比較しても非常に低い生産性しかあげられず、また、国内の製造業にも大きく差を開けられているのが実態です。

このように産業構造を見れば、経済学の理論から予想されることが、実際の世界でもまったくそのとおりに起きていることが判明するのです。

③企業規模は経営者の能力を映す鏡

3つ目は、企業の規模が小さいこと自体が、経営者の質の低さの証拠だとされていることです。

質の高い経営者は本人に強い意欲があるだけではなく、優秀な労働者などの経営資源が自然と集まってきます。結果として質の高い経営者が経営する企業は成長し、規模が大きくなるのです。

日本では、規制と優遇によって企業の数を大きく増加させた結果、規模の非常に小さい企業が多くなってしまいました。企業の規模が小さいということは、1つひとつの企業の経営者の能力が低いことの証拠であることを看過するべきではありません。

④大学教育の質が経営者のレベルを左右する

最後のポイントとして、先進国では経営者層に大学卒業者の占める割合が高い傾向が確認できることが挙げられます。当然、それぞれの国の大学教育の質が、経営者層のレベルに大きな影響を及ぼしています。

日本の場合、大学教育に対してはかなり厳しい評価が下されています。第1章で紹介したとおり、特に文科系の教育では欠かすことのできない論理的思考に関して、日本の評価は非常に低くなってしまっています。このことは経営者の質が低く、生産性を下げている要因の1つとなっています。

エコノミストが「経営者の質」を取り上げない理由

経営者の質がそれほど重要であるならば、それをきちんと検証する研究がされていてもおかしくはありません。また、因果関係の流れを確認するために、経営の質が高まった企業の生産性がどうなったかという研究がほしいところです。

実は、経営者の質に関して研究した有名な論文が存在します。2010年に発表された「Does Management Matter? Evidence from India」という論文です。

この論文では、まずセメント製造やパンづくり、製氷など、作業のプロセスや商品が企業によってあまり違いがない業種でも、生産性の上位1割の企業と下位1割の企業では、実は生産性に100％もの違いがあることが紹介されています。

さらにこの論文では、このような差が生じる原因が経営の違いにあること、そして多くのエコノミストがその点に注目したがらない理由を説明しています。その理由の1つとして、多くのエコノミストは、質の悪い経営者は競争によって市場から退場させられると考えていることを挙げています。

また、経営の質の違いは、市場の力学によって形成されることが多いと記載されています。たとえば賃金が極端に安い場合、不良品をなくす仕組みをつくるコストより、不良品を捨てて新しいものをつくるコストのほうが安くなるかもしれません。そうであるならば、品質管理の仕組みはつくらないほうが合理的な判断ということになってしまいます。このようなことが、実際に特に途上国で頻発しています。

この場合、経営者の質に問題があるように見えても、実は経営者は合理的に市場に対応しているので、質が悪いとは断言できません。

もう1つ、多くのエコノミストが経営者の質が及ぼす生産性への影響に注目するのを避ける理由として、「経営者の質を測るのが難しい」ことを挙げています。

インドにおける「驚きの実験」の内容

この難問の解明に挑戦するべく、さきほど紹介した「Does Management Matter? Evidence from India」では驚くべき実験を行いました。

インドの繊維業界の企業に対し、グローバルにサービスを展開している大手コンサルティング会社が徹底的に経営コンサルティングを実施するというものです。期間は5カ月にも及びました。

最初の1カ月間は経営の改善点の診断を行い、次の4カ月間でコンサルティング会社の提案を実行させるための支援を行いました。

コンサルティングによる効果があるかどうかをチェックするためにもう1つのグループを用意し、そのグループには最初の1カ月で経営改善の提案のみを行いました。

研究対象に繊維業界の大手企業が選ばれた理由は、繊維がインドの製造業のうち最大の業種だからです。インドの製造業労働人口の22％が繊維業界に従事しています。

インド企業の経営評価点は2・69でした。アメリカの企業は3・33なので、インド企業の評価はかなり低いと言えます。

インドの企業ではおおむね、データを集めて分析することも、明確な目標を設定した後に進捗を確認することもなく、生産性と賃金と出世の間にも明確な関連性がないと言われています。この3つの観点は、経営の質を測る重要な尺度です。

「Does Management Matter? Evidence from India」の研究の対象として5カ月間のコンサルティングを受けたのは、17社だけでした。残念ながらデータとしては十分ではありませんが、得られた示唆は否定できません。

対象となった17社の平均データは、創業20年、社員数270人、売上750万ドルでした。17社は、合わせて28の工場を経営しています。すべての企業が家族所有で、上場企業は1社だけでした。一方、1カ月のコンサルティングを実施した企業の数は49社です。

このコンサルティングは、2008年8月から2010年8月の間に行われました。研究ですので格安のフィーで行われましたが、それでも全体では130万ドルのコストがかかりました（ちなみにコストは1社あたり5カ月で7・5万ドル、1カ月では2万ドルでした）。

このコンサルティングは、5項目に分類される38件の近代的な経営手法で構成されています。

その5項目は、工場の運用、品質管理、在庫管理、人材管理、売上と発注管理です。

実験の前に確認したところ、5カ月間のコンサルティングを受けた17社では、38件の経営手法が実行されている割合は平均して25・6％で、工場によって最低7・9％から最高55・3％と大きな開きがありました。

コンサルティングは劇的な効果をもたらした

実験の結果、どうなったでしょうか。

5カ月のコンサルティングを受けたグループでは、近代的な経営手法の導入率の平均が25・6％から63・4％まで大きく向上しました。その結果、たとえば不良品の発生率は32％減少し、在庫が16・4％減り、生産量は5・4％増えました。

一方、1カ月グループでは、経営手法の導入率は12％しか上がらず、生産性に対する影響はほとんど確認されませんでした。

コンサルティングでは、ITの普及率への影響を見るために、直接的に「ITをより多く活用せよ」といった提案は行いませんでしたが、「管理業務にコンピューターを使うと便利である」などの間接的な提案は許されていました。

実際に経営手法を高度化させた結果、コンピューターを使う時間が週13・66時間から16・76時間に増えました。生産性を測る経営に切り替えることが、ITの利用を促すことを実験によって確認したのです。

利益は平均して25万ドル増えました。利益が50%も増加した企業もありました。生産性は平均11・1%向上したと推計されています。

以上のように、この実験ではコンサルティングに非常に大きなメリットがあることと、経営者の質の向上によって生産性が上がることが確認されたのです。

企業が最先端の経営手法を導入しない理由

このような明らかな違いが出ると、なぜインドではこれまで、コンサルタントが提案したような近代的経営手法が導入されてこなかったのかが不思議になります。

この研究ではその理由も明らかにされており、主に以下の5つの理由に集約されると結論づけられています。

①コンサルタントが提案したような経営手法の存在を知らなかった

これが最大の理由でした。実際、38項目の中で、15%は存在すら知られていませんでした。特に高度なものになればなるほど、知られていない傾向が顕著だったようです。

②メリットを認識していなかった

経営手法の存在を知ってはいたが、それらを導入することにメリットがあるとは思っていなかったという企業も多くありました。

③正しくない情報や固定概念を覆すことが難しかった

たとえば、品質に問題があるにもかかわらず、そのことを経営者が認識できていないケースがありました。品質に問題があるかどうかについて、データも集めていなければ分析もしていない企業もあったようです。分析している企業でも、他のインドの企業と比べるだけで「問題なし」と判断し、他国の企業と比較していなかったため、問題を認識できていなかったケースもありました。

④変革を先延ばしする

今回の実験の結果、コンサルティングの効果が目に見えて現れても、変革を先延ばししようとするケースがあったようです。時間がないことを理由に経営者が協力的にならず、実行までに何カ月もかかったケースも少なくありませんでした。

この傾向は、他の国でも経営者の質の低さを説明する要因として確認されています。

⑤資金不足の影響は確認できなかった

多くの論文では、経営の質が低い企業は資金調達が困難で、近代的な経営手法を導入するお金がないという指摘もされています。しかしこの実験では、資金の問題は確認されなかったようです。

私は、2009年に小西美術工藝社に入社し、その後、社長になって同社の経営改革を進めてきました。その間さまざまな問題に直面しましたが、この論文に登場するいくつかの経営手法を取り入れることで問題を解決することができたのを、今回この論文を読んで感慨深く思い出しました。

インド企業には「男兄弟の数」という足かせがあった

この論文は、インドの繊維業界の問題はすでに認識されているにもかかわらず、なぜ経営が変わらないのか、その理由の分析で締めくくられています。

インドでは、まだまだ法律が徹底されているとは言えません。裁判制度も非効率なので、企業の所有者はプロの経営者に経営のかじ取りを任せることが少なく、信頼のおける家族の中の男子に自社の経営をゆだねる傾向が強く見られます。

このように経営が世襲されてしまうことによって、経営者の質が向上しづらくなり、企業の規模が拡大しにくい状況が生まれます。新しい工場をつくろうとしても、男兄弟がいないとマネージャーになる人がいないので、工場の新設自体をあきらめてしまうのだそうです。その結果、インドでは男兄弟の数とその企業全体の社員数との間に、０・６８９という高い相関係数が認められます。

仮に質の高い経営が行われている企業でも、男兄弟の数が限られていると、潜在能力が活用されることが少なくなります。実際、経営の質と企業の規模の相関係数はわずか０・２２３でした。ですので、たとえ質の高い経営が行われていても、企業はなかなか拡大しないのです。またインドでは資金調達ができる家族でも、経営を受け継ぐ男子に限りがあるため、新規参入する企業が少ないのだそうです。その結果、企業間の競争が少なくなり、経営改善をするプレッシャーも少なくなります。

加えて、インドでは中国との競争を制限するために、中国製品に対して50%もの関税をかけ自国産業を保護しています。ますますプレッシャーが弱くなるのです。

前章でも説明したように、賃金が非常に低い場合、質の低い経営が行われている経済合理性の低い企業でも存続できます。しかしこの状態を放置すると、その業界は低生産性、低所得、小規模企業の増殖、企業別の生産性が大きくばらつくという現象が起きやすくなることを、このインドのケースでも確認することができます。

日本でも、大企業の経営者の質は悪くない

翻って、日本の現状を見ていきましょう。

「Does Management Matter? Evidence from India」を発表した同じブルーム教授が10年間に

わたって、先進国1万社以上の企業を分析したデータを発表している「Measuring and Explaining Management Practices Across Firms and Countries」という論文があります。

これによると、日本の経営評価の点数は先進国中の第2位。平均2・99に対して、3・23でした。ドイツと変わらない水準です（図表6‐2）。これだけを見ると、規制と優遇政策と低い最低賃金によって日本企業の平均規模が縮小し、経営の質が下がったという説は成立しないように見えます。

しかし、このデータには注意が必要です。イギリスの経営評価は3・02と低いのですが、これは1214社が対象となったものです。ドイツのサンプルは639社、日本のサンプルはたったの176社です。絶対数では下から3番目、企業総数に占める割合でいうと、もっとも少ないサンプルです。

おそらくこの分析では、日本の企業のサンプルは主に大企業で、わずかに中堅企業が含まれていたのではないかと推察されます。

さきほども紹介したように、日本の評価点はけっして低くありません。このことは、日本の大企業の経営の質は諸外国の経営の質とそれほど乖離していないことを意味していると思います。たしかに、第3章で紹介したEU28との比較では、その傾向が認められます。

図表6-2　国別の製造業経営評価

	総合評価	管理経営	目標経営	インセンティブ経営	企業数
アメリカ	3. 35	3. 57	3. 25	3. 25	1, 196
ドイツ	3. 23	3. 57	3. 21	2. 98	639
日本	3. 23	3. 50	3. 34	2. 92	176
スウェーデン	3. 20	3. 63	3. 18	2. 83	382
カナダ	3. 17	3. 54	3. 07	2. 94	378
オーストラリア	3. 02	3. 27	3. 02	2. 75	392
フランス	3. 02	3. 41	2. 95	2. 73	586
イタリア	3. 02	3. 25	3. 09	2. 76	284
イギリス	3. 02	3. 32	2. 97	2. 85	1, 214
ニュージーランド	2. 93	3. 18	2. 96	2. 63	106
メキシコ	2. 92	3. 29	2. 89	2. 71	188
ポーランド	2. 90	3. 12	2. 94	2. 83	350
アイルランド	2. 89	3. 14	2. 81	2. 79	106
ポルトガル	2. 87	3. 27	2. 83	2. 59	247
チリ	2. 83	3. 14	2. 72	2. 67	316
アルゼンチン	2. 76	3. 08	2. 67	2. 56	246
ギリシャ	2. 73	2. 97	2. 65	2. 58	248
ブラジル	2. 71	3. 06	2. 69	2. 55	568
中国	2. 71	2. 90	2. 62	2. 69	742
インド	2. 67	2. 91	2. 66	2. 63	715
平均	2. 99	3. 28	2. 94	2. 82	9, 079

出所：Measuring and Explaining Management Practices Across Firms and Countries

しかし、前章までに説明したように、日本には他の生産性の高い先進国と比べて、非常に小さい企業が圧倒的に多く存在します。それを念頭におくと、国全体の経営の質を把握するためには、日本のサンプルはイギリスやドイツなどより多くしないといけないのは明らかです。このことに気づいていなかったのか、あえてやらなかったのか、予算がなかったのか。理由はわかりませんが、実際にできていないのは確かです。

ちなみにこの論文でも、２０００人以上５０００人未満の企業の経営評価は３・２でしたが、１００人以上２００人未満の企業の経営評価は２・７となっており、規模の大小と経営の質の高低の強い因果関係を明確にしています。

実は先進各国の経営者を評価したこの分析には、もう１つ欠点があります。それは、この分析が製造業を中心に行われていることです。

すでに説明したように、日本の製造業は生産性が比較的高いのです。理由は日本の製造業は企業の規模が相対的に大きいからです。

同様の経営者の能力分析を日本の製造業以外の、規模が非常に小さいサービス業で行えば、現状の生産性の低さから考えて、きわめて低い評価になることは容易に想像できます。

企業の規模が小さくなればなるほど経営の質が下がることと、規模が小さいこと自体が経営の質の低さを意味することから、日本全体の経営の質はこのデータより低いという結論が成立すると思います。

ＩＣＴは生産性を高めようとして初めて普及する

インドの例でも見たように、賃金が低いと経営手法を高度化するインセンティブが働きづらく、ＩＣＴの普及率も低くなります。これは大変興味深い事実です。

日本には、ＩＣＴに関しては高い技術力を持っていながらも、普及率が低いという摩訶不思議な現実が存在します。

山本幸三衆議院議員が地方創生大臣を務めていたときに進めていた統計改革が象徴的ですが、日本は実は統計に関しては明らかに後進国です。Evidence Based Policy Makingができていない以前に、エビデンス自体が揃っていないことは日本にとって大きな問題です。感覚論が多く、エピソードをベースに論理構築をするケースが多いのも、このことに起因しているのでしょう。

海外の論文を読んでいると、他の先進国が出しているデータの国際比較の中で、日本のデータだけ見当たらないケースが非常に多く見られます。

理由を聞くと、データの基準が違うこともありますが、もっとも多いのは日本がそのデータ自体を集めていないということです。データがなければ、経営の改革が難しくなってしまうのも当然です。

改めて言うまでもありませんが、生産性を向上させるのにはコンピューターさえ導入すればいいというものではありません。政府が中小企業に対してＩＣＴなどの導入に補助金を出すと言っても、経営者の質が低く、また分析するデータもなければ、最新技術を導入するメリットは感じないでしょう。無理やり導入させても宝の持ち腐れになるだけなので、まったく意味がありません。

さらに言うと、ＩＣＴは生産性向上のために必要ですが、それだけでは十分ではありません。インドの例で見たように、生産性を向上させたいという意欲と、経営者としての能力があることがまず先決で、その結果、ＩＣＴを活用するようになるというのが正しい順序です。

日本の中小企業の経営者は忙しくて時間がないというのは、私も同じ立場なのでよくわかります。まったくもって同感です。しかしながら、何もしなくていいはずはありません。

図表6-3　国内企業と外資系企業の経営評価点

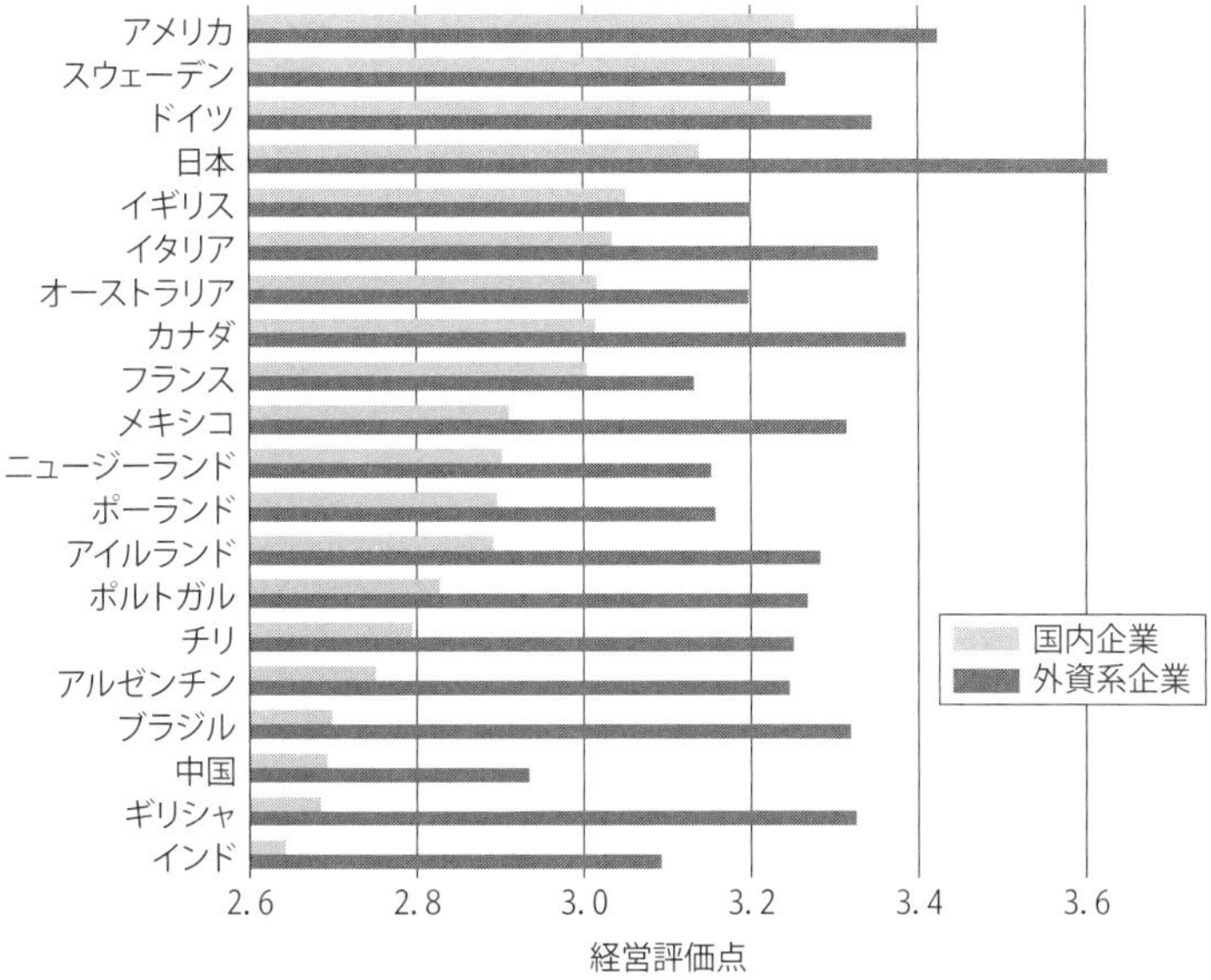

出所：Measuring and Explaining Management Practices Across Firms and Countries

日本の「外資系企業」の生産性が高いのは当然

この分析では、日本における外資系企業の経営評価が世界一だという結果も紹介されています（図表6-3）。

これは、驚くに値しません。日本人スタッフがもともと持っている高い能力に、海外企業の徹底したデータ分析が加われば、経営の質が高まり、生産性がきわめて高くなることは、私が今まで書いてきた分析のとおりです。日本人の潜在能力を引き出せば、世界最高ランクの生産性は達成できるはずなのです。

ここで外資系企業を取り上げたことを、人種の問題として受け止めてはいけません。外国人の経営者を連れてくればいいということではなく、外資系企業が世界で実施している経営手法を使うことのメリットを指摘したいのです。そもそも、日本に進出しようとする外資系企業の多くはすでに国籍を超えて展開しているグローバル企業ですので、成功のノウハウを持っているのです。グローバル企業の日本事業を経営している人に日本人が多いことも事実です。

経営者の質が低いのは本人のせいではなく制度の問題

「Small Businesses and Productivity」は、イギリスの下院、日本で言う衆議院の委員会が2018年に発表した論文です。

イギリスは国際競争力が相対的に強い反面、生産性が比較的低いという、日本によく似た特徴を持った国です。

イギリス政府はこの「国際競争力が強いのに、生産性が低い」問題に悩まされ、今も解決に向けて積極的に取り組んでいます。そのため、多くの論文が発表され、先進的な議論も活発に展開されています。

２０１８年12月に発表されたこの論文の中で、イギリスの生産性が上がらない理由を中小企業の経営者に求め、中小企業の経営者の生産性に対する意識を調査した結果が報告されています。

それによると「生産性の概念がわからない」が15％、「測る方法がわからない」が29％でした。さらに、37％の中小企業は「生産性を測る時間がない」と答えたそうです。

つまり、生産性が上がらない問題の本質は、生産性を高めるポイントがわかっていないことと、他社とのギャップに気がついていないことの2点に集約されるのです。「測っていないものは上がらない」ことを考えると、これは致命的な問題です。

日本の商工会議所に当たるイギリスの Federation of Small Businesses の報告によると、「中小企業の多くは、生産性向上のメリットと、それが国全体にどんな影響を与えるかを理解していない」とあります。さきほどのインドの経営者と同じです。

イギリスも経営者の質の問題を研究しています。

２０１６年の調査によると、その前の1年間に経営の研修を実施した企業は全体の25％でしたが、今まで1回も経営の研修を実施したことがない企業も全体の25％あったそうです。外部のリーダーシップや経営の研修を導入した企業は2割にとどまっていたそうです。

日本と同じように、イギリスの生産性にもっとも悪い影響を及ぼしているミクロ企業の場合は、ＩＴ化も進んでいないようです。１つ以上のＩＴ技術を導入しているミクロ企業は全体の25％にすぎませんでした。特にＡＩの普及率はわずか３％でした。

日本でもＩＴ技術の普及率は低いままですし、企業の経営者の高齢化も進む一方なので、生産性について十分な理解がされているとは思えません。これも、日本の経営者の経営能力に問題がある証拠の１つです。

日本の場合、経営者の質の問題は、研修などによってある程度は改善させることができるでしょう。

とはいえ、①低い最低賃金、②不適切な中小企業の規模の定義、③過剰な優遇措置によりミクロ企業が増えすぎたことで、産業構造に大きな歪みが発生しているという事実は真摯に受け止めるべきです。

経営の質が低いのは、経営者自身に原因があるというよりも、究極的に言えば、そういう低レベルの経営陣を生み出す産業構造と、それをつくり出した社会システムにあると理解するべきなのです。

同じ経営資源を経営者に分配していくときに、労働者を少数の企業に集中的に配分すると、もっとも優れた経営者のもとに経営資源が集約され、生産性が大きく向上します。一方、同じ資源をたくさんの企業に薄く広く配分すると、経営者の数が増えれば増えるほど質が下がるため、生産性は徐々に悪くなります。

この結論を日本に当てはめると、次のようになります。

日本では最低賃金が低いことによって、中小企業の数が200万社から360万社まで増えました。360万社目の経営者は200万社目の経営者より能力が低く、その企業は200万社目より生産性が低くなるわけです。

日本には360万社の企業がありますが、素晴らしい経営ができる人材が360万人もいるはずはないと思います。人口減少を考慮すればなおさらです。

この説明は、日本の生産性が低い問題を考える上できわめて示唆に富んでいると思います。

日本の中小企業政策は「農業の失敗」を再現している

ここでは細かく論じませんが、大企業の参入または事業者の大企業化を嫌がり、小規模事業者に無期限、無条件の補助を与えることによって、業界自体が果てしなくダメになったことが確認できる、世界的に見ても稀有な例が日本にあります。農業です。

日本の農業の生産性は海外の10％もありません。人類は水不足と食糧不足に苦しんでいるのに、跡を継ぐ人がいないため、瑞穂の国・日本では放置される農地面積が毎年増加しています。まさに業界の旧体制を守ることだけを考え、経営資源を細分化することにより、皮肉なことに業界ごと破壊してしまった歴史的な政策の失敗例です。

今の日本は、中小企業の分野で同じことをやろうとしているのです。

参考文献

Robert E. Lucas, Jr., "On the Size Distribution of Business Firms," *Bell Journal of Economics*, Vol. 9, No. 2, 1978.

Volker Grossmann, "Firm Size, Productivity, and Manager Wages: A Job Assignment Approach," *B.E. Journal of Theoretical Economics*, Vol. 7, No. 1, 2007.

Nicholas Bloom and John Van Reenen, "Measuring and Explaining Management Practices Across Firms and Countries," *Quarterly Journal of Economics*, Vol. 122, No. 4, November 2007.

Nicholas Bloom, Christos Genakos, Raffaella Sadun, and John Van Reenen, "Management Practices Across Firms and

Countries," NBER Working Paper, No. 17850, February 2012.

Nicholas Bloom, Benn Eifert, Aprajit Mahajan, David McKenzie, and John Roberts, "Does Management Matter? Evidence from India," International Growth Centre, Working Paper, 10/0873, December 2010.

Business, Energy and Industrial Strategy Committee, "Small Business and Productivity," UK House of Commons Business, Energy and Industrial Strategy Committee, Fifteenth Report of Session 2017-19, HC 807, December 2018.

Alfredo De Massis, Federico Frattini, Antonio Majocchi, and Lucia Piscitello, "Family Firms in the Global Economy: Toward a Deeper Understanding of Internationalization Determinants, Processes, and Outcomes," *Global Strategy Journal*, Vol. 8, No. 1, February 2018.

Rachel Griffith, Stephen Redding, and Helen Simpson, "Foreign Ownership and Productivity: New Evidence from the Service Sector and the R&D Lab," *Oxford Review of Economic Policy*, Vol. 20, No. 3, 2004.

Patrice Muller, Anselm Mattes, Demetrius Klitou, Olivia-Kelly Lonkeu, Paula Ramada, Francisco Aranda Ruiz, Shaan Devnani, Johannes Farrenkopf, Agata Makowska, Nadiya Mankovska, Nicholas Robin, Lisa Steigertahl, "Annual Report on European SMEs 2017/2018," European Commission, November 2018.

Achyuta Adhvaryu, "Managerial Quality and Worker Productivity in Developing Countries," IZA World of Labor, March 2018.

第7章

人口減少で「企業の優遇政策」は激変する

経済政策で歪んだ構造は、経済政策で変えられる

前作『日本人の勝算』では、日本はどうすれば人口減少という荒波に立ち向かい、勝ち抜いていけるか、その方策について論じました。具体的には、企業の規模の拡大、社会人の教育、輸出促進、最低賃金の引き上げを提言しました。

本書ではこれらをさらに掘り下げて、具体的に何をどうするべきかを検証しています。この第7章では、主に従来の政策の問題点を検証します。

早いもので、私が日本経済の分析を始めて36年が経ちました。日本の生産性の問題をテーマにした最初の本を出してからも、すでに5年半が経ちました。生産性を取り上げる本は、本書で6冊目になります。

1冊目から次第に研究を深め、毎回「これで終わり」と思いつつ、出版された本を読んだ方から次々に疑問が投げかけられ、その都度、分析を深めてきました。

いろいろと示唆をいただくこともありますが、頭を巡らせるたびに、手前味噌ですが自分の説の正しさに自信を深めていっています。

何事でもそうですが、問題の対策を考える前には、現状を正しく認識しておく必要があります。すでに説明したことの繰り返しになりますが、ここで改めて整理しておきましょう。

日本の生産性は世界第28位で、先進国の中では非常に低い位置にいます。そうなってしまっている最大の理由は、優秀な能力を持つ人材が、その能力を発揮できないほど規模の小さい企業で、異常とも言えるほどたくさん働いていることです。簡単に言うと、人材をムダ遣いしているのが、日本の生産性が低い理由です。

現在の日本の産業構造は非常に非効率で、経済合理性に欠けています。このような構造になってしまった原因は「１９６４年体制」にあります。

１９６３年に制定された中小企業基本法で中小企業を小さく定義した上で、それらの中小企業に対して手厚い優遇策が行われました。そのため、まったく成長しない規模の小さい企業が爆発的に増え、現在の経済合理性の低い構造ができてしまったのです。その１９６４年体制を今も支えているのが最低賃金の低さです。

日本の産業構造は、主に経済政策による影響を大いに受けて歪んだので、経済政策を是正することによってこの歪みを解消することができます。

日本には的外れな議論が多すぎる

次第に改善しているとは思いますが、政府によるものも含め、日本で行われている生産性に関する議論の多くは根本的に認識が間違っています。その典型例が「働き方改革」に関する議論です。

働き方改革に関するいくつかの資料では、以下のような理屈が展開されています。

人口が減れば、労働力が不足するようになる。この労働力不足を解消するため、①働き手を増やし、②出生率を上昇させ、③労働生産性を向上させる。

これらを実現させるための方策が、働き方改革なのだそうです。

厚生労働省では、これらの実現に向けて、以下の7つを具体的な取り組みとして挙げています。

①非正規雇用の待遇改善
②長時間労働の是正
③柔軟な働き方ができる環境づくり

④ダイバーシティの推進
⑤賃金引き上げと労働生産性向上
⑥再就職支援と人材育成
⑦ハラスメント防止対策

他にも、年金改革や財政の健全化も図っているそうです。

たしかにこれらの項目は、生産性との相関関係が強いとされています。しかし、相関関係が強いからといってやみくもにことを進めるのではなく、なぜ相関関係が強くなっているのか、その因果関係を徹底的に検証しなくてはいけません。

日本ではこれまで、個別の問題を1つずつ解決していけば、いずれ経済を再生させることができると期待し、実際そのやり方で対策を進めてきたように思います。しかし私は、この方法では根本的な問題解決には程遠いと考えています。

私も、今の改革は、やらないよりはやったほうがよいとは思います。しかし、それらをやったところで日本経済が回復することは期待できません。なぜならば、日本の生産性の問題はもっと深いところに原因があるからで、小手先の政策では効果が限定的になるからです。

少子化の問題、財政の問題、輸出が少ない問題、年金の問題、女性活躍の問題、賃金が低い問題、生産性が低い問題、残業が多い問題、有給休暇の取得率が低い問題など、日本には解決しなくてはいけない問題が山ほどあります。

ただし、これらの問題そのものが日本経済低迷の「原因」なのか、他のもっと根本的な問題の結果生じているものなのか、きちんと検証して見分けなくてはいけません。

私はこういう「問題」の多くは、実は日本経済の低迷の「原因」ではなく、別の問題の「結果」として現れて、問題として見えているだけだと思います。「結果」に対策を打っても、効果は小さいはずです。

たとえば道端に人が倒れていて、その人の唇が青くなっているのを見つけたとしましょう。今の日本のやり方は、唇が青くなっていることを問題視し、何とか赤みを取り戻させようとして、その唇にだけ対処しているようなものです。そもそも窒息している原因を探って、そちらの処置をするべきでしょう。

図表7-1　女性の「経済参加度」が高い国は生産性も高い

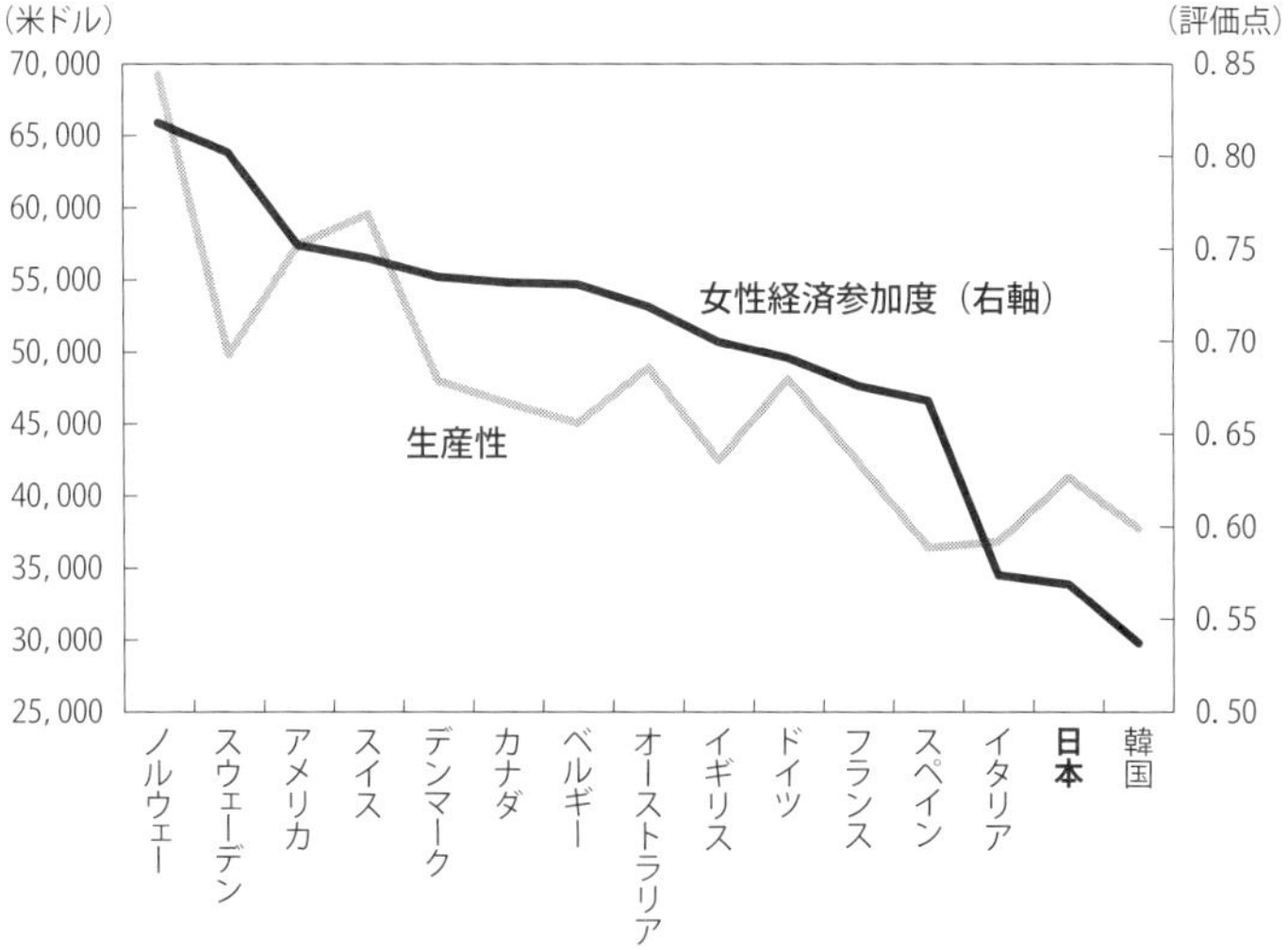

出所：世界経済フォーラム、IMFのデータ（2016年）より筆者作成

女性が活躍できないのは、非効率な産業構造の「結果」だ

私自身も5年前にはまったく気づいていなかったのですが、その後分析を続けた結果、さきほど列挙した日本の抱えている諸問題も、日本経済低迷の本質的な原因ではないと確信するに至りました。

たとえば、女性活躍を考えてみましょう。

たしかに女性活躍が進んでいる国は生産性が高い傾向があります（図表7－1）。この1点だけに注目して生産性を高めようと、国や厚生労働省が女性活躍の進みやすい環境をつくろうとするのは、理屈としては正しいように感じます。規制を強化して女性役員を増やすようにするのも、気持ちだけは理解はできます。

しかし、こんなことをしても物事が好転するのか、はなはだ疑問です。

なぜ日本では女性活躍が進まないのか。日本で行われている議論を聞いていると、そもそもの原因の要因分析がきちんとできていないと思わざるをえません。女性活躍を進めるための方策を決める前に、そもそもなぜ女性活躍が進まないのかを分析するべきです。

多くの方が、日本で女性の活躍が進まない主要な理由として男尊女卑的な社会の風土を持ち出しますが、本当にそれだけが原因なのでしょうか。

海外の国に関しては、カトリック圏の国は女性活躍が進んでいないが、プロテスタント圏の国々は進んでいると言われます。しかし、この説は単純すぎます。実際には、女性活躍が進んでいるカトリック圏の国もありますし、進んでいないプロテスタント圏の国もあります。同じ国の中でも、地域によって女性活躍の進み度合いの違いもあります。

たとえばカトリック圏のイタリアやフランスでは、北部と南部で女性活躍の進み度合いが違います。仮に男尊女卑の社会風土や宗教が女性の活躍を妨げる主因であるとすると、これらの国では地域別に男尊女卑の度合いが違うという理屈になってしまいますが、かなり無理があると思います。

東洋の国の中では、韓国では女性活躍が進んでいませんが、逆に女性活躍が進んでいる国もあります。このように男尊女卑だけを理由に女性活躍を説明しようとすると、矛盾が噴出してしまうのです。

要因分析をきちんとせずにエピソードをベースに論理構築しようとすると、自ら迷宮に迷い込んでしまう典型的な例のように思います。

そもそも私は、女性活躍の問題はもっと深い産業構造の問題の「結果」として生じている事象であって、男尊女卑的な社会の風土との関連性は薄いと考えています。

結論を言うと、日本で女性活躍が進まない原因は、「monopsony」の結果として中小企業で働く人の比率が異常に高いことなのです。やはり、図表2-11を深く考えるべきです。

有休取得率が低いのも非効率な産業構造の「結果」だ

少し論点が変わりますが、実は「なぜ日本では有給休暇の取得率が低いのか」を考えると、日本で女性活躍が進まない原因がクリアになります。

有給休暇の取得率が高い国は生産性が高く、取得率の低い国は生産性が低いのは、データで確認できる厳然たる事実です。

生産性の低い日本では案の定、有給休暇の取得率も低くなっています。この事実にのみ着目し、有給休暇の取得率を強制的に高めれば、労働生産性も上がると主張する人すらいます。

また、日本で有給休暇の取得率が低いのは「国民性」に理由があると主張する人も少なくありません。勤勉すぎて休まない、仲間が働いているのに自分だけが休むわけにはいかないなど、日本人のメンタリティを使った説明がネットを検索するとたくさん見つかります。

たしかに、そういう面もあるにはあるのかもしれません。しかしこれらの主張も、因果関係が検証されていない印象を受けます。データ分析をすると、これらの主張がまったく的外れな理論の飛躍であることが明らかになります。

仮に国民性が原因で日本人が有給休暇をとらないのであれば、この傾向はどの規模の企業でもまんべんなく見られるはずです。しかし、図表7－2にありますように、企業の規模によって有給休暇の平均取得日数には明らかな差が見られます。

図表7-2　事業規模別の平均有給休暇取得日数

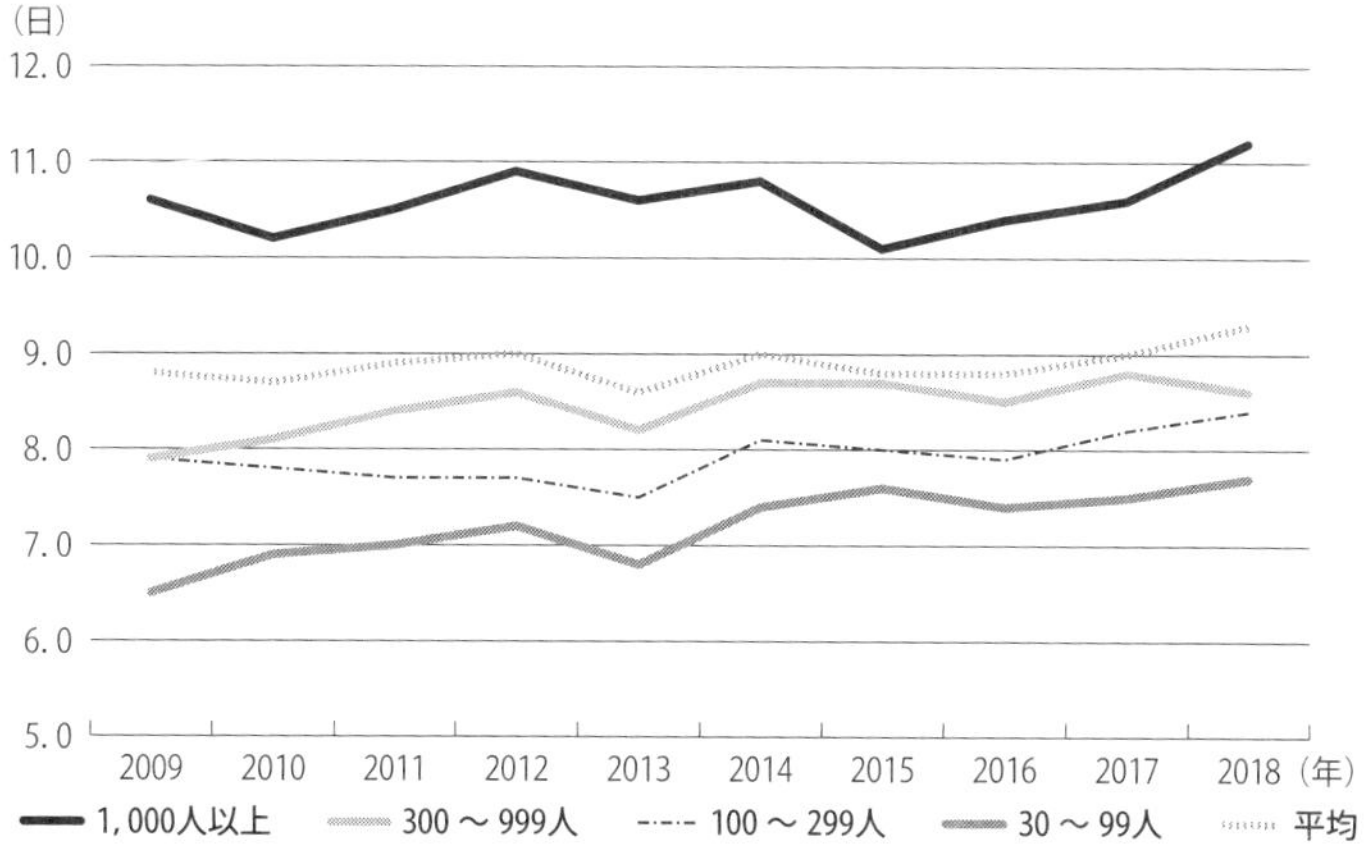

出所：厚生労働省データより筆者作成

また、国民性に原因があるとすれば、業種による差異もないはずですが、厚生労働省が調査した業種別の平均有給休暇取得日数を見ると、業種によって明らかに差異が見られます。

実は、有給休暇の平均取得日数と、厚生労働省が調べたそれぞれの業種の平均社員数を比べてみると、両者の間に0・737という高い相関係数が見られました（図表7－3）。

つまり規模が小さく「monopsony」の力が強く働いている、生産性の低い業種ほど有給休暇の取得日数が少ないのです。有給休暇の取得率の違いは、ただ単に業種ごとの「monopsony」の力が反映されているだけだと考えるのが妥当なのです。

この相関関係は、実はもっと強い可能性があります。なぜなら、厚労省の調査は労働者の約

図表**7-3**　業種別の平均社員数と平均有給休暇取得日数

業種	生産性（円）	平均社員数	平均有給休暇取得日数
鉱業	32, 391, 400	16	11.6
建設業	5, 675, 709	8	7.0
製造業	7, 219, 672	25	11.0
電気・ガス	20, 970, 996	190	14.2
情報通信	9, 994, 897	37	11.5
運輸業	5, 238, 468	45	9.3
卸・小売業	4, 943, 713	13	6.5
金融・保険	12, 103, 581	46	11.2
不動産	6, 457, 465	5	8.6
学術	9, 702, 474	8	10.1
宿泊・飲食	1, 935, 576	10	5.2
生活関連	3, 382, 625	6	6.7
教育	2, 066, 906	7	8.0
医療・福祉	2, 892, 895	9	8.9
複合	4, 646, 442	124	13.0
サービス業	3, 304, 793	30	9.5
平均	5, 463, 651	13	9.0

出所：厚生労働省、『中小企業白書　2019年版』の直近データより筆者作成

3割が働いている従業員30人未満の企業を対象にしていないからです。

従業員30人未満の企業では、有給休暇の取得率は規模の大きい企業よりも低いと考えるほうが妥当です。ですので、これらの規模の小さい企業を含めて調査すれば、日本全体の平均有給休暇取得率がさらに低くなることが予想されるのです。

企業の規模が小さくなるほど有給休暇の取得率が低くなる理由は、非常に明白です。たとえば規模の小さい製造業の場合、1人が休んでしまうとラインを止めるしかないほど、従業員1人ひとりへの依存度が高い状態で操業している企業も少なくないからです。簡単に言うと、社員が少ない企業は余裕がないのです。

中小企業の本質を理解せよ

この考え方に沿って他の国と比較すると、日本で有給休暇の取得率が低い原因が、霧が晴れるように明瞭になります。日本の取得率が低いのは、国民性云々とは関係なく、規模の小さい企業で働いている人の比率が高いからにすぎないのです。

規模の小さい企業が多ければ、有休がとりづらいだけでなく、女性が活躍しやすい環境を整えるのも難しいのは想像に難くないでしょう。韓国の女性活躍が日本以上に進まないのは、儒教云々が関係しているのではなく、中小企業で働く労働者の比率が88％と、日本以上に高いからにすぎないのです。事実、データを見ると生産性の低い業種になればなるほど有給休暇の取得日数が少ないので、ただ単に「monopsony」の力を反映しているだけだと思われます。

つまり、日本で有給休暇の取得率が低いのは産業構造に問題があるからなので、規制をつくって有給休暇の取得率を上げさせようとしても、効果が出ない可能性が高いのです。

日本で有給休暇が取得しにくい根本的な原因が、小さい企業が多く働き方に余裕がないことだとしたら、有給休暇の取得率を上げるためには原因にメスを入れる、つまり企業の規模拡大につながる施策が必要です。有給休暇取得率が低いのは意識などだけが問題なのではなく、そこにはもっと構造的な問題が潜んでいるのです。

日本では、監督官庁が中小企業を厳しく取り締まらないことが多いので、仮に規制をつくったとしてもごまかされて効果が出ないことが十分想定されます。「できないものは、できない」と開き直って、規制を遵守しない会社がたくさん現れるでしょう。いくら尻を叩いても女性活躍が一向に進まないのとまったく同じことになるのは、想像に難くありません。

一方、他社と合併したり、規模を拡大したりするインセンティブを高めれば、多少時間はかかるでしょうが、いずれ効果が現れることが期待できます。

従来の中小企業優遇政策は世界的に成功していない

そもそも日本だけではなく、中小企業優遇政策は世界的に、生産性を高めることには成功していないことを認識しておくべきだと思います。

各国で実施されている中小企業の支援政策を精査していると、中小企業を支援する背景に「中小企業は大手企業に比べて不利な立場に置かれているから、何とかしてあげよう」という考え方が哲学としてあるように思えてきます。たとえば以下のような具合です。

- 中小企業は銀行からの融資が受けにくい→だから信用保証をつける
- 税金の手続きが煩雑で中小企業にとっては負担が大きい→だから中小企業だけ簡略にしてあげる
- 大企業と戦うのは難しい→だから政府調達の際、中小企業を優先する、または税率を下げる

・いい商品を持っているのになかなか輸出できない→だから政府が輸出促進策を設けて支援する

中小企業が大企業に比べて不利な立場に置かれているのは確かなので、応援したくなる気持ちはわかります。しかし、中小企業が不利なのは間違いありませんが、なぜ不利なのかを忘れてはいけません。

中小企業がなぜ不利なのか、それは規模が小さいからです。規模が小さいからこそ、不利な立場に立たざるをえないのです。

本来の中小企業政策の目的は、新しい企業が包括的な意味で「最適」な規模まで成長するのを助けることです。この考え方からすれば、各国で行われてきた従来の中小企業政策は、中小企業が中小企業のままであり続けることを促しているという意味で、成功だとは言えません。

いくつかの論文では、中小企業を優遇すると資源がそこに集まり、中小企業が増えると論じられています。図表2-11で示したとおり、中小企業は規模が小さい分だけ生産性が低く、さまざまな問題を引き起こします。これらを考えれば、中小企業を優遇する政策は必然的に多くの問題をもたらすに決まっているのです。「自業自得」と言わざるをえません。

日本におけるこれまでの中小企業支援策も同様に、負の側面が少なくなかったことは否定できません。

たしかに雇用の増加につながった一面はあるものの、一方で労働条件が過酷な会社を数多く生み出し、雇用の質を落とすことにつながってしまったのも事実でしょう。また、低賃金の会社の増殖を招き、国全体が低賃金にあえぐことにもなってしまいました。

何度も繰り返していますが、日本はこれから生産性を上げないと社会保障の負担に圧し潰されかねません。そんな日本の状況を考えると、これまでの中小企業支援策を継続するのが正しいとは、とても言えないのです。


中小企業支援策を考える上でもっとも大事なのは、今の仕組みでなければならない理由があったのか、他の仕組みは考えられなかったのか、他の選択肢はなかったのかを、きちんと精査することです。

日本という国では、何らかの理由で皆が低賃金で働くしかないというのなら、今のままの仕組みしか選択肢はないのかもしれません。しかしドイツなどのように、大企業と中堅企業に労働力を集中させる選択肢は、日本でも十分可能なのではないでしょうか。

先に使った例で説明すると、３０００人の労働者を3社に均等に分配し、従業員数１０００

人の3社という産業構造にするか、従業員数1000人の1社と従業員が2人しかいない1000社という産業構造にするかでは、生産性は大きく変わります。

必ずしも現状をそのまま反映しているわけではありませんが、ドイツが前者で日本が後者です。問題は、日本も前者になりうるかどうかであり、今の仕組みを前者の構造に向かう仕組みに変更した場合、3000人全員を雇用することができるかどうかです。

結論から言うと、人口減少のことも考慮すれば、日本も前者の産業構造を実現させることが可能だと考えています。

そもそも従来の中小企業支援政策に無理がある

中小企業支援策が成功してきたとは言えない結果に終わっているのは、そもそも従来の中小企業支援政策に無理があったからだと思います。

何が無理だったのか。その最大のポイントは、中小企業の成長を促すのではなく、規模の小ささはそのままに、小さいからこそ弱い中小企業を国の力で助けていることです。力を強くしたり、鍛えたりするのではなく、力を貸すだけなので、根本的な問題解決につながらないのです。

そもそも中小企業は規模が小さいから不利な立場に立たざるをえないという、その根本原因をただすことなく、無理やり大きな相手と戦わせようとする支援策に果たして意味があるのか。私には、はなはだ疑問です。

輸出の例で説明しましょう。

輸出をしている中小企業は、輸出をしていない中小企業よりも生産性が高いことが確認されています。少し基準が違いますが、たとえば「The Labor Productivity of U.S. Small and Medium-Sized Enterprise Multinational Companies」では、単純に輸出しているだけではなく、海外にも事業を展開している企業の生産性は非常に高いことが報告されています。

２００７年のアメリカの中小企業の１人あたりの生産性は、大企業の30万２３９５ドルの62・９％に相当する19万１９０ドルでした。それに比べて、多国籍に展開する中小企業の生産性は１人あたり71万１８３ドルと、多国籍に展開する大企業の38万８３３５ドルより高いのです。

業種別で見ても同じ傾向がありますが、特に注目すべきなのは、製造業よりサービス業のほうが、多国籍企業だと生産性が高くなることです。

多国籍大企業の生産性は国内大企業の１・28倍でしたが、これが中小企業になると３・74倍

図表7-4　アメリカの多国籍中小企業の対全企業の生産性比率

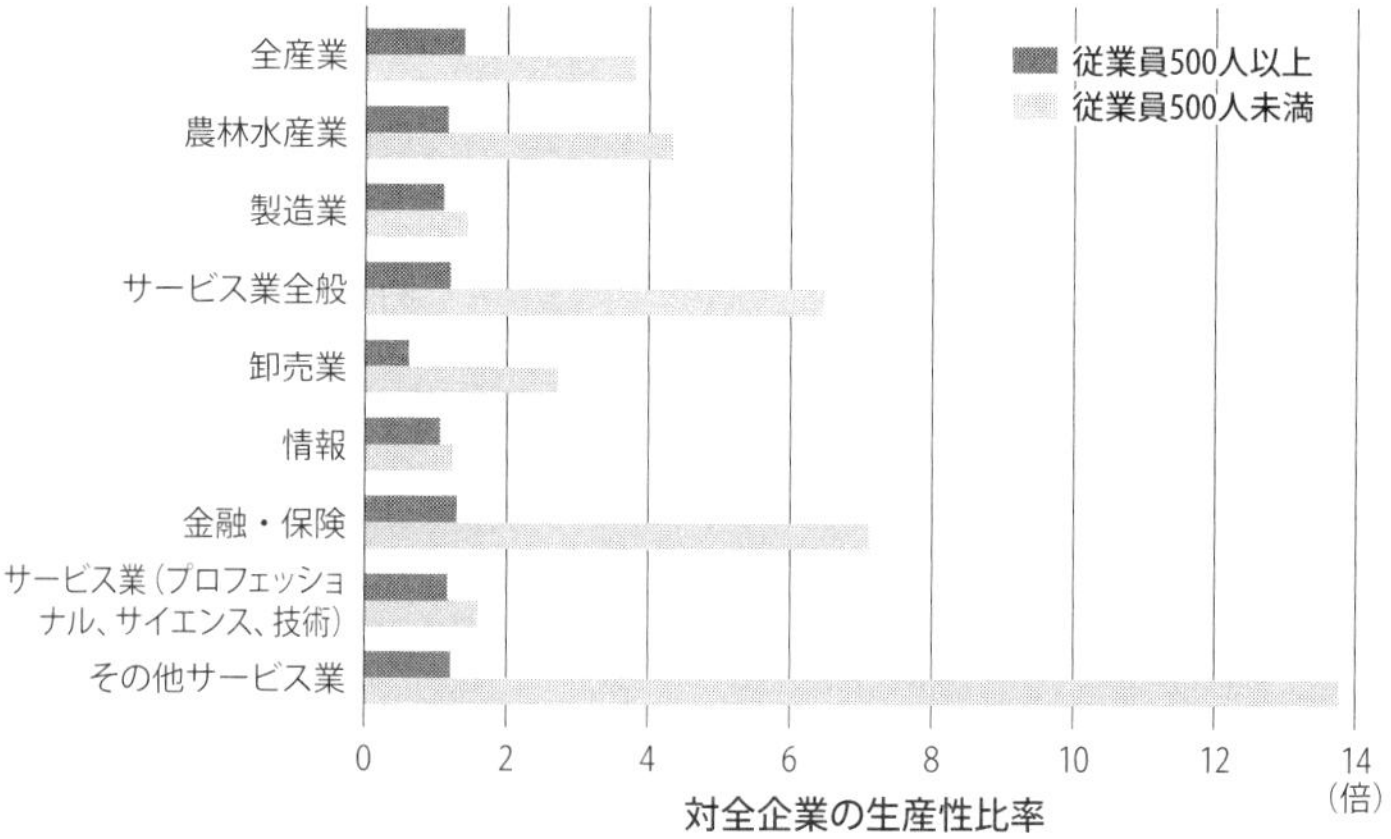

出所：USITC Executive Briefings on Trade

にものぼります。サービス業に限ってみると、多国籍大企業の生産性は31万1645ドルで、大企業全体の生産性27万2879ドルの1・14倍でした。これが中小企業では、なんと6・44倍まで膨らみます。全体の中小企業の1人あたり生産性19万2066ドルに対して、多国籍中小企業の生産性は123万5779ドルでした（図表7－4）。

「Small Businesses and the UK Economy」によりますと、2012年には、イギリスの企業の大半に当たる従業員数49人未満の企業のうち、輸出しているのはたった11・8％にすぎませんでした（図表7－5）。輸出を行っていない88・2％の企業が輸出するようになれば、どこまで生産性が上がって国が栄えるかと、血の騒ぐ政治家が多いようです。

図表7-5　規模別に見た輸出入を行っているイギリス企業の割合（2012年）

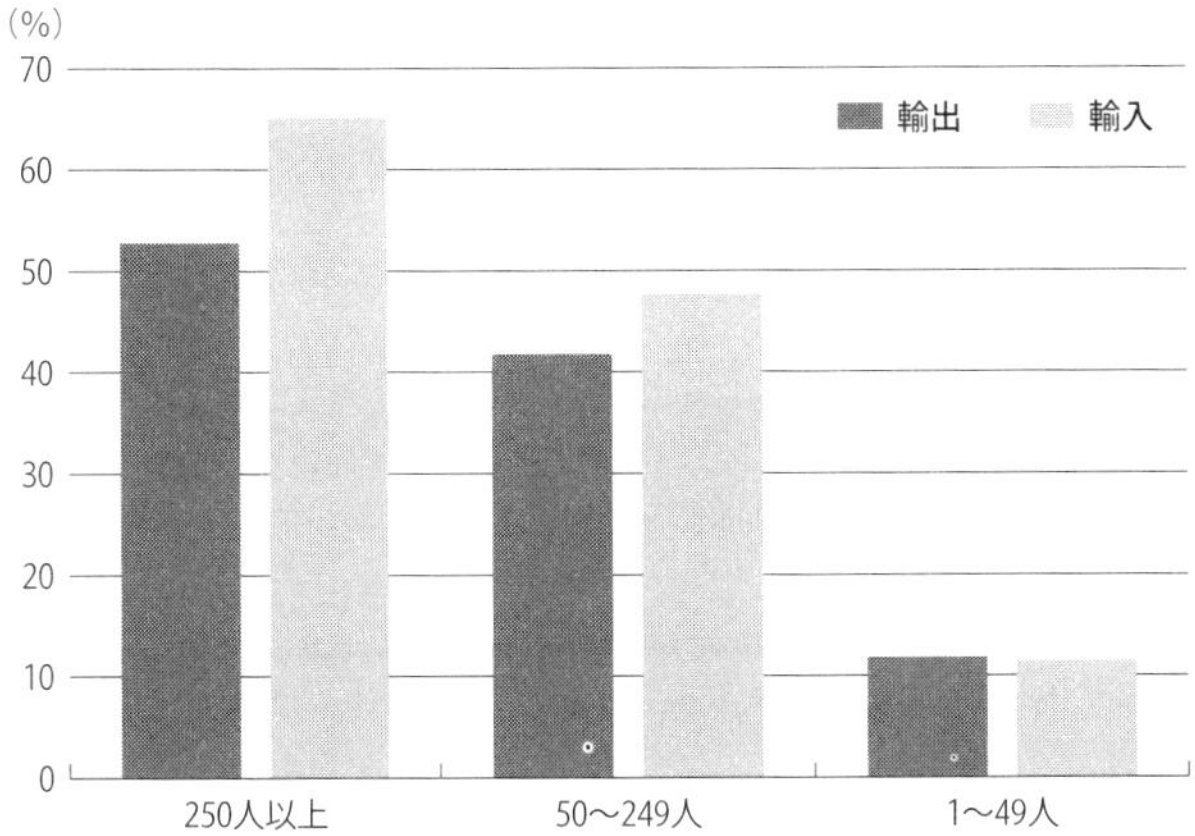

出所：イギリス統計局データより筆者作成

それを受けて、日本も含めて各国政府は企業に輸出を促進するため、企業に対して輸出のための情報を提供したり、輸出相手を紹介したり、輸出に必要な初期投資を補助したりしています。特に中小企業には、手厚い支援策を用意しています。しかし、成功した例は世界的にあまりありません。

そもそも、輸出と生産性の相関関係が強いからといって、いきなり促進策を考えるのは適切ではありません。なぜ中小企業の輸出が少ないのか、その原因を追究しなくては、効果のある政策を考えることはできません。

なぜ輸出を行っている企業の生産性が高いのか、その因果関係を追っていくと、輸出を行うにはある程度以上の規模が必要なことが明らか

図表7-6　ドイツの製造業における輸出企業の特徴

年	売上に占める輸出(%)	生産性		社員数の平均(人)		人的資本	
		輸出		輸出		輸出	
		しない	する	しない	する	しない	する
1995	22.53	124,016	132,433	64.71	199.04	27,664	29,852
1996	23.56	126,149	135,923	64.62	193.74	27,614	30,186
1997	24.07	121,353	141,179	59.21	191.38	26,915	30,604
1998	24.57	124,167	147,148	60.12	193.87	27,015	30,976
1999	24.94	128,294	149,488	58.94	192.60	26,853	31,171
2000	26.10	127,553	152,632	60.48	192.46	26,943	31,529
2001	26.99	124,384	150,426	60.02	191.83	26,733	31,572
2002	27.92	123,490	151,273	59.51	185.25	26,837	31,544
2003	28.37	124,229	153,489	59.07	180.62	26,974	31,653
2004	29.47	126,646	162,165	58.05	179.36	27,056	32,120
伸び率(%)		2.1	22.5	−10.3	−9.9	−2.2	7.6

注：人的資本は給与、生産性は売上をベースに算出、単位：ユーロ
出所：Exports and Productivity in Germany

になります。

ドイツの論文「Exports and Productivity in Germany」には、持続的に輸出をするために、まず必要なのが十分な企業の規模だと明記されています。逆に言うと、世界の多くの中小企業が輸出できていない理由は、規模が十分ではないからなのです(図表7-6)。

この論文にはもう1つ、非常に重要な指摘がされています。

輸出ができている企業は、輸出することによって規模

が大きくなるのではなく、まず輸出を始めるために規模を拡大し、輸出を行うための人材を確保しているということです。

中小企業の欠点である「規模の小ささ」に手をつけず、結果だけを政策で補おうとしても無理が生じます。さきほども述べましたが、継続的に輸出をするためには、会社の規模を拡大することが不可欠です。なぜならば、それぞれの事業をするには最適な規模というものがあるからです。

たとえば、輸出をするには150人の社員が必要だとします。にもかかわらず、社員が30人しかいない企業に輸出を始めるための支援をしたとしましょう。その場合、国が力を貸して、内部にいない人材を補うケースが多くなります。

この形で社員30人のまま輸出を始めたとしても、本来、輸出をするために必要な数の人員がいないので、支援が終了するとすぐに継続できなくなります。輸出を続けてもらうためには、国が永遠に支援し続ける必要があるのです。

この状況を続けるということは、企業に「その規模のままでいい」と言っているのと同じです。さらに言えば、国が税金を使って、企業に小規模であり続けるインセンティブを与えることにもなりかねません。

これでは政策でごまかしているだけで、本質的な問題の解決にはなりません。対症療法だから、無理が生じるのです。

今すぐ対応しないと手遅れになる

対症療法では問題が解決しないのは、生産性の問題も同じです。

もちろん、会社によっては、自分たちの努力で生産性を上げられるところもあるでしょう。しかし、規模の小さい企業に規模の小さいままで経済合理性を追求しなさいと言っても、多くの場合無理です。できることをやれと言われるのと、そもそもできないことをやれと言われるのとは違います。

仮に日本企業に生産性を高める器があるのにもかかわらず、できることをやっていないだけなのだとしたら、政府のやるべきことはそれほど難しいことではないかもしれません。

しかし私は、日本の場合、できるのにやっていないのではなく、できないことをやれと言われている企業が多すぎる構造になってしまっていることが、生産性向上を困難にしているのだと分析しています。だからこそ30年も経済が低迷しているのです。

今のままでは日本政府のとれる選択肢はさらに少なくなって、しまいには袋小路に行き詰まることになりかねません。財政を健全化したくても、生産性が低い上に人口も減っているので、下手に税収を増やそうとすると個人消費に悪い影響が出てしまい、景気が悪くなりかねません。年金改革で年金の原資を増やそうとすると若い人の消費が減り、逆に受給額を減らせば高齢者の消費が減るので、いずれにしても景気に悪影響が出ることになります。

それもこれも、中小企業が多すぎるという非効率な産業構造を放置した結果です。この行き詰まり状態から脱却しないと、日本という国は沈む一方です。

人口減少と高齢化の進行は大きなパラダイムシフトであるとともに、日本が真剣に取り組まなくてはいけない大問題です。微調整では日本は確実に沈みます。

では、日本がこの袋小路の壁を破り、悪循環から抜け出すには、どうすればよいのでしょうか。それには、生産性の低い状態で固まってしまっている経済的均衡状態の底上げが必須です。

すでに説明してきたとおり、日本がはまり込んでしまった悪循環の原因は、成長しない中小企業をつくりすぎて、産業構造がきわめて非効率になってしまったことです。今の日本は、規模の経済が働いていない状態ですので、その原因にメスを入れるべきなのです。

そもそも、中小企業が小さすぎる原因は、以下の3つです。

①中小企業の定義が小さい
②税制などの中小企業に対する優遇策が手厚い
③最低賃金が低い

これらを改めること、これこそが政府が早急にやるべきことです。

中小企業の定義を「500人」未満にせよ

まずやるべきは「bunching」の問題を引き起こして日本企業の成長を妨げている、中小企業の定義の改定です。

日本は中小企業の規模をかなり小さく定義しました。その結果、小さい規模の企業が爆発的に増え、その多くは規模を拡大させることなく小さいまま残りました。

企業の規模を基準に優遇策や規制の対象を決めると、産業構造は歪みます。このことは、諸外国の分析ですでに証明してきました。これらの分析結果からも、中小企業基本法で定めた基準が今の時代にふさわしくないのは明らかなので、認識を改めて変更するべきです。

ＥＵ諸国のように、すべての業種で従業員数２５０人未満の会社を中小企業とすることも一案です。

ただし「What Determines Firm Size?」という論文では、その国の経済の絶対規模が大きくなるほど、企業の平均規模が大きくなるという統計分析の結果を発表しています。

経済の規模が大きくなると独占禁止法に触れにくくなるので、経済規模の小さい国より企業の規模が大きくなりやすいことが１つの理由として挙げられています。社会インフラが充実し、法制度がしっかりしている国ほど、企業の平均規模が大きくなるとも指摘しています。

日本経済は世界第3位の規模ですから、企業の平均的な規模がＥＵ諸国より大きくなってもおかしくありません。このことを勘案すると、世界第1位の経済規模のアメリカや、ＥＵ最大の経済規模を誇るドイツと同程度の基準で中小企業を定義しても、何の問題もないはずです。

また、生産性の高低は業種によって異なるというより、むしろ同一業種の中で差異が生じていることのほうが多いので、中小企業の規模を業種で変えるのではなく、全業種共通に最低でも５００人未満に改めることが大切です。そうすることによって、本来成長できるはずだった企業の成長を妨げる壁をなくすことができます。

日本には極端な人口減少・高齢化の進行という特殊な事情があります。人口減少・高齢化の時代を乗り切るために、企業の規模拡大を促すための中小企業の再定義が必要です。もしかしたら500人未満ではなく、さらに大きく定義すべきかもしれませんが、それ以下はありえません。経済産業省の精緻な調査と英断を望んでやみません。

アメリカやドイツのように、大企業と中堅企業を中心とした経済は強いのだという認識を共有してほしいと強く望みます。

企業規模の拡大を促せ

中小企業の規模の小ささから生まれる欠点を補って生産性向上を促そうとしても、規模が小さいままではなかなか効果が出ないのは明らかです。重要なのは中小企業という区分ではなく、小さい企業が中堅企業や大企業に成長することです。諸外国の動きを見ても、この認識はまだ広くは共有されていませんが、次第に広がりを見せているように感じます。

最近の諸外国の政府の動きを注視していると、中小企業を中堅企業の規模にまで拡大させるような政策に転換している例があり、大変興味深く感じています。中小企業の成長を促す政策を「scale up」と言います。

２００８年から、イギリス政府は研究開発費用の優遇が受けられる対象を従業員数５００人未満の企業に広げています。ＯＥＣＤの報告書「Enabling SMEs to Scale Up」によると、フランスも２００８年から「Enterprises de Taille Intermédiaire」というカテゴリーをつくって、中堅企業の増加に力を入れようとしています。このカテゴリーには従業員数が２５０人から５０００人までで、売上が５０００万ユーロから15億ユーロまでの企業が含まれています。

日本でも１９９９年に中小企業基本法を改正したときに、一部の中小企業の定義を従業員数50人未満から１００人未満へ増やし、さらに定義に使っている資本金の金額を引き上げました。その後、資本金を新しい基準に合わせて増やした企業が多く見られたことは、現在の基準を大きく引き上げることに意義があることを示す重要な根拠になります。

中小企業の基準を５００人未満に引き上げることによって、成長しないほうがお得だという負のインセンティブを払拭し、規模の拡大に前向きになる企業が増えることを期待したいところです。中小企業の定義を従業員数５００人未満に変えるということ自体に、企業に成長してほしいという政府としての意図を宣言する効果があるのです。

「資本金1億円以下」などの規制を廃止せよ

日本の中小企業支援政策の対象となる企業には、実は2つの基準があります。1つは経済産業省の決めた従業員数による基準で、もう1つは税優遇などを受けるための資本金1億円という基準です。資本金が1億円以下の場合、さまざまな優遇が受けられるのです。

この2つの基準のうち、特に見直しが必要なのが、中小企業の資本金を1億円以下としている基準です。資本金で中小企業を定義する理屈は、どう考えても理解できません。

遠い昔には合理的な理由があったのかもしれませんが、今となってはまったく意味がありません し、昔ながらの理由をいまさら知っても何の役にも立たないので、どんな理由だったのかを探る気も起きません。

今回、他の国の中小企業の定義を徹底的に調べましたが、資本金の多寡を基準に優遇策の対象とする中小企業を決めている大手先進国は発見できませんでした。資本金の多寡はビジネスを行う上で、直接的に企業のパフォーマンスには影響を与えないからでしょう。従業員数以外では、ほとんどの国が売上や総資産を中小企業の基準にしています。これらがビジネスのパフォーマンスに直結するからです。

資本金の大きさを中小企業の基準にするのはあまりにも恣意的で、ビジネスとの関係もありません。大企業でも減資をすればそのメリットを受けることが可能なので、不適切に使われる恐れが常にあります。倫理的にも非常に問題がある基準ですので、廃止すべきです。

「交際費の優遇」という謎の制度

日本の中小企業政策の中で経済学的にもっとも理解し難いのは、８００万円までの交際費が損金扱いになっていることです。

たしかに、飲み屋さんなど飲食店の儲けを増やす効果は期待できるでしょうが、小さい企業にこのような大金を損金として認めるのは、どう考えても合理性が見当たりません。国を挙げて生産性を向上させなくてはいけない時代では、接待したり、広告を打ったりなど、付加価値創出と直接的な関係のない昭和の優遇策は、時代錯誤以外の何物でもないのです。

企業が小さければ小さいほど売上も少ないはずです。８００万円を損金扱いするということは、少ない売上から８００万円を交際費に使うインセンティブになってしまいます。このお金の多くはどうせ社長が使うことになるでしょうから、その分、社員の給料を引き下げるインセンティブにもなりかねません。

もしこの政策に合理性があると言うなら、これまでの効果をデータで徹底的に分析し、検証していただきたいと思います。

優遇策を考えるには中小企業というくくりは「雑」すぎる

そもそも、企業の規模だけを根拠に支援する企業を決めるやり方自体に疑問が残ります。

いろいろな論文に目を通しましたが、企業の規模を基準に支援する企業を決める政策を肯定するエコノミストはほとんどいません。逆に、ただ単に規模が小さいというだけで無条件に中小企業を支援することは危険であって、経済合理性がないと言われています。

その理由の1つは、国によって上限に違いはあるものの、「中小企業」というカテゴリーに含まれる企業が多すぎて、きわめて多様な性質を持っているからです。そのため、一括りにすることは危険だと考えられているのです。

中小企業の範疇には、国によっては従業員数1人から500人までの企業が含まれます。また、日本には究極のイノベーションを発揮している企業も、小西美術工藝社のように伝統技術を守っている老舗企業もありますし、成長している企業も、成長していない企業もあります。製造業もサービス業もありますし、成長している企業も、起業してから成長していない企業もあります。そして成長するつもりがない企業も、補助金目当てや脱税・節税目的の企業なども、すべて「中小企業」に含まれてしまいます。

世界規模で見ると、企業の99・7％は中小企業で、雇用の70％をこれらの中小企業が生み出しています。このように考えていくと、「中小企業は宝だ」「中小企業を守るべきだ」と中小企業を十把一からげにした主張はナンセンスだと言わざるをえなくなります。

だからこそ、企業の規模を基準に支援対象を決める政策は、よほどの理由がないかぎり、きわめて短絡的すぎるとしか言いようがないのです。やはり政策を考える上では、「中小企業」という分類も「中小企業」政策も、雑すぎるのです。

生産性が高い国ほど、中小企業の税制優遇策が少ない

次に、なぜ単純に企業の規模だけを基準に支援する企業を決めてはいけないのか、その理由を考えていきましょう。

欧州委員会（European Commission）が発表した「SME Taxation in Europe」という報告書

には、そもそも企業の規模を基準とした税優遇策は望ましくなく、イノベーションや設備投資など国益向上につながる経営行動をとっている企業を優遇する政策を実施するべきだ、とあります。だとすれば、対象を中小企業に限定する理由はないと言えます。

「The Use of SME Tax Incentives in the European Union」という論文では、中小企業を支援するそもそもの理由を検証して、評価しています。この論文では中小企業の税制が非常によくまとまっており、税制の哲学と理屈を美しくかつわかりやすく整理していますので、詳しく紹介していきましょう。

まず中小企業の税優遇策には、主に3つの分類軸があるといいます。

①税のレベル：企業のためのインセンティブなのか、所有者が所得を得るための税制なのか

②遵守コストか税負担か：税制を遵守するためにかかるコスト負担を軽減する優遇か、税率を下げているだけか

③インプットのインセンティブかアウトプットのインセンティブか：減価償却の優遇や投資などインプットに関わる減税や控除か、利益などのアウトプットに対する特別な税率などか

図表**7-7**　**EUにおける主な中小企業の税優遇策**（2015年）

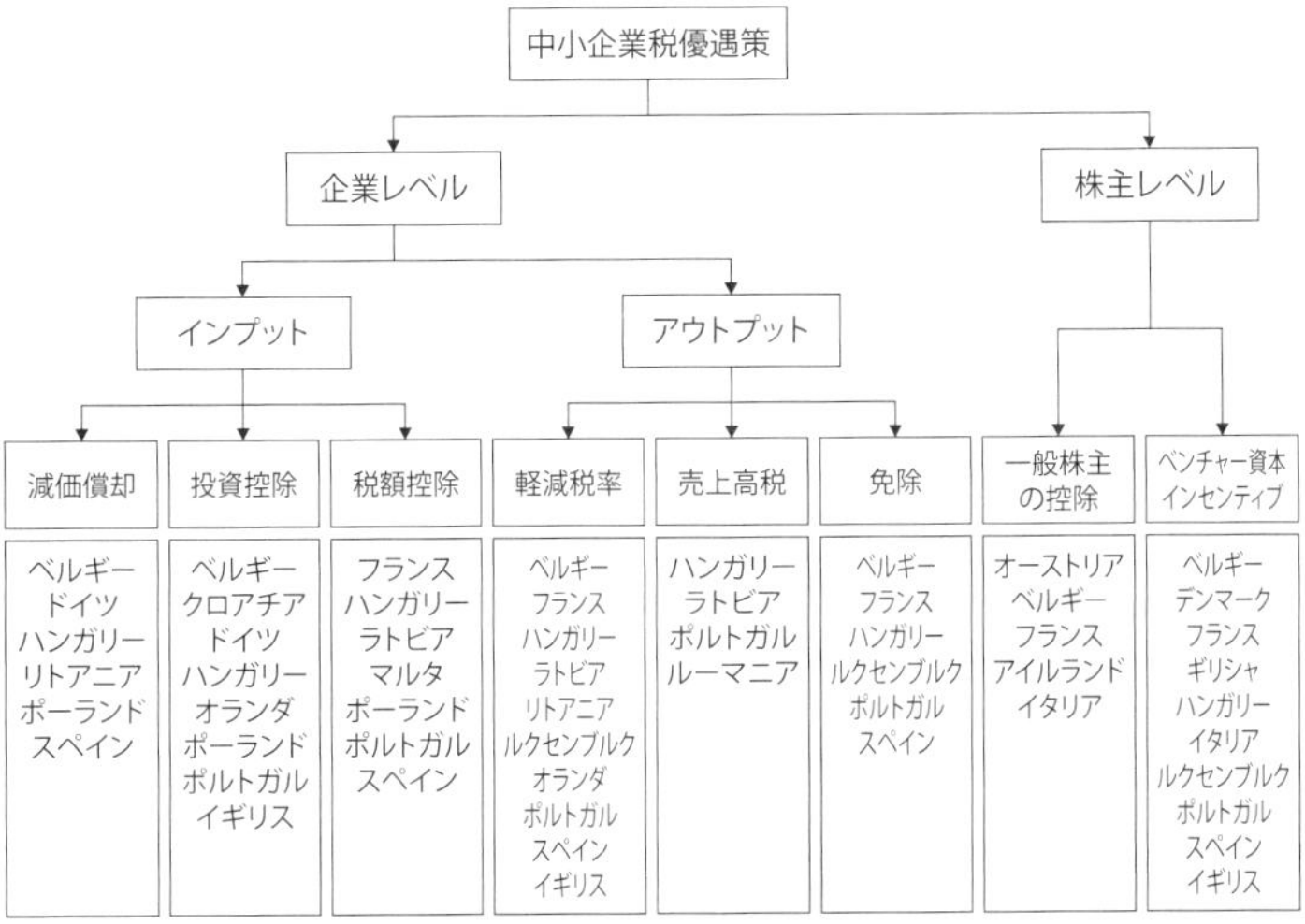

出所：Centre for European Economic Research

他にも、優遇する企業を決める基準や、優遇の方法によって分類することもできます。

①規模以外の条件：地域や業種を限定した優遇、企業の設立年数による制限、期限つきなど

②中小企業を直接的に優遇するか、税制のデザインによって中小企業のメリットがより大きくなる間接的な税措置をとるか

EU28カ国のうち、19カ国が中小企業の支援策として税優遇策を実施しています。その中で、11カ国はアウトプットを基準とした税優遇策を実施しており、こちらのほ

うが大勢です（図表7−7）。

この論文の分析によると、EU28の中小企業の税優遇策のうち、中堅企業（従業員数50人から250人未満）が使えるものは全体の3分の1にも満たないとあります。つまりEU28では、中小企業税優遇策の多くは実質的にミクロ企業と小規模事業者を対象としたものであると分析されています。この点に関しては、規模の基準の違いはあるものの、日本と似ていると思います。

ドイツやデンマークなど生産性の高い国ほど、中小企業に限定した税優遇策が少ないことは注目に値すると思います。

中小企業を優遇する「6つの根拠」には説得力がない

続いてこの論文では、中小企業を優遇するべき理由を6つに分けて検証しています。

①中小企業は数が多いから

日本と同じように、海外でも中小企業は「経済の原動力」「経済の背骨」と言われています。

EU28カ国では、2015年の雇用の67％が、また付加価値の58％が中小企業によって創出されたので、経済における中小企業の存在感が大きいのは確かです。特に雇用への貢献度が大きいのは間違いありません。

しかし、数が多いというだけでは、優遇する理由としてはあまり意味がないと指摘されています。

もっとも大事なことは、優遇されている中小企業の雇用と生産性への貢献度合いが、優遇を受けていない中堅企業や大企業の貢献度合いを上回っているかどうかです。

また、投資家は「利益の最大化を図る」という原則に基づき、もっとも効率的で、かつ生産性の高い企業に投資しますので、市場の失敗がなければ政府が経営資源を中小企業に回す必要はないはずです。その失敗を是正するために介入する必要があったとしても、「中小企業」のすべてを支援する必要はありません。支援するのは、市場の失敗の影響を受けている企業に限定するべきです。

結論として、中小企業の存在感が大きいからというだけでは、企業の規模のみを基準に支援する対象を決める優遇策を正当化する理由にはならないとしています。

一方で、経済学的な合理性は薄いものの、中小企業の数の多さを考えると、政治家が優遇したくなる理由にはなると書かれています。

②雇用への影響

中小企業の支援が雇用促進につながるという考え方も、優遇策を正当化する理屈としてよく使われます。たしかに雇用を促進することは社会的に重要な政策ですし、社会保障の負担を軽減するとともに税収も増えるので、国の財政にも大きく貢献します。

この考えを中小企業を支援する理屈として認める場合、その投資金額が大企業より中小企業に投入されることによって、より望ましい雇用への影響が期待できることが、正当化の条件として求められます。自ずと中小企業のほうが大企業より活発で成長が早く、大企業より雇用を多く生み出すことが前提となります。

マサチューセッツ工科大学のBirch教授が1981年に発表した有名な論文「Who Creates Jobs?」の分析では、大企業はほとんど雇用の増加に貢献せずに、従業員数100人未満の企業が大企業の8倍の雇用を生んでいるとあります。

この教授の結論は学会に大変な論争を引き起こしました。そして「データに問題がある」「製造業かサービス業かによって違う」「雇用をネットだけで見るか、雇用の増減両方を見るか」などの議論が交わされました。

その結果として、中小企業は大企業より雇用に貢献するけれども、Birch教授が強調していたほどではないというコンセンサスに至ったようです。

しかし、Birch 教授が論文で指摘しているある重要な論点は無視されることが多いそうです。それは、企業の年齢と雇用への貢献度の間には、強い負の相関関係があることです。

最近の分析では、雇用への貢献が大きいのは中小企業全般ではなく、成長するごく一部の中小企業だけだと指摘されています。そうであるならば、すべての中小企業を優遇するのは効率的でもなければ、効果的な政策にもなりえないはずです。論理が飛躍してしまっています。

起業して間もなく、成長が早い企業を gazelle 企業と言います。フランスなどの国々では、gazelle 企業だけをターゲットにした政策を実施しています。後ほど、このテーマに戻ります。

だとすれば、雇用の面からは中小企業ではなく、ベンチャー企業を優遇するべきだと考えがちです。しかし、新たに起業した企業、いわゆるベンチャー企業のすべてを優遇する政策にも注意が必要だそうです。

それは、新しい企業のすべてがいわゆる高成長企業ではないからです。ＯＥＣＤの分析では、高成長企業は新しく生まれる企業の約５％と推定されています。

新しい企業を設立する起業家の中には、イノベーションを生み出す起業家もいれば単なる後追いの起業家もいます。楽観的なギャンブル感覚の起業家も、失業して仕方なく起業した人もいます。だから、新しく生まれた企業のすべてを優遇するのは効率的ではないと論じています。

ＯＥＣＤの「Enabling SMEs to Scale Up」では、イギリスで２０１６年に行われた中小企業の調査の結果、成長を目指している企業は全体の15％にすぎないことが判明したと報告されています。

「Small Business Taxation」では、新しく起業される企業には、いわゆるライフスタイルビジネスが多く含まれていることが明らかにされています。こういう企業は、他人に雇われるのが嫌いな人が自分のライフスタイルを貫くために起業しているケースが少なくありません。また、起業の目的も税優遇であることが多く、人を積極的に雇用することもなければ、イノベーションも考えていないことが少なくないそうです。

こういう企業も含まれているため、新規企業を優遇する政策は、一見良さそうに見えても注意が必要であると指摘しています。

イノベーションを起こし、成長率の高い企業は、すぐに規模も大きくなり、中小企業ではなくなります。また第6章で紹介したように、こういう高成長企業の経営者は経営能力が高い傾向が強いので、起業するための税優遇を必要としないことが少なくありません。ですので、税率などの優遇は効果的な政策ではないとあります。

つまり、税の優遇が受けられるからという理由で起業する人は、国にとって本来優遇したい人ではなく、優遇したい人はそういう優遇をしてもしなくても起業して成功するということです。だから新規企業という理由だけで優遇するのは効果的ではないのだそうです。特に、ミクロ企業や小規模事業者に限定して優遇する理由はなおさらないとも指摘されています。

結局、この論点も中小企業への税優遇を正当化する理由とはなりません。一方で、成長の妨げを排除する政策は望ましいという結論が導かれています。

③イノベーション

イノベーションと生産性向上の関係を否定するエコノミストはいないでしょう。しかしこの論文では、イノベーションを促進するのが目的の場合、規模を基準に優遇する企業を決める政策は効果的ではないと指摘しています。

そもそも、イノベーションを促進するために中小企業を優遇するのであれば、中小企業というだけでは不十分で、中小企業のほうがイノベーションを起こす強いモチベーションがあるという根拠を示さないといけないはずです。しかし、学会ではこの件に関しては反対の意見があって、まだコンセンサスはないそうです。

研究開発費とイノベーションの関係は確認されているので、イノベーションの促進を理由に優遇政策を打つならば、研究開発費を基準にするべきだとしています。その上で、研究開発費が多いほどイノベーション促進の効果が期待できるのであれば、優遇する対象を中小企業だけに限定する必要があるかは疑問だとされています。

この論文では、使える研究開発費の控除額に上限を設けることによって、中小企業をより優遇しながらも、企業規模の成長の妨げにならない制度がよいと論じています。ＯＥＣＤの分析によると、大手先進国の場合、国全体の研究開発費の80％以上が従業員２５０人以上の企業によって投資されていることがわかっていますので、やはり全企業に適用するのが正しいと考えられます。

④資金調達

中小企業は資金調達が難しいから支援すべきだという理由です。しかしこの論文では、一般的に優遇策は銀行からの資金調達には関係がないので、議論の余地はないと言い切っています。

特に、銀行からの調達が困難な企業は中小企業のすべてではなく、新しく設立された高成長企業に多いと分析しています。ですので、優遇措置を講じるのではなく、こういう企業に投資をする人に不利がないようにすることが重要だと論じていますが、それ以上は踏み込んでいません。

⑤社会貢献

アメリカでは、女性やマイノリティ、またはスキルが低い人がつくった中小企業を優遇するべきであるという考え方があります。こういう企業は女性やマイノリティなどをより多く雇用するから、社会貢献が期待できるとされています。

しかしこの場合も、その企業が提供する商品が魅力的であれば、優遇は必要がないとされています。マイノリティなどを雇用してくれるから優遇するべきだという理屈なのであれば、企業の規模が小さいとか新規参入だからといった条件はつけず、単純にマイノリティを雇用する意欲のある企業を優遇すればいいとしています。その際、企業の規模を他の特徴の代替指標にしてはならないともあります。

⑥大企業の実質税率が低い

以前「東洋経済オンライン」に記事を書いたとき、大企業の実質税率が低いことを理由に、中小企業の支援を行うべきだというコメントが寄せられたことがありました。日本の大企業は多くの専門家を抱え、さまざまな節税策をとることで支払う税金を抑えているのだから、そういった節税策が難しい中小企業を支援すべきという理屈です。

先の論文では、この件についても追及しています。イギリスやアメリカの税当局の分析によると、企業の規模が小さいほど、とりわけ中小企業の優遇策の恩恵をもっとも受けているミクロ企業の場合、節税と脱税に手を染める企業の割合がきわめて高いことがわかっています。中小企業の節税や脱税の横行は、日本だけの問題ではないようです。

したがって、中小企業の実質税率が大企業に比べて高いから中小企業を優遇するべきだという理屈は、そもそも成立しないと述べられています。

この論文では、専門スタッフを雇えない中小企業にとって、規制を遵守するためのコストが重い負担になっているのであれば、できるだけその負担を軽くするべきであるという点だけには賛同しています。

これも、中小企業は規模が小さく不利だから税制で優遇するべきだとの指摘です。しかし、そもそも不利になってしまっているのは規模が小さいからなので、税率を下げるのではなく、大企業と同じように節税できるよう、専門家を雇える規模まで成長できるよう支援するのが本筋でしょう。

結論としては、「中小企業支援政策」は理屈が通らない乱暴な政策とされています。国家として促進したい方向に企業をリードしたいのであれば、規模にかかわらず該当する企業のすべてを優遇するべきだというのが、この論文の結論です。

実際、今はデンマークなどのように中小企業に限定した支援政策がない国のほうが生産性が高い傾向も認められています。

次の第8章では、中小企業の基準を変えた場合、企業が成長するためにどういう政策が適切なのかを考えたいと思います。

参考文献

Edinburgh Group, "Growing the Global Economy Through SMEs," Edinburgh Group, 2014.

OECD, "Enabling SMEs to Scale Up," OECD Discussion Paper, SME Ministerial Conference, Mexico City, February 2018.

European Commission, "SME Taxation in Europe – An Empirical Study of Applied Corporate Income Taxation for SMEs

Compared to Large Enterprises," European Commission, Internal Market, Industry, Entrepreneurship and SMEs, July 2015.

Sören Martin Bergner, Rainer Bräutigam, Maria Theresia Evers, and Christoph Spengel, "The Use of SME Tax Incentives in the European Union," Centre for European Economic Research, Discussion Paper, No. 17-006, January 2017.

David L. Birch, "Who Creates Jobs?" The Public Interest, No. 65, 1981.

Claire Crawford and Judith Freedman, "Small Business Taxation," Oxford Legal Studies Research Paper, No. 25/2011, April 2011.

Alfons J. Weichenrieder, "Survey on the Taxation of Small and Medium-Sized Enterprises," OECD, September 2007.

Robert Huggins, "Innovation and Productivity: Towards a Research and Policy Agenda," Economic and Social Research Council, Evidence Review, PIN-09, November 2018.

Albert Bravo-Biosca, "Firm Growth Dynamics across Countries: Evidence from a New Database," Nesta Working Paper, No. 16/03, December 2016.

Albert Bravo-Biosca, "A Look at Business Growth and Contraction in Europe," European Commission, Directorate General for Research and Innovation, October 2011.

Anna Ardanaz-Badia, Gaganan Awano, and Philip Wales, "Understanding Firms in the Bottom 10% of the Labour Productivity Distribution in Great Britain: 'The Laggards', 2003 to 2015," Office for National Statistics, July 2017.

OECD, *Small Businesses, Job Creation and Growth: Facts, Obstacles and Best Practices,* 1998.

Hansjörg Herr and Zeynep M. Nettekoven, "The Role of Small and Medium-Sized Enterprises in Development: What Can Be Learned from the German Experience?" Friedrich Ebert Stiftung, November 2017.

Niels Bosma, Erik Stam, and Veronique Schutjens, "Creative Destruction, Economic Competitiveness and Policy," Utrecht University, 2006.

第8章

人口減少時代の日本企業の勝算

人口増加時代と人口減少時代では、優遇策の「あるべき姿」が異なる

ここからは第7章までの議論を踏まえて、日本で設けるべき中小企業優遇制度を考えてみましょう。

1990年代までの人口が増えていた時代、きわめて小さい中小企業の定義を基準に支援する企業を決め、非常に多くの雇用が生み出されました。人口が増えていた時代には雇用の確保が国にとっても非常に重要ですので、この当時行われていた中小企業優遇策が有効だったことは、全面的には否定できないと思います。

現在の日本の産業構造のもとでは、中小企業が生み出す付加価値はきわめて小さくなっています。また、現在の産業構造を維持するためには人口増加が絶対条件なので無理が生じてしまい、日本では賃金が長年にわたって減り続ける状況が続いています。労働分配率がずっと下がり続けているのがその証拠です。

これらの状況を鑑みると、これまでの日本では労働生産性を犠牲にして、雇用の確保のみを重視し、中小企業の優遇政策がとられてきたという仮説が成立します。

優遇策がなければ起業しなかった経営者に、投資を促すことには成功していたと結論づけられないこともありません。起業する中小企業の優遇策に振り分けていた費用が、失業者にかかる失業手当や生活保護費などの社会保障費を低減させ、相殺されていたという説明が聞こえてきそうです。

その場合、できるだけ人を多く使う非効率な企業が増えてくれたほうが、都合がいいのかもしれません。人口が増加している時代なら、この説も正しくないとは言えません。

しかし、これからの日本には人口減少時代が訪れるのです。人口が減少する日本ではどうするべきか、改めて考え直す必要があります。

人口が減少するので、経済規模を維持するためには、生産性を向上させなければなりません。しかし1990年代までの産業構造は、労働生産性を犠牲にして雇用を優先する構造となっているので、生産性を向上させようとすると無理が生じます。

産業構造自体を、生産性をより重視する形に変えなくてはいけないので、必然的に中小企業の支援政策も変えなくてはいけなくなります。

今の日本の産業構造は、とにかく人手を必要とする構造です。日本ではすでに人口が減少し始めているので、今でも約150万人の外国人労働者を雇用しなくては回らなくなっています。

このように大量の労働者を海外から招き入れてまで、この非効率な産業構造を続ける理由はどこにあるのでしょうか。もし何らかの理由でこの構造を維持する必要があり、そのための政策を実施するなら、それは日本人労働者を雇用するための策ではなく、中小企業の数を最優先する政策となります。

極論すると、それは労働者全員が外国人になってもいいから、社長が失職しないようにする、単なる社長優遇政策でしかないのです。こんな政策に税金を使うことにコンセンサスは得られるのでしょうか。

このような政策をとった場合、産業構造は非効率なまま残るので、生産性も所得も低く抑えられ、労働条件も過酷なものになることでしょう。人口が減少する中で、税金を使ってこういう雇用の状況を継続させることを正当化する理屈は考えづらいと思います。

要するに、今までの日本にとっては中小企業の数が増えればよかったのです。中小企業が生まれ、存続し、数が減らないことのみが最優先とされていたのです。中小企業に期待することはそれだけでした。成長や生産性の向上は、期待もされていなければ達成されなくても困らない世の中だったのです。

しかし、それは人口が増加することによる経済成長要因が大きかったからです。数さえ増えれば、存続している中小企業は現状維持でよかったのです。

成長しなくても中小企業の数さえ増えればいいという中小企業政策、そしてその政策を担う中小企業庁の存在は、その実態を反映していたのです。

「最適な規模」まで成長させる政策

しかし、これから日本に人口減少時代が訪れることを考えれば考えるほど、優れた中小企業政策が本来果たすべき役割というのは、中小企業の規模の小ささをどう補完するかではなく、企業が最適な規模まで成長するための支援だと強く確信するようになります。

第1章で説明したように、生産性は「限られた経営資源をどれだけ効率よく配分しているかを測る尺度」です。企業規模の違いで生産性が大きく異なるので、生産性向上を目指す以上、企業には成長してもらわなくてはならないのです。

各業種には、今現在の技術や需要などから示唆される、効率的で最適な規模があります。これはどういうことか、輸出の例を使って説明しましょう。

たとえば、ある業種に１０００人の人材を配置するとしましょう。輸出するためには２００人の人員が必要だと仮定します。

大企業１社が４００人の人員を雇うと、残りの６００人はこの大企業以外に振り分けられます。この６００人を３社に均等に分配すると、１社あたりの人員は２００人になります。このように分配すると、４社とも輸出ができる大きさになるので、それなりに生産性の高い業種になるはずです。

一方、大企業に雇われていない６００人を60社に分けると、１社に割り当てられる人員は10人です。輸出するためには２００人の人員が必要なので、大企業以外の60社は輸出ができません。このような状態になってしまうと、どんなに政府が輸出支援をしても、うまくいくはずはないのです。

この60社も、将来２００人の規模まで成長するのであれば、その成長を支援する価値はあります。しかし、その気がないのであれば、支援をしても意味はありません。

人口が増加しているのであれば、今は10人の企業でも将来的に人を増やすことはそう難しくないので、成長する可能性もないわけではありません。しかし、人口が減少している国の場合、そう簡単に人を増やすことはできません。支援したとしても、十分な規模になれる可能性は低くなります。

ここで私が主張したいのは、60社をそのままにして支援してもいいことはない、ということです。理想的には、この600人の人員を3社に集約させる政策を実施した上で、輸出促進などの支援をするべきなのです。

経済産業省は、まず社会保障の負担増をカバーするために必要な国全体の生産性の水準を計算し、それを実現するためにあるべき各業種の生産性の水準をはじき出すべきです。その上で、それを実現するための企業の規模を計算し、そのサイズにまで企業が成長するためのインセンティブと応援政策を考えるべきです。

経営者の多くは、自分の会社が黒字であれば、国全体の生産性に貢献しているかどうかは気にしないでしょう。国の財政や社会保障の負担まで考慮した場合、国全体から見たら大赤字であっても、自分の会社さえ回っていれば、そもそも大赤字であるという認識すら持たないでしょう。実際、それはイギリス政府の調査結果でも明らかになっています。だからこそ、国による誘導が必要なのです。

生産性を上げようにも上げられない

最低賃金引き上げは、生産性向上を実現するための大切なツールです。しかし日本の場合、1964年体制で中小企業が異常に多い産業構造ができ上がり、低い生産性と低賃金で人を雇う仕組みが生まれ、そのままの経済的均衡状態で固まってしまっています。

つまり、生産性が低いから最低賃金が上げられない、最低賃金を上げないから生産性が上がらないという悪循環が、ぐるぐる回っているのです。

日本企業の多くは生産性が低いので、低い賃金でしか人を雇うことができません。また、経営者は低い賃金でも人が雇えるので、生産性を上げるインセンティブが湧きづらい状態になっています。

賃金は大半の企業にとって最大のコスト項目なので、最低賃金が低ければ、それをベースに商品の単価を安く設定できます。人口減少によって需要が減ると、企業は競争を激化させ従業員の賃金に手をつけ始めます。最終的に賃金水準はどん底まで落ちます。

その結果、もはや最低賃金しか払えない水準まで生産性が低下してしまった企業も少なくありません。これが、日本の貧困率が高いことの一因です。

また第5章で見たように、最低賃金が低い水準で設定されると、規模の小さい企業が多くなります。これらの企業にとって、最低賃金の低さが存続するための命綱になっています。

「生産性を上げろ」と口で言うのは簡単ですが、存続できる最低ラインの生産性しかない企業は、そもそも生産性を上げようにも規模が小さすぎて無理なことが多いのです。こういう企業にとって生産性向上の命題は、それまでの経営戦略の全否定に他なりません。

一言で言うと、日本の生産性が低い最大の原因は、生産性を上げようにも上げられない規模の企業を数多くつくってしまったことにあります。こういう企業は、生産性を向上させようとしても、それを可能にする器ではないので、とうてい無理なのです。

世界的に見てきわめて低く設定されている最低賃金にしがみついてようやく生き延びているような企業には、当然ですがイノベーションを起こすことは不可能です。生産性の向上にはイノベーションが不可欠ですが、できないことを「やれ」と言われても、そう簡単にできるはずもないのです。補助金を出しても効果は出ません。

深く深く考えれば、最低賃金の設定によって、政府は企業の数と企業の規模に多大な影響を与えることができます。それらを「決めることができる」と言っても過言ではありません。最低賃金を低く設定することによって生み出された小さな企業を大きくするには、逆に最低賃金を段階的に引き上げていけばいいはずです。しかし、生産性を引き上げたくても企業の数が減少するのを嫌がっているようであれば、最低賃金の引き上げはなかなか行われないでしょう。まさに板挟み状態です。

商工会議所の「最低賃金引き上げ反対論」は合理的か

商工会議所は最低賃金の引き上げに対して、大反対の声をあげ続けています。

なぜなら、商工会議所に加盟している中小企業の多くが最低賃金に近い賃金で人を雇い、付加価値の低い商品やサービスを提供しているからです。安い賃金で人が雇えることは、彼らにとっては命綱なのです。彼らにしてみれば合理的な理由で反対をしているのです。

しかし、人口が減少する日本では、政府が彼らの真意を分析して、どこまで配慮するべきかを真剣に考える必要があります。彼らの反対には、３つのパターンがあるように思います。

まずは最低賃金の引き上げによって「monopsony」の力が弱まり、経営者が享受している

「おいしい思い」が失われてしまうことに対する反対です。

「monopsony」の下では、本来は労働者に１００を払わなくてはいけないのに、80しか払わなくてすみます。経営者は20を不当な利益として受け取れるのです。おまけに「法人成り」によって、それが無税になります。

「monopsony」が特に強いとされる地方都市の場合、経営者は「monopsony」の力を利用して利益をあげ、自分の一家の生活水準を維持することが可能です。戦前まで日本にもあった地主と小作人のような関係で、労働者がオーナー一家にご奉仕をしているのと似たような状況です。

このようなおいしい状況を台無しにしかねない最低賃金の引き上げには、経営者たちは当然反対します。しかし、これはオーナーだけが得をし、それを維持したいがための反対なので、悪質な反対だと断じていいでしょう。

商工会議所は、中小企業の労働者ではなく、あくまでも中小企業の経営者の団体であることを、政策立案者はもっと真剣に考える必要があります。

次の反対は、ビジネスモデルを守りたいがための反対です。

中小企業の経営者は、最低賃金が高くなってしまうと、より多くの人件費を払わなくてはいけなくなります。人件費の上昇分を補うためには、これまでしがみついてきた経営戦略を抜本的に変えないといけなくなります。

最低賃金を安く抑え込む政策がとられてきたので、今まではこういう規模の小さい企業の経営戦略も何とか通用していたのでしょう。しかし、最低賃金の引き上げにともない賃金水準が上がってしまうと、それを払うためには会社の規模を拡大しなくてはいけなくなります。『中小企業白書』でも、その傾向が確認できます。規模が拡大されれば、中小企業で働く全員、経営者も社員も恩恵を受けることができます。

しかしながらその場合、ビジネスモデルをどう変えれば最低賃金の引き上げに対応できるか、各企業がしっかり検討しなければなりません。それを嫌がる経営者は、そもそも最低賃金の引き上げに反対するでしょう。

ビジネスモデルの刷新にあたっては、場合によっては政府の支援も必要かもしれません。その際には真摯に対応するべきでしょう。

3つ目の反対は、「無理なことを言うんじゃない」「倒産が続出するぞ」という感情的な反対です。この類の反対は要注意です。

そもそも中小企業の経営者は経営能力が低く、エビデンスベースよりはエピソードベース、

「経験と勘と努力」で経営していることが多いので、政府はこの反対の中身を科学的に検証する必要があります。「倒産するぞ」という反対には、科学的な根拠はないと思います。

人口減少・高齢化社会で支援するべき企業の条件

以上の議論を踏まえれば、生産性が向上しない数多くの中小企業を生んだ支援策を、「企業の規模拡大」をうながす方向にシフトするべきなのは明らかです。日本が時代の変革期に差し掛かっており、パラダイムシフトが間違いなく起きるからです。

日本はこれから何十年間にもわたって、とにかく労働生産性の向上を果たさなくてはいけません。そのためには、生産性向上につながる経営者の行動を最優先で後押しすべきです。

企業の規模が小さいという理由だけで永遠に優遇するという無意味なことは即座にやめて、経営者の行動と目的を見極め、限られた資源を集中的に投入し、経済学の大原則であるスケールメリットを享受できるように企業を誘導するべきなのです。

これらの大原則をベースに考えを進めると、日本政府の中小企業支援政策をどう変えるべきかが見えてきます。

今までの日本社会では、「中小企業は宝物」という風潮が強く残っていました。しかしこれからの時代は、中小企業を一括りに支援すると国全体がダメになりかねません。

これからの時代は、中小企業をふるいにかけて、国として応援するべき企業と応援する必要のない企業を分けて扱うべきなのです。

人口減少・高齢化が進行する社会において、応援するべき企業の特徴としては、主に以下のものが考えられます。

①イノベーションを起こす企業
②最先端技術の普及に寄与する企業
③ベンチャーにかぎらず成長している企業
④輸出をする企業
⑤研究開発に熱心な企業
⑥中堅企業

これらの特徴をいくつかあわせ持っている企業も少なくありません。また、こういう企業には共通した特徴が隠されています。それは、良質な雇用を提供し、賃金水準が比較的高いことです。賃金水準の高い企業には、輸出も多く、研究開発も盛んな企業が多いのです。

規模ではなく「投資行動」で優遇する企業を選ぶべき

ＥＵでは、税を優遇するのであれば企業の規模と関係なく、国益に沿った経営行動をとっている企業を対象にするべきだとしています。研究開発に対する税優遇、生産性を上げるために欠かせない社員研修の優遇、設備投資の優遇などが例として挙げられます。

単純に税率を下げるのではなく、投資することによって税負担を減らさせる政策です。この方法であれば、企業内に溜まりまくって活用されていない資金を使わせることも可能です。

特に、国の政策に沿った投資行動を手厚く優遇するのは効果的です。ＩＣＴ産業を育成したいのであれば、中小企業に限らず、技術を導入するすべての企業に補助金を出したり、投資した分だけ税を優遇したりするのが、もっともふさわしい政策のあり方です。

実際に受けることができる優遇金額に上限を設ければ、結果として、売上や利益に対する補助金の比率は大企業ほど抑えられます。中小企業が受けられる恩恵を間接的に高めることができ、どの企業にも平等で透明性のある税制度となります。

優遇策には「期限」を設けるべき

中小企業の数を増やすことではなく、生産性を高めることが目的ならば、研究開発費の優遇以外の多くの政策は期限つきにするべきです。なぜなら、企業設立から時間が経てば経つほど、成長しない確率も高くなるからです。

日本で行われている中小企業の優遇策の多くには、設立してから何年といった期限が定められていません。中小企業というだけで、永遠に優遇を受けることができるのです。

小さい企業にとっては「成長しないほうがお得」になってしまっているので、中小企業が小さいままにとどまってしまう原因の1つになっています。

会社を立ち上げる際にはさまざまなコストがかかり、軌道に乗るまでしばらくは赤字が続きますので、大変なのは事実です。ですので、設立のコストを緩和するために優遇し、起業の後押しをしてあげるのは国としても重要なことです。その観点からは、資金調達に政府保証をつけるのも方法の1つです。しかし、いつまでも継続する必要はありません。

とくに生産性がもっとも低い小規模事業者に対しては、期限を設けることが不可欠です。

中小企業庁を「企業育成庁」に改組せよ

ここまでの議論で、優遇策などには期限と条件をつけ、永遠に受けられることのない制度に改めるべきであることはご理解いただけたと思います。

人口減少時代には、中小企業という規模だけを基準にした支援策は不要です。なぜならば、今の中小企業政策は、企業の規模拡大を妨げることによって間接的に生産性向上を抑制しているという、皮肉な結果をもたらしているからです。ということは、中小企業庁の使命は昭和とともに終わったといえます。

平成の30年間、中小企業庁は日本経済の成長を促すことができませんでしたので、やはりその使命自体を変えざるをえません。ここまでの議論を踏まえると、「中小企業庁」という名称を「企業育成庁」に改め、あらゆる企業が中堅企業や大企業に成長し、生産性を高められるように支援するという使命を与えるべきでしょう。

その上で、現在行われている中小企業支援策の一部を残しつつも、企業のスケールアップを支援する政策に転換すべきです。図表8－1をご覧ください。この図表を見れば、従来の中小企業支援策と成長する企業を応援する政策では、その考え方がまったく違うことがわかります。

実際、最近の海外の政策を見ると、企業の規模拡大を支援する政策に次第に重点が移っているのが見て取れます。たしかに私の提案は、他の先進国で行われている政策よりも明確に「企業規模の拡大を支援する」ことを打ち出していますので、他国と比べて急進的に見えるかもしれません。

しかし、日本でこれから進む人口と生産年齢人口の減少は、他の先進国よりも急激かつ大規模です。他の先進国でも今後人口減少が進んでいくにつれて、私が提案しているような政策が取り入れられ、より洗練されていくと予想しています。

産業構造のダイナミズムがキーワード

「企業育成庁」のもっとも重大な使命はダイナミズムを促進することです。

生産性向上の方策を見事に分析している「A Look at Business Growth and Contraction in Europe」という論文があります。

図表**8-1**　中小企業政策はこれから激変する

	従来の中小企業戦略	成長する企業を優遇する戦略
政策目標		
起業家	起業家の数の増加	経営能力の高い起業家の誘致
ベンチャー企業	新しい企業の数の増加	新しい企業の成長
経営環境	中小企業をとりまく環境の改善	新しい企業が成長する環境の改善
資源の提供		
提供者	主に公的	官民連携
金融資源	補助金、助成金、融資	研究開発費用のための融資
		イノベーション助成金
		ベンチャーのファイナンス
		新規上場
主な支援策	会社をつくるアドバイス	資金調達の体験に基づいたアドバイス
	ビジネスプランのアドバイス	戦略立案
	中小企業の経営アドバイス	輸出入のアドバイス
		企業を成長させるアドバイス
選定基準	公平性、平等性	成長を優先する選別型
重視される政策		
ライフサイクル	企業をつくる障害を排除	企業の成長を妨げる障害の排除
規制遵守の負担	中小企業の負担を軽減	成長する企業の負担増を緩和
税負担	消費税納付免除	大きな規模の拡大を猶予
		ストックオプションに対し過剰課税しない
倒産への考え方	廃業・倒産を嫌う	経済的・社会的コストを軽減しながら受け入れる
関連する政策	産業政策、社会政策、労働政策	産業政策、イノベーション政策、労働政策

この論文では、ＥＵの生産性向上率がアメリカに劣る理由を分析しています。その分析によると、全企業に占めるスケールアップする企業の割合が少ないこと以上に、ＥＵではアメリカに比べて、拡大も縮小もしない企業の割合が圧倒的に高いことが問題だと分析しています。

このように規模の変動がない企業の存在は、生産性を向上させる上でかなりの悪影響を与えるそうです。図表8-2にありますように、成長・縮小の比率をいくつかに分けて見れば、ＥＵでは縮小する企業はアメリカより少ないのですが、同時に拡大する企業も少なく、規模の変動しない企業が圧倒的に多いことがわかります。

この論文のデータで見ると、２００２年から２００５年の間に、規模の変動がなかった企業の比率は、アメリカの9・2％に対してＥＵは13・2％でした。

プラス・マイナス5％以上の変動がなかった企業を「規模が大きく変動しなかった」と定義すると、大きな規模の変動がなかった企業はアメリカ企業の37・4％に対し、ＥＵでは45・6％でした。

この分析では、規模の変動のない企業の割合が1％上がると、全要素生産性は0・2％低下するとされています。ＥＵとアメリカのギャップを計算すると、年0・88％の生産性向上率の違いを説明できます。ちなみに、１９９０年から２００７年まで、Ｇ7の生産性向上率は平均2・1％でした。

図表8-2　EUとアメリカの成長率別企業割合

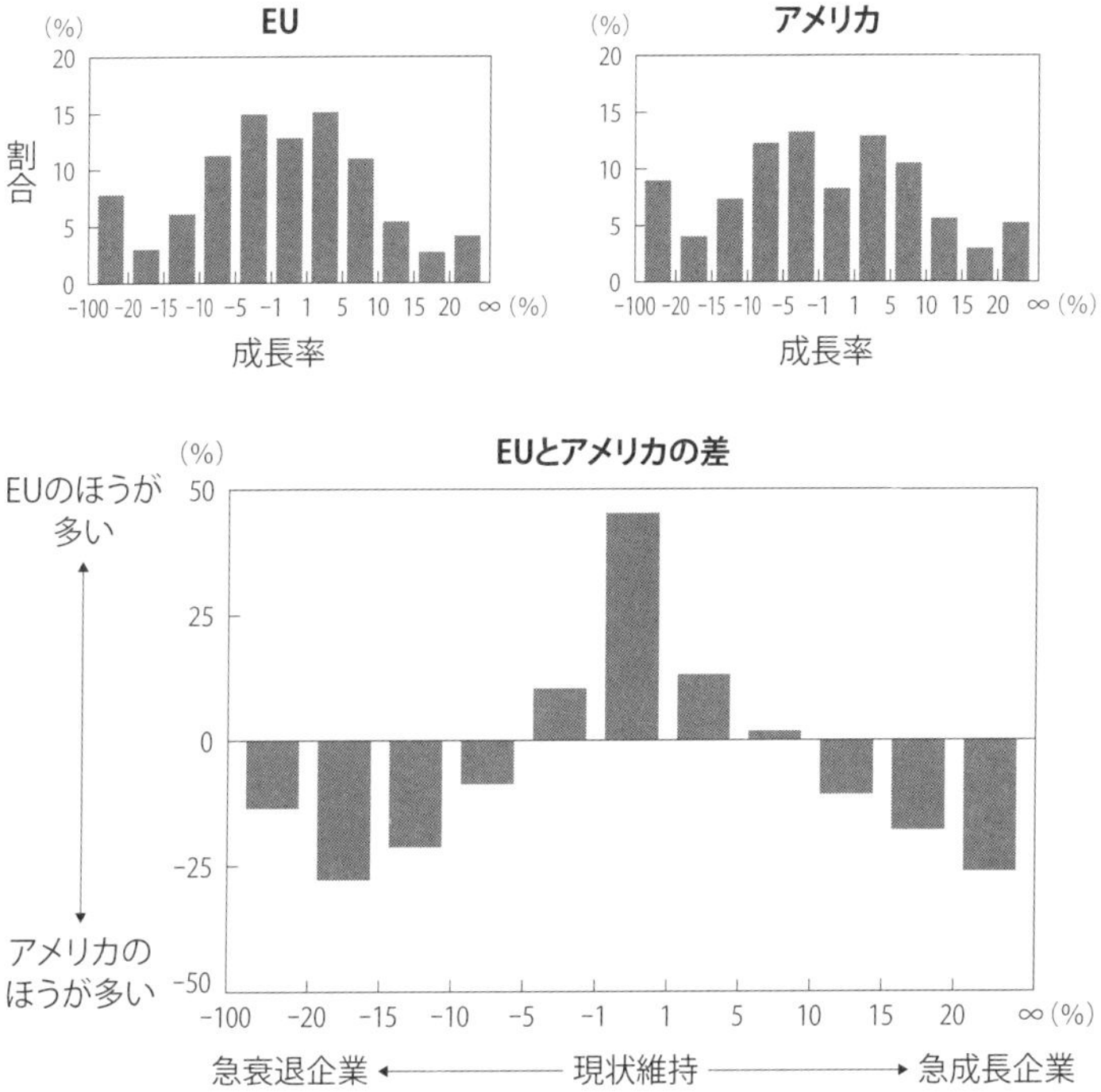

「Productivity Perspectives Synthesis」という論文ではイギリスを例に挙げ、21世紀に入ってから生産性が向上していない企業は全体の半分を占め、地域と業種によっては3分の2まで膨らむ場合もあるとしています。

EUとアメリカの例に戻ると、調査期間に存続している企業の平均従業員数は、アメリカが30人だったのに対して、EUは14人だったとあります。

アメリカでは、従業員2

図表８−３　企業規模別に見たEUとアメリカの成長率の差

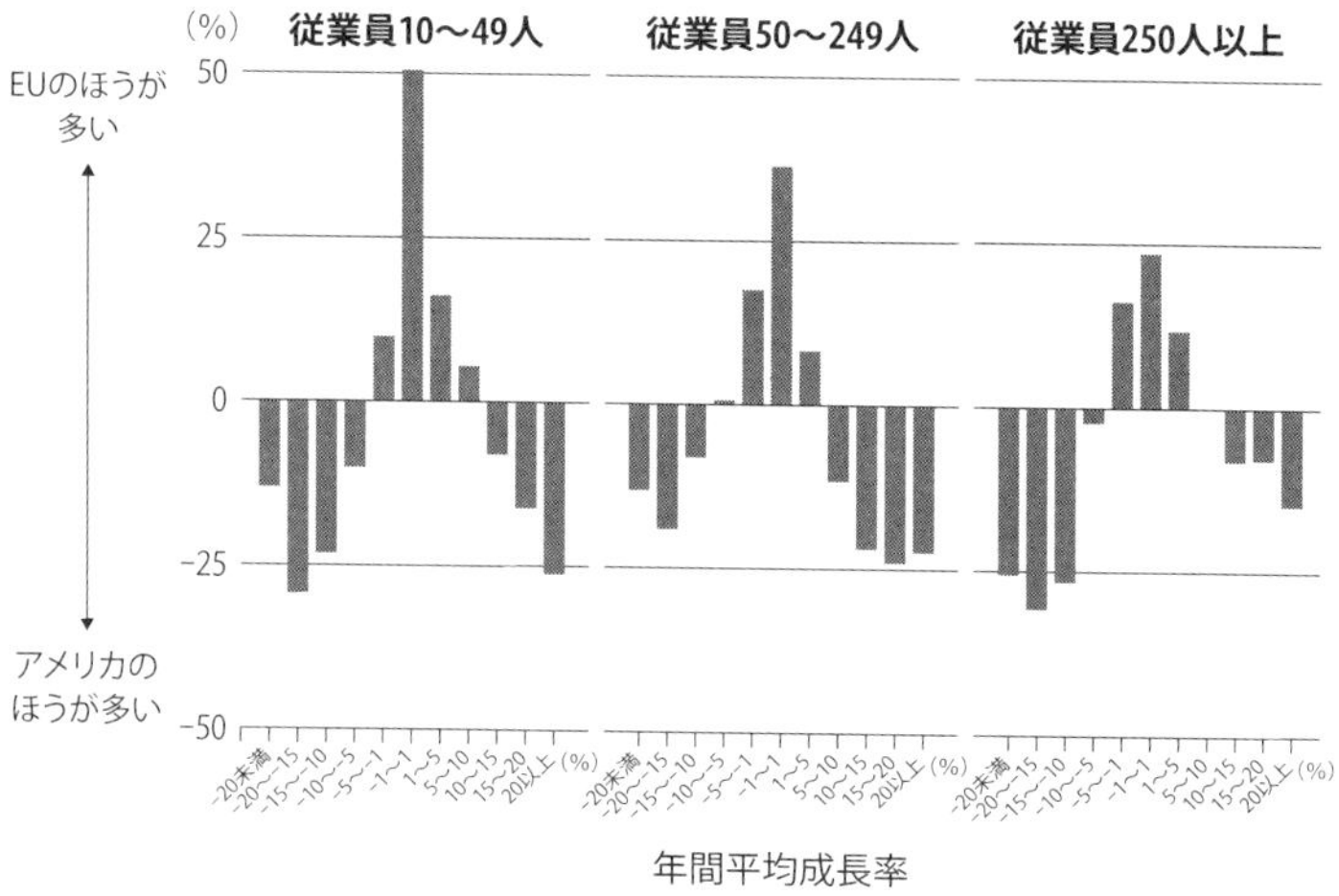

５０人以上の企業で働く労働者の割合が全体の60％でしたが、ＥＵでは40％でした。逆に、従業員10人未満のミクロ企業の労働者は、アメリカでは労働人口の８％しかいないのに対し、ＥＵでは18％でした。

企業の成長の状況を見ると、アメリカはＥＵに比べて大企業が縮小する傾向が見られる反面、伸び率はＥＵをそれほど大きくは上回っていません（図表８−３）。

生産性がもっとも低い小規模事業者では、伸びる企業も縮小する企業も、アメリカのほうが大きな割合を占めています。ＥＵは規模が小さくなればなるほど、成長も衰退もしない企業の比率が大きくなります。

アメリカとＥＵの最大の違いが見られるのが中堅企業です。アメリカの中堅企業は縮小する

図表8-4　EU28の企業規模別付加価値増加率（金融を除く、2008〜2017年）

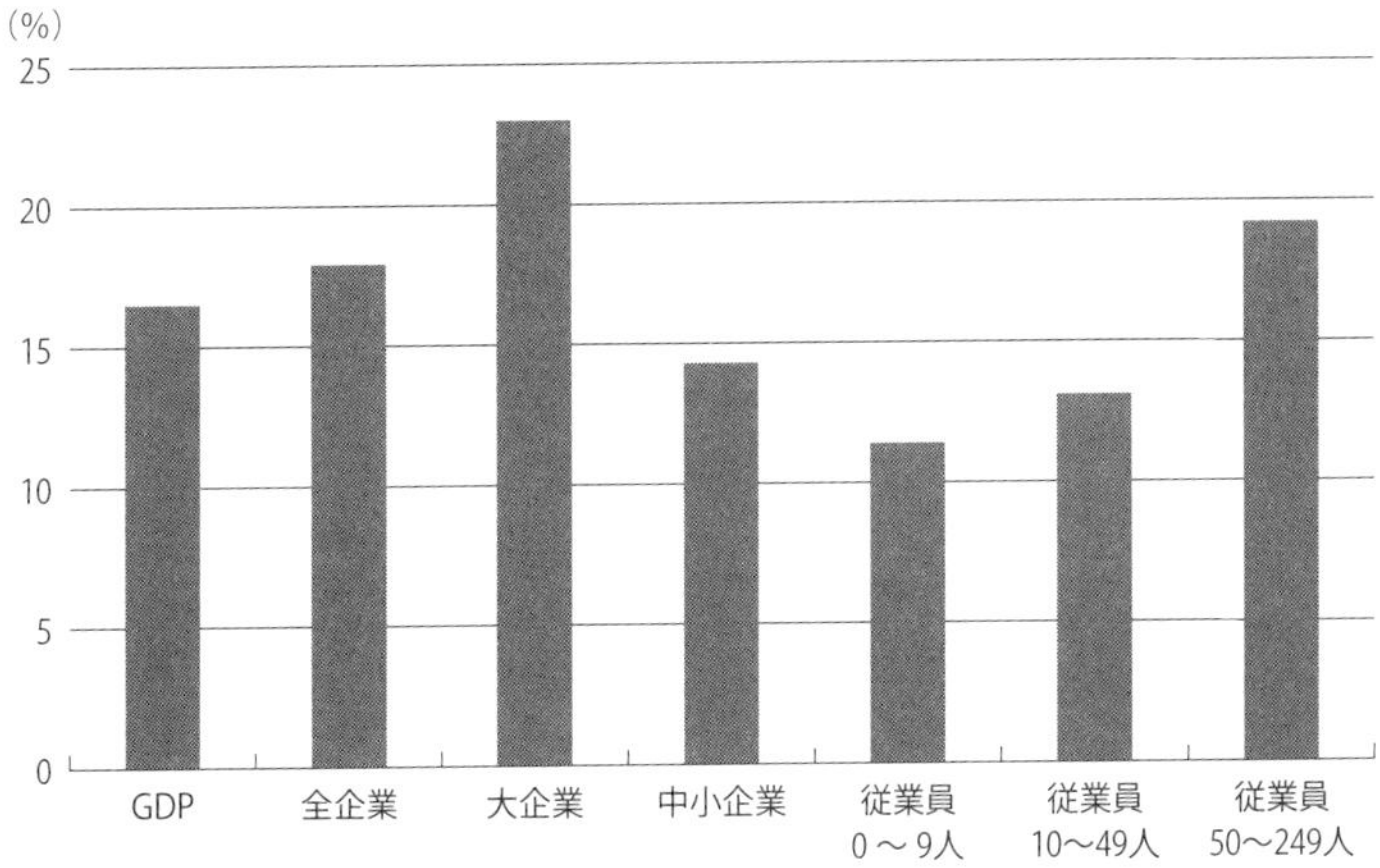

出所：Annual Report on European SMEs 2017/2018

企業より成長する企業が多く、成長する企業の割合も大きいのです。

アメリカとドイツには共通した特徴があります。大企業と中堅企業が中心となり、新しく生まれた企業も比較的早い時期に中堅企業や大企業に成長する一方で、成長できない企業には市場から退場してもらう仕組みになっているのです。これによって大変強い産業構造が生み出されています。

大企業と中堅企業が多いほど、生産性は大きく向上します。これは、ＥＵ28における２００８年から２０１７年までの付加価値増加率を企業規模別に見れば明らかです（図表８–４）。

カナダにも同じ傾向があります。２０１５年

図表8-5　カナダの企業規模別成長率の分布

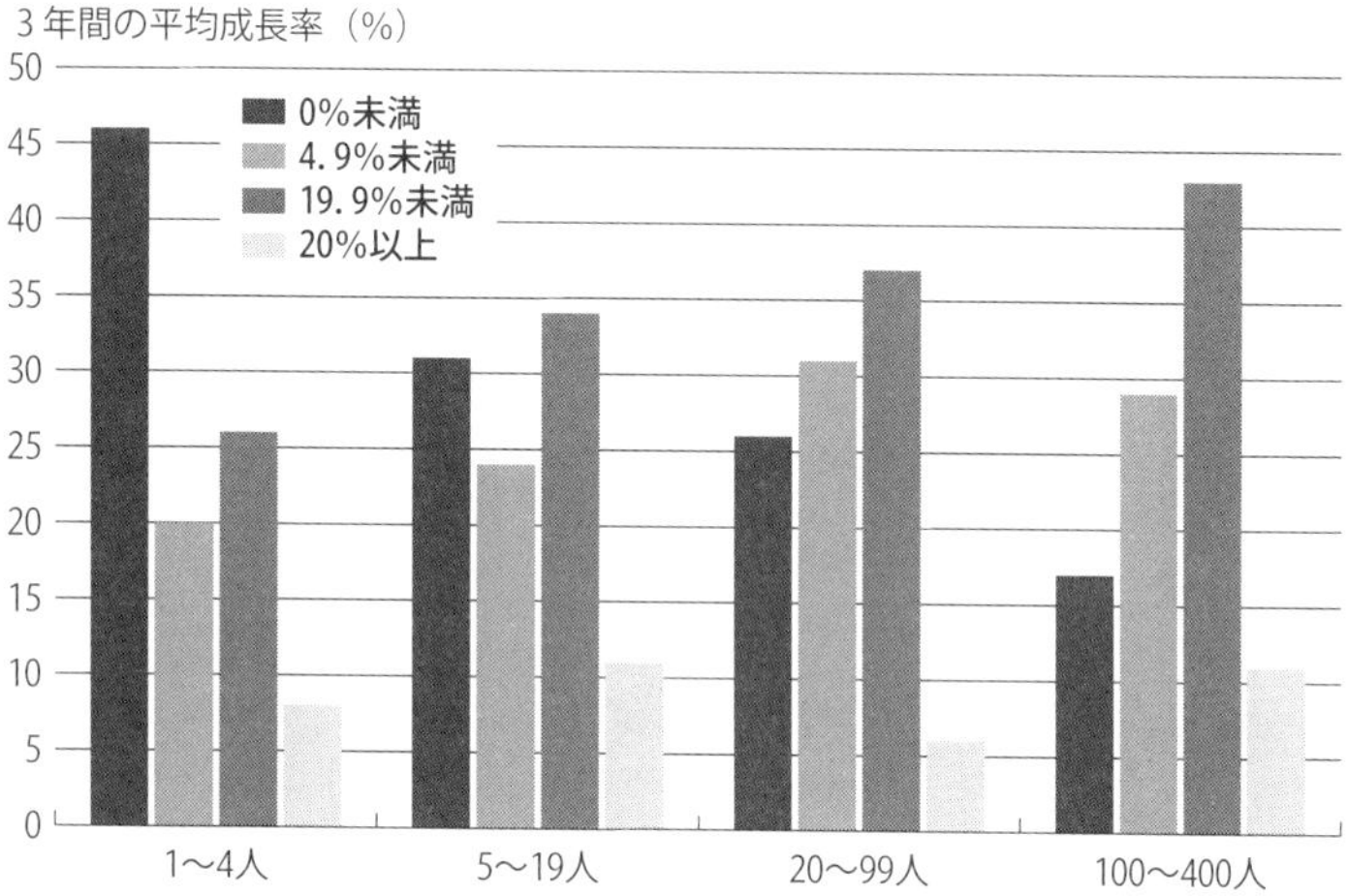

出所：Business Development of Canadaのデータ（2015年）より筆者作成

では、中小企業の59％は収益も従業員数も伸ばしていません。また、企業規模が大きくなるほど、成長する企業の比率が大きくなります（図表8－5）。

規模の区分が大きくなるにつれて経営者の成長意欲が強くなる傾向も、他の国と同じです。逆に規模が小さくなるほど、いわゆる「ライフスタイル企業」が多くなり、成長する企業は少なくなります。

このデータからも、多くの国で実施されている、小さい企業ほど手厚く優遇する政策の問題点が明確になります。

図表**8-6**　2010年設立企業の従業員数増減（2012～2017年）

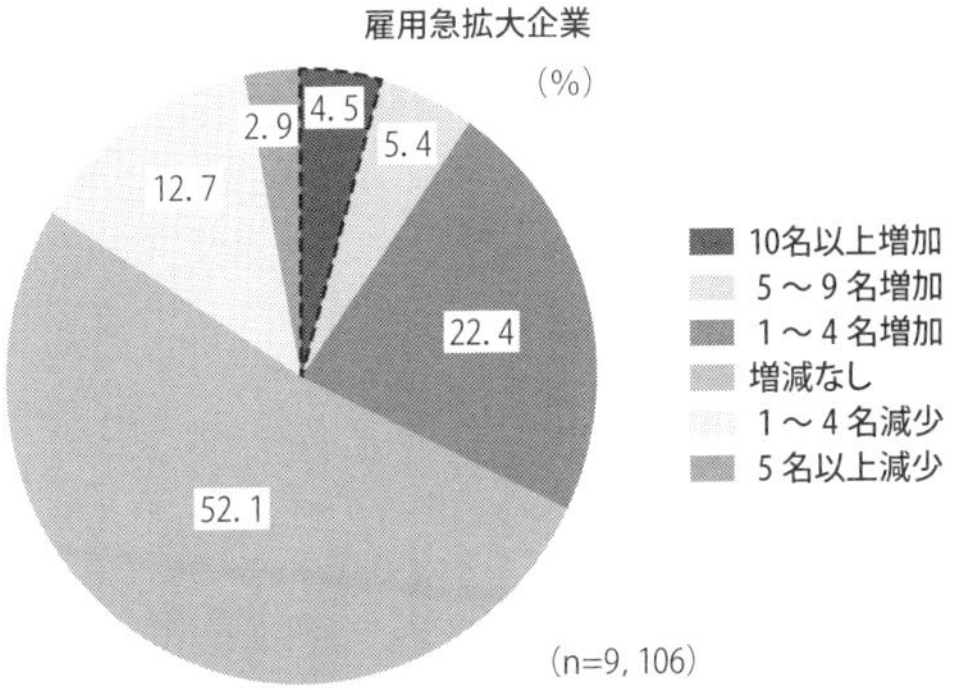

資料：(株) 東京商工リサーチ「企業情報ファイル」再編加工
(注) 1. 各年9月時点の企業情報ファイルを対象としている。
2. 設立年が2010年、かつ2012年時点で中小企業である企業を集計している。組織再編による法人設立も含まれている点には留意が必要である。
3. 2012年及び2017年の決算月数が12か月かつ、当期決算売上高及び従業員数が有効回答の企業のみ集計している。
4. 2012年及び2017年時点で民営、非一次産業の企業を集計している。
5. 2012年時点の売上高上位5%値以上の企業は外れ値として除外している。
出所：『中小企業白書　2019年版』

日本の中小企業の過半数は規模を拡大させていない

日本はどうでしょうか。『中小企業白書』によると、2010年に設立された企業のうち、2012年から2017年までの期間に規模を変化させなかった企業は、存続していた企業の実に52・1%にのぼります（図表8－6）。

さらに2012年から2016年の間に存続していた295万社のうち、たった7・3万社しか大きなカテゴリーへ分類し直されていないのです。日本の中小企業の問題が成長しないことにあるのは明らかです。

図表**8-7**　後継決定者が事業を継ぐにあたり懸念すること

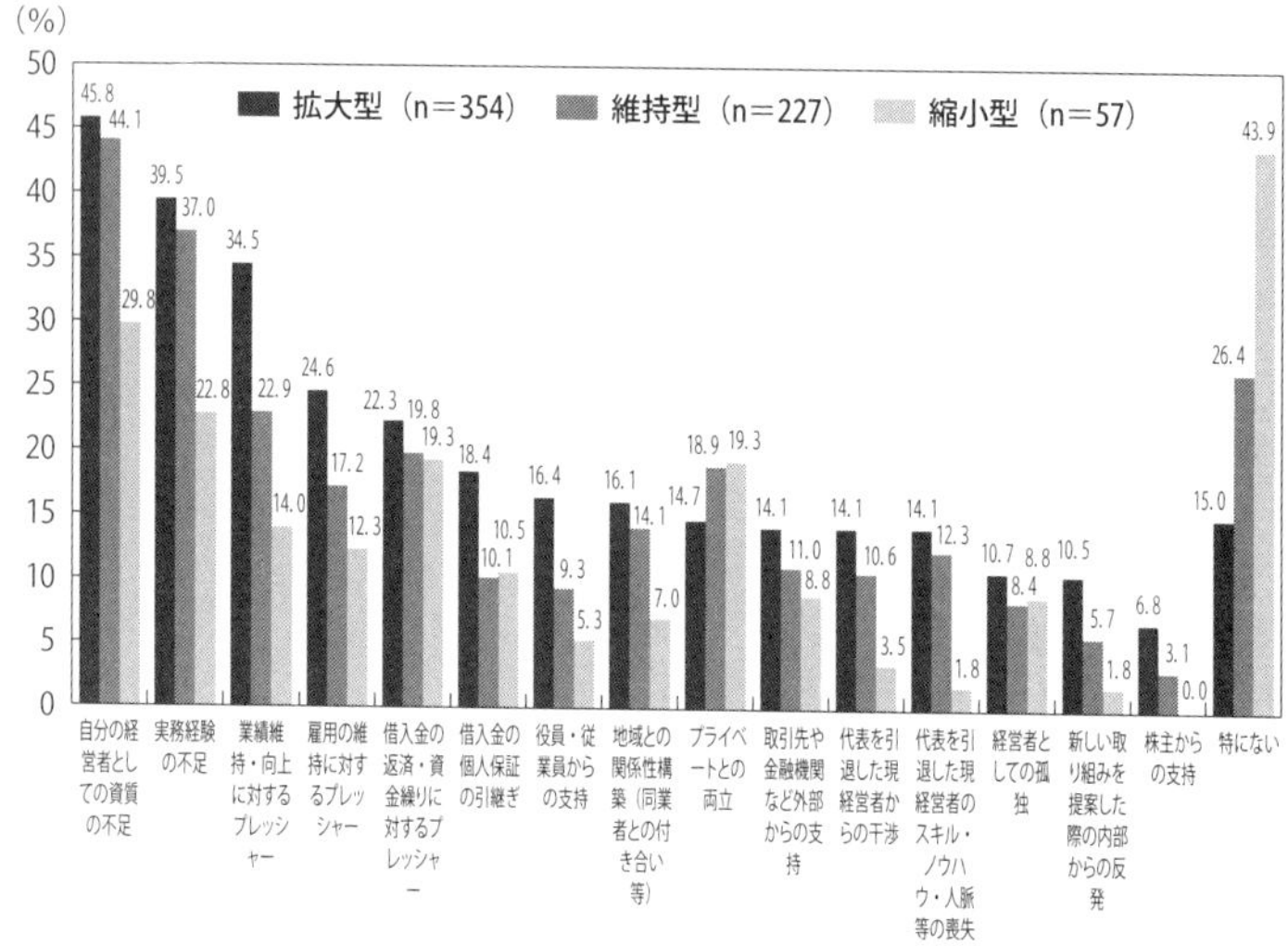

資料：三菱UFJリサーチ&コンサルティング（株）「中小企業・小規模事業者における経営者の参入に関する調査」（2018年12月）
（注）1．事業承継後の事業規模に対する意向について「その他」と回答した者を除いて集計している。
2．「その他」の項目は表示していない。
出所：『中小企業白書　2019年版』

第6章で説明したとおり、中小企業の最大の欠点は経営能力が低いことです。ということは、どうすれば成長できるかわからなかったり、そもそも成長したいという意欲がなかったりすることが、彼らの前に大きな壁として立ちはだかっているのでしょう。

実は、中小企業の後継者にも、自分の経営能力が不足しているという認識はあるようです。『中小企業白書』の調査では、拡大型の中小企業の後継者の45・8%は、自分の経営者としての資質不足に懸念を示していますし、実務経験不足も懸念事項として挙げています（図表8－7）。

成長しない企業を動かすのが、日本政府の最大の課題です。

私が調査するかぎり、最適な規模まで成長するように中小企業を支援する政策を徹底的に実施している国は残念ながらありません。人口減少がもっとも深刻な日本がリーダシップを示すしかないのです。

規模拡大を促す政策には「環境づくり」と「個別企業支援」がある

成長する企業を支援する政策には、主に2つの柱があります。

1つは、高成長企業の増加を促す政策、もう1つは高成長している企業の成長を長期化させる政策です。前者は環境づくり、後者は特定企業を応援する政策となるので、まったく違う性質を有しています。

環境づくりには、大きく以下の4つの政策が考えられます。

①資源調達の支援

知識：技術やビジネススキルの知識、技術やビジネスのコンサル、研究開発など

資本：ベンチャー資本、銀行借り入れ、公的な資本提供、不動産など

②インセンティブの喚起

高成長をするために必要な個人のインセンティブ、税扱い、倒産手続き、社員の報酬制度の多様化など

イノベーションを起こす会社の社会的地位の向上、失敗への理解、イノベーションを起こす大企業の社員や大学の研究者の評価

③市場の整備

起業規制の緩和

市場への参加を促す

④インフラの整備

交通、ＩＣＴ、電気、健康、教育、法制度などの物理的なインフラ

経済の安定、成長

中小企業政策と同じ印象を受けるかもしれませんが、違います。ふたたび図表8－1をご覧ください。比較してみると、政策の目的と実行の方法に違いがあることがわかります。

日本企業には「成長するインセンティブ」を喚起する必要がある

日本はこの中では、伝統的に②の「インセンティブの喚起」が苦手です。

今までは、新しいイノベーションを起こそうにも、既存企業を守るあまり新規参入が妨げられるケースが多くありました。おそらく「倒産＝悪」という思い込みが強く、既存企業を手厚く守ったため、産業構造が固まってにっちもさっちもいかなかったのではないかと想像します。

人口が増加しているのであれば、経済基盤が大きくなるので、既存の企業を守りながら新しい企業の参入を受け入れる余地もあります。しかし人口が減少すれば自ずと市場は縮小します。失敗し撤退する企業が現れることもある程度は容認しないと、イノベーションを起こす企業の出現を阻害してしまいかねません。

携帯電話のようなイノベーションは、新しい需要を引き起こして、市場を大きく成長させるので、人口減少時代にはもっとも大事な要素です。

EU28の多くの国はさまざまな高成長企業を対象に、さらなる成長を促進する政策を実施しています。アジアでも、シンガポールや韓国の他、さまざまな国で同様の政策が実施されています。

これらの国では、新しい技術を使う企業、いわゆるイノベーター企業を優遇する仕組みが求められていると言われています。

「Policies in Support of High-Growth Innovative SMEs」によると、イノベーター企業のうち20%の成長を3年連続で達成できる企業の割合は全体の25%で、イノベーションを起こしていない企業の14%より高いとあります。

高成長企業と聞くとベンチャー企業をイメージすることが多いのですが、必ずしもそうではありません。また、ベンチャー企業のすべてがイノベーションを起こしている企業ともかぎりません。

高成長企業はベンチャーとスケールアップに分けられます。前者は新しい企業ですが、後者は既存企業がふたたび高成長することを指します。

世界銀行の論文「Competitive Small and Medium Enterprises」では、ベンチャー企業を支援することには難しい面があると指摘しています。

ＯＥＣＤやラテンアメリカのデータでは、創業から7年以内のベンチャー企業は６・０％が廃業し、20％はまったく人を雇用していない自営業で、15％は低成長企業や成長が低迷している中小企業、そして５％弱が成長企業だと分析しています。

ベンチャー企業にもライフスタイル企業が多いことを考えると、やはり国による支援には期限と条件をつけるべきです。支援を受けても成長しないのならば、その企業は支援の対象から外さなければなりません。この場合の「成長」の定義は、雇用者の数、もしくは賃金の引き上げになると思います。

いろいろなところでベンチャー企業のための資金供給が重要だと言われますが、実際には企業が成長しやすい環境をつくることのほうがより重要だそうです。なぜならば、成功するベンチャー起業家とはどういう人なのか、見極めが非常に難しいからです。

さまざまな分析によると、イノベーションを起こしている企業や成長している企業を応援するもっとも有効な政策は、そういった企業同士の交流を促進する取り組みだということがわかっています。

大学はもっと「クリティカルシンキング」の教育をすべき

一般的には、起業家というとアップル社のスティーブ・ジョブズのように、大学を中退し、家の車庫で会社を始めるといったイメージを持っている人が多いかもしれませんが、実態は違います。

EUでは、82・8%のスタートアップ企業は男性により創業され、大卒以上の学歴の人が84・9%を占めます（図表8-8）。起業時の平均年齢は35歳なので、それほど若いわけではありません。

アメリカでも傾向は似ています。「The Anatomy of an Entrepreneur」によると、95・1%の起業家は大卒以上で、47%は大学院以上の卒業者でした。起業時の平均年齢は40歳で、7割が既婚者、1人以上の子どもがいる人が60%弱でした。起業し軌道に乗せるまでは、資金調達と経営のスキルがもっとも大きな課題だったとあります。

これらのデータを見ていると、日本の大学が抱えている問題にも注目せざるをえなくなります。

図表8-8　各国の起業家の教育レベル

（%）

	中卒	高卒	大学中退	学士号	修士号	博士号
オーストリア	—	16.7	5.9	15.5	48.9	9.9
ベルギー	1.2	3.7	9.9	11.1	63.0	9.9
チェコ	1.9	14.8	5.6	13.0	57.4	7.4
デンマーク	2.1	2.1	4.3	21.3	63.8	6.4
フランス	1.4	1.4	1.4	1.4	78.6	14.3
ドイツ	—	2.0	8.3	21.0	49.8	18.0
ギリシャ	—	2.4	2.4	26.8	53.7	14.6
ハンガリー	5.3	7.9	13.2	23.7	44.7	5.3
アイルランド	—	3.2	7.3	28.2	46.0	14.5
イタリア	—	13.9	7.9	17.6	37.6	21.2
オランダ	1.4	—	8.3	19.4	62.5	5.6
ポーランド	—	8.5	7.0	16.9	60.6	4.2
ポルトガル	1.3	1.3	2.6	20.5	56.4	14.1
スロバキア	2.9	2.9	8.8	2.9	58.8	23.5
スロベニア	—	13.9	13.9	38.9	25.0	5.6
スペイン	1.0	3.1	9.4	14.6	57.3	11.5
スウェーデン	—	3.9	19.6	11.8	58.8	3.9
イギリス	—	1.4	10.1	26.8	51.4	10.1
平均	0.7	4.9	7.9	19.3	53.0	12.6

出所：Annual Report on European SMEs 2017/2018

既存企業の経営者にしても、起業家にしても、大卒者の割合が非常に高いので、大学教育が果たす役割が重要になります。

日本の国際競争力の中で、マクロ経済の安定感に次いで点数が低いのが社会人のスキルです。順位は、アメリカ（第3位）、ドイツ（第4位）、イギリス（第13位）などに比べて、日本はかなり低い第26位です。

スキルを細分化した評価を見ると、スペインやイタリアと日本の共通点が見えてきます。それが、大卒者のスキル不足と、クリティカルシンキング能力の低さです。

特にクリティカルシンキングは生産性を向上させる際に必要となる、データ分析、マーケティング、商品開発など科学的経営を実行するにあたって決定的に重要なスキルです。

理科系の学生は科学的な研究法に慣れているはずなので、大きな問題にはならないかもしれませんが、文系の学生はどうでしょうか。

大学は本来「クリティカルシンキング」を訓練する場

本来、大学というのはクリティカルシンキングを訓練する場であって、専攻はそのクリティカルシンキングを訓練するために、個々人の興味に合わせて選んだだけのいわば「趣味」です。

論理を分解し、前提を明確化する。データでその前提を検証する。前提から結論までの間の理屈に矛盾点や欠落している部分、飛躍がないかを確認する。これがクリティカルシンキングです。

最近多くの大学で、クリティカルシンキングの授業を設けるという話を聞きます。しかし大学のすべての授業、講義は本来、クリティカルシンキングの訓練の場として、その存在意義があります。特別にクリティカルシンキングの授業を設けるということは、授業や講義がクリティカルシンキングの訓練だという認識がないということなのでしょうか。

少なくとも私が卒業したオックスフォード大学では、高校までの学校は知識を覚える場所、大学は考え方を訓練するところという考えが貫かれています。大学で習得する知識は、クリティカルシンキングを訓練するための手段であって、目的ではないのです。

日本の科学技術は世界的にもかなり高い評価を受けていますが、文系はまったくと言っていいほど評価されていません。文系学部の出身者が経営者の多くを占めるようになると、クリティカルシンキングのスキルの欠如した人が経営を行うことになるので、経営に悪影響が生じます。

その象徴が、日本ではエピソードや事例を根拠にした、まったく客観的ではない議論が数多く行われていることです。これはおそらくクリティカルシンキングの欠如にその原因があると考えています。

エピソードを根拠とした議論と同じように、特に官僚は「成功事例」を好む傾向があるようにも感じています。1つの事例を取り上げ一般化する。「日本人は」「外国人は」といった議論もその例です。今まで参加した25件の政府委員会では、ほぼ毎回この傾向がきわめて強いと痛感しました。

日本のかじ取りというもっとも重要な役割を果たさなくてはいけない霞が関ですから、この思考法を早急に変えることが大きな課題です。

マスコミにも同様の傾向が見られます。マスコミが発表する記事などを注意深く読めば、どれだけ日本ではエピソードベースの考え方が強くはびこっているか、びっくりされると思います。

クリティカルシンキングでは、あらゆるエピソードがエビデンスたりうるかを検証する必要がありますが、日本ではこの考え方が決定的に欠落しています。特に、日本のことに意見されると、バイアスがかかって客観性を失う人が多いようにも感じます。

一般の人ならともかく、人口が減少するこれからの時代では、経営者のクリティカルシンキングのスキルの欠如は致命傷を招くことになりかねません。

成長する企業がより成長できる環境が大切

企業規模の拡大には環境整備が大切だと言われる理由は、成功するベンチャー起業家の選別が非常に難しく、世界的に見ても官がその選別に成功した例がほとんどないからです。だから失敗する可能性が高い選別をやめて、どのプレイヤーも公平に参加できる、いわゆる「level playing field」をつくることで成功する企業がより成功しやすい環境を整備し、市場のメカニズムによって選別してもらうことが肝心だと言われています。

さらに官民が連携して、成長への障害をなくす調整を行うことが不可欠です。もちろん、新技術に反対する既存企業の調整も含めた話です。場合によっては、信用保証が一定の役割を果たすかもしれません。

もちろん、この支援を行う場合も、5年とか7年とかの期限を設けたほうがよいのは変わりありません。

EUでは、多くの高成長企業でも起業してからしばらくの間は利益が出ないので、資金調達が大切だと言われています。また、まだあまり実行されていませんが、欠損金の繰越し期間の延長が検討の価値が高いとされています。

こういう政策の重要性は他でも語られていますが、ＯＥＣＤの「Strengthening SMEs and Entrepreneurship for Productivity and Inclusive Growth」には、以下の文章があります。

Increasingly, governments are focusing on the growth journey of SMEs, that is, on enabling conditions for post-entry growth, growth of small firms into mid-size companies, as a lever to boost aggregate productivity growth and competitiveness by ensuring coordination and upgrading of smaller suppliers.

ここでは、新しい企業の成長戦略、中小企業が中堅企業に成長する政策の重要性が指摘されています。

イギリスの「Productivity Perspectives Synthesis」も同じ指摘をしています。

イギリスはアメリカを真似て規制緩和を進めてきた結果、経済の自由度がだいぶ高くなりました。その上、高成長企業やベンチャー企業の支援も続けてきました。

しかし、生産性の水準はまだ相対的に低迷しています。こういう背景があるので、生産性低迷の原因となっている数多くの成長しない企業を成長させる方向に、政策の重点を動かしつつあるとされています。

この構想に関しては、「Productivity and the UK's Deficiency in Scale-Ups」にさらに詳しく言及されています。この分析では、高成長企業やベンチャー企業だけではなかなか国全体の生産性は上がらないと指摘されています。成長しない既存企業が多いほど国全体の生産性も上がらないというイギリスの悩みがうかがえます。

この論文では、特に「高成長企業」という定義が単純すぎると指摘しています。なぜなら、成長率を基準に優遇政策を決めると、規模が小さい企業のほうが有利になるため、結果的に中小企業保護政策と変わらなくなるからです。

この分析でも、資金調達と経営のスキル、人材が最大の課題であると報告しています。

日本には、何よりも中小企業の合併促進策が必要だ

日本は人口が減少しており、人手が不足し失業率が上がりにくい状況にありますので、最低

賃金を引き上げると同時に、小さい企業を中堅企業や大企業に成長させるための、徹底的な政策が求められています。人口が減ることや跡継ぎが不足していることを勘案すると、中小企業に合併・統合を促す政策が非常に有効だと思います。

今の産業構造の問題は約25年かけてでき上がったものなので、2年や5年など短期間で慌ててやる必要はありません。段階的に、たとえば2040年を目標にするなどの方法が検討に値するでしょう。

合併を促進すれば経済的均衡が底上げされて、最低賃金を上げる能力が高まります。同時に、最低賃金を引き上げることによって、小さい企業が合併の道を選ぶ可能性が高まります。合併の促進と最低賃金の引き上げは、表裏一体で行うべきです。

合併促進のためには、小さい企業のオーナーに企業を売るインセンティブを与えるべきです。合併をして損するのではなく、会社を売却することが得になる税制などを考えることが大切でしょう。

のれん代を償却しない、合併費用の損金扱い、買う会社が売る会社の繰越欠損金を引き継げるなど、いくつかの方法が考えられますが、私は日本の税制の専門家ではないので、この件に関しては専門家に委ねます。

図表**8-9**　後継者の年齢別、事業承継が売上高に与える効果

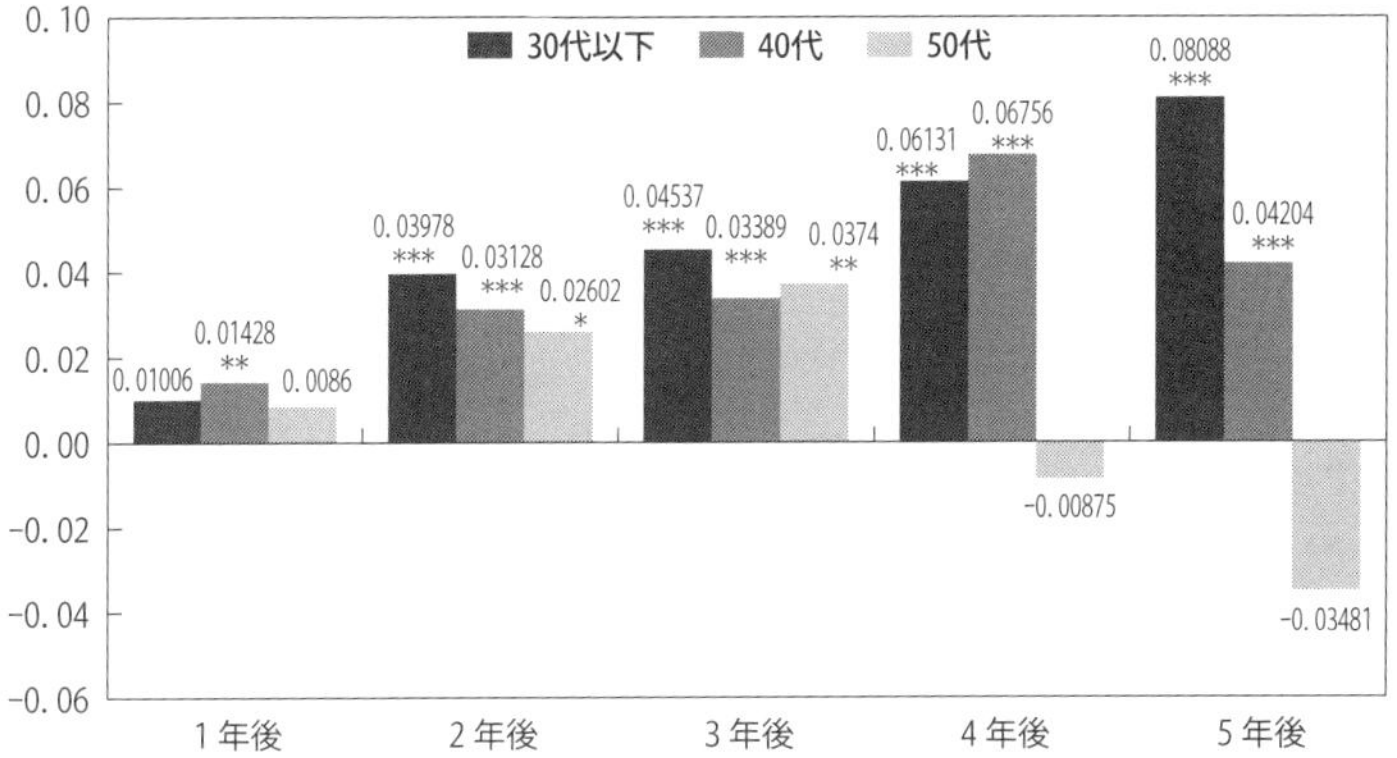

資料：一般社団法人 CRD 協会「平成30年度財務情報に基づく中小企業の実態調査に係る委託事業」（2019年３月）
（注）1. グラフは、対数化した売上高について対照群と処置群の変化の差を示している。
2. グラフ上のアスタリスクは統計上の有意水準を示しており＊…10%有意＊＊…５%有意＊＊＊…１%有意となっている。
出所：『中小企業白書　2019年版』

会社を売ることでオーナーが得する政策がなぜ重要なのか、その根拠は『中小企業白書』の中にあります。会社が新しい経営者に継承されると業績が好転する傾向があり、さらに新しい社長が若ければ若いほど、業績が良くなる傾向が確認されていますので、事業継承と合併の効果は大きいのです（図表8－9）。

ここでもポイントは規模の拡大です。特に新しい社長が30代、40代の場合、従業員を増やす強い傾向が見られます（図表8－10）。

企業の廃業は業績悪化が大きな理由なのが一般的ですが、実は経営自体は黒字なのに廃業する企業も少なくありません。そういう企業でも、早めに企業を売却したほう

図表8-10　後継者の年齢別、事業承継が従業員数に与える効果

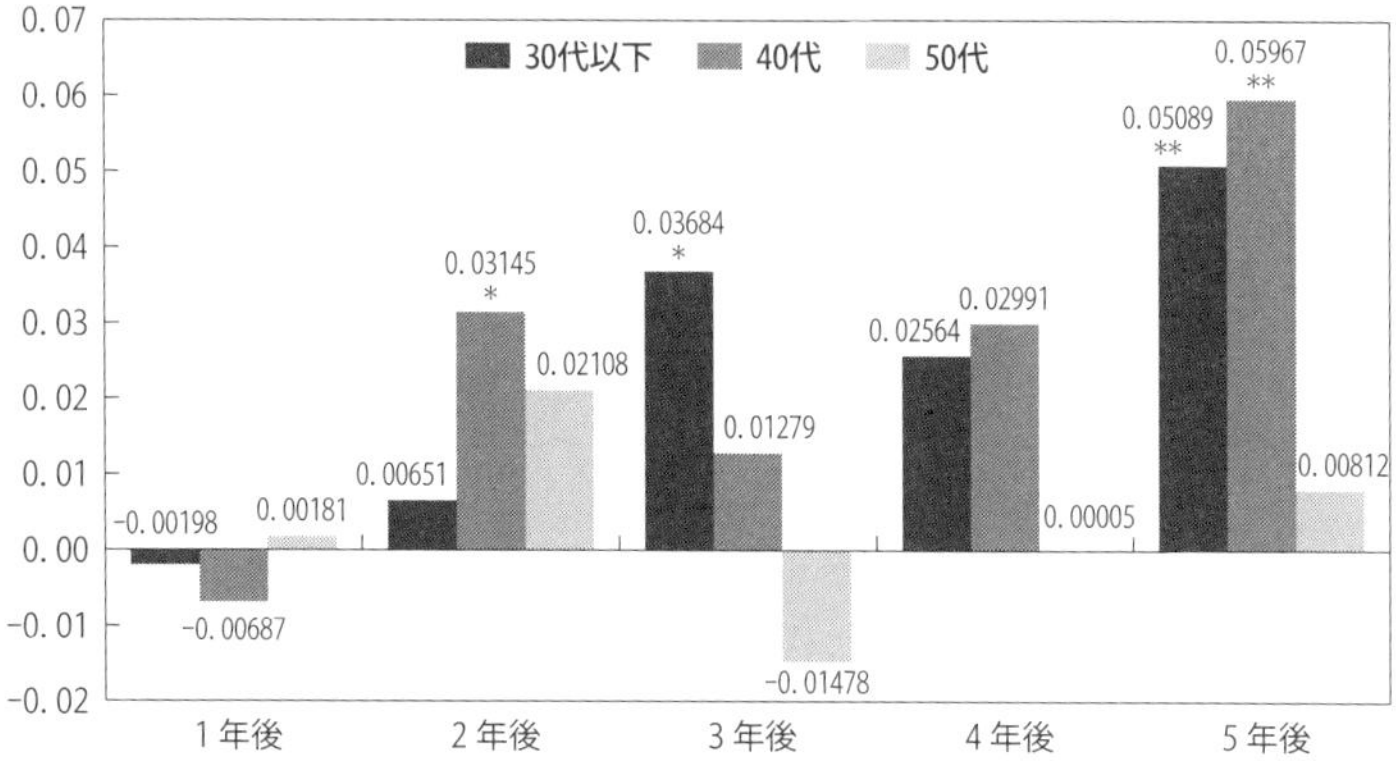

資料：一般社団法人 CRD 協会「平成30年度財務情報に基づく中小企業の実態調査に係る委託事業」（2019年３月）
（注）1．グラフは、対数化した従業員について対照群と処置群の変化の差を示している。
2．グラフ上のアスタリスクは統計上の有意水準を示しており＊…10％有意＊＊…５％有意＊＊＊…１％有意となっている。
出所：『中小企業白書　2019年版』

が経済にとってマイナスを少なくすることができます。

中小企業庁の調査によると、引退を決断する経営者がもっとも懸念していることも、実際に問題として表面化していることも、自身の収入の減少でした（図表8－11）。企業を売却すると得になる政策を実施して、彼らの不安を払拭してあげるのは重要です。もちろん第6章で説明したとおり、経営能力のことを考えれば、親族が経営を継承するケースを優遇することは望ましくないと思います。

バブル崩壊後、主要銀行同士が合併しましたが、しばらく経営がうまくいかなかった時期がありました。

図表**8-11**　経営者引退決断時の「懸念事項」と
経営者引退に際し「実際に問題」になったこと（事業承継した経営者）

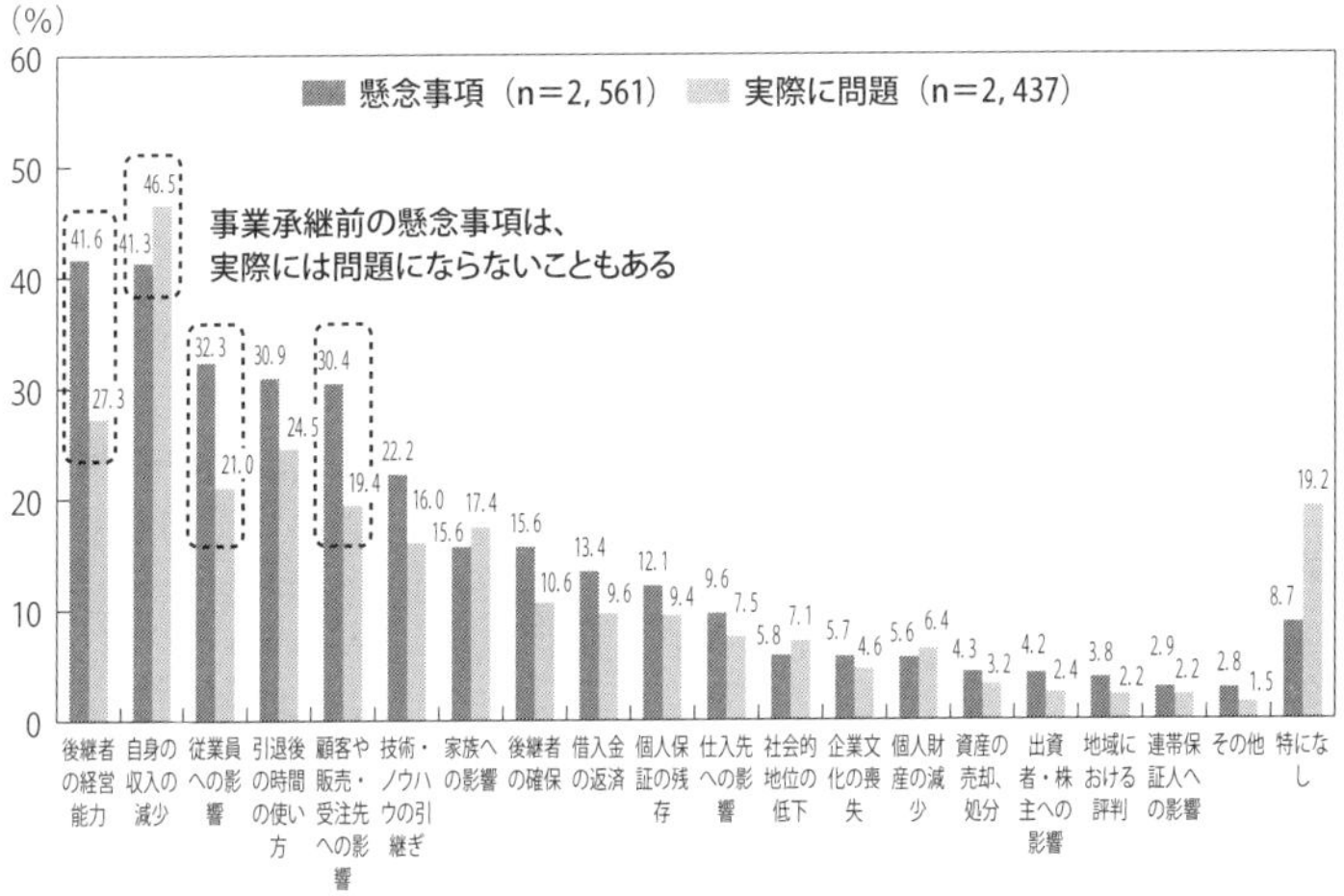

資料：みずほ情報総研（株）「中小企業・小規模事業者の次世代への承継及び経営者の引退に関する調査」（2018年12月）
（注）1．ここでいう「事業承継した経営者」とは、引退後の事業継続について「事業の全部が継続している」、「事業の一部が継続している」と回答した者をいう。
2．複数回答のため、合計は必ずしも100%にならない。
出所：『中小企業白書　2019年版』

このときのことを例に出して、私の提言に反論が投げかけられることがあります。２つの企業が一緒になって、経営者の１人が残る。仮にその人のほうが能力が高かったとしても、結局うまくいかなかったではないかというわけです。

たしかにそういうことも、短期的に見ればあるでしょう。しかし、その経営者が使える経営資源が大きく増えることになるので、単純な比較はできません。

合併後の整理に時間がかかることは間違いないので、合併の効果はすぐには出ません。しかし、その短期間だけを取り上げて効果が出ないと指摘することは、ご都合主義にすぎます。

1つ言っておきたいのは、特に日本の主要銀行の場合、もし今のように合併して数社に集約していなかったらどうなっていたかを考える必要があるということです。少なくとも、一本調子で衰退していった主要銀行がそのまま衰退し続けていったであろうことは、元アナリストとして自信を持って断言できます。

企業の数を減らすと、個々の企業にも2つのメリットがある

企業の数を減らすことには、大きなメリットが2つあります。

1つは、経営者の能力の平均値が上がることです。

第6章で述べたとおり、経営者の質は生産性を大きく左右します。企業の数が減れば、社長になるための競争が激化します。その激しい戦いを通じ、より能力の高い経営者が生まれることが期待できます。人口が減ることでこういった優れた経営ができる人も減っているはずです。

さらに、企業の数を減らすことは、人口減少にも対応できるもっとも優れた経営能力を持った経営者に、労働者を集約することにもつながります。

もう1つのメリットは、人口動態の変化にふさわしい形に組織を是正することができる点です。

若い人が多く高齢者が少ない国ではどこでも、年長者がリーダーを務める制度ができ上がっています。会社で言えば、年長者が社長になるのが一般的です。

特に20世紀に入ってからは、人口動態に沿った形で企業の仕組みができてきました。その頃は若い人が多く年長者が少なかったので、年功序列的な仕組みでも大きな問題にはなりませんでした。

データ分析が容易ではなかった昔は、おそらく「経験と勘と度胸」の経営が通用し、年上がリーダーになるのも合理的だったのでしょう。とはいえ、寿命が今より短い分だけ、継承はより早く進んでいたことも事実です。

しかし、今の日本の人口構成は年長者が多く、若い人が少ない形になりつつあります。若い人が年上の人の下で働くという今の方法を続けていくと、役員や管理職ばかりがたくさんいて、実際に働く労働者が少ないという歪な構成になってしまいます。

このような歪な状況を長く維持するのは不可能です。年上というだけで社長や管理職の立場が用意されて高い給料をもらうという、これまで日本企業で当たり前とされてきた仕組みは刷新するべきです。

２０６０年までに、日本では労働者が42・５％も減ります。社長というポジションの数を減らさないと、年寄りばかりが厚遇され、若い人にお金がますます回らなくなります。

世界の長い歴史を振り返ってみると、今ほど年功序列が制度として強く機能している時代はなかったことに気づかされます。封建制度下では、君主や殿様は別に年上だからあがめ奉られていたわけではありません。

世界的に見ても、年上が年下の下で働くことは珍しいことでも不思議なことでもありません。5歳で王位を継承したルイ14世、23歳で継承したマリア・テレジアの例もあります。イギリスにはウィリアム・ピットが24歳で首相となった例もあります。

これからの日本では、今までのように若い部下が年上上司の下で働く制度は消滅し、一定の年齢になると、年上の人が若い人の下で働くのが当たり前の世の中に変わると思います。

合併の促進によって社長の席を減らせば、結果的にこの変革も促進されることになるでしょう。

中小企業の数を減らすべきだという私の提案に対して反論する人は、ある重要な現象が進行していることに気がついていない節があります。実は、日本ではすでに中小企業の数が大きく減っているのです。

つまり、私は新しい動きをつくるべきだと言っているわけではなく、すでに起き始めている現象を戦略的に捉え、効率よく、かつ賢く利用して、増えすぎてしまった企業の数を減らすべきだと言っているにすぎないのです。

企業の数だけが減って労働人口が集約されるのは、正しい方向です。それをさらに押し進めていく道こそ、日本という国と企業の「勝算」なのです。

参考文献

Tamar Khachaturian, "The Labor Productivity of U.S. Small and Medium-Sized Enterprise Multinational Companies," Office of Industries, November 2012.

Joachim Wagner, "Exports and Productivity in Germany," Jena Economic Research Paper, No. 2007-026, October 2007.

Philip McCann, "Productivity Perspectives Synthesis," Economic and Social Research Council, Evidence Review, PIN-07, July 2018.

John whatmore, "Making Innovation Flourish," October 22, 2019.

Stefan Lilischkis, "Policies in Support of High-Growth Innovative SMEs," European Commission, INNO-Grips Policy Brief

No. 2, June 2011.

Parth S. Tewari, David Skilling, Pranav Kumar, and Zack Wu, "Competitive Small and Medium Enterprises," World Bank, May 2013.

OECD, "Strengthening SMEs and Entrepreneurship for Productivity and Inclusive Growth," OECD Key Issues Paper, SME Ministerial Conference, Mexico City, February 22-23, 2018.

Colin Mason, "Productivity and the UK's Deficiency in Scale-Ups," Economic and Social Research Council, Evidence Review, PIN-05, July 2018.

OECD, "Enhancing the Contributions of SMEs in a Global and Digitalised Economy," Meeting of the OECD Council at Ministerial Level, June 7-8, 2017.

Colin Mason, "Productivity and the UK's Deficiency in Scale-Ups," Economic and Social Research Council, Evidence Review, PIN-05, July 2018.

David B. Audretsch, "Determinants of High-Growth Entrepreneurship," OECD, March 2012.

OECD, *OECD SME and Entrepreneurship Outlook 2019,* 2019.

SME Envoys Network, "European SME-Action Programme," 2017.

Business Development Bank of Canada, "SMEs and Growth: Challenges and Winning Stategies," October 2015.

Jonathan Cook, Dan Hardy, and Imogen Sprackling, "Productivity Policy Review," Economic and Social Research Council, Policy Review, PIN-11, January 2019.

OECD, *OECD Economic Surveys: Japan,* 2015, 2019.

Andrew Henley, "Small Business Growth and Productivity," Economic and Social Research Council, Evidence Review, PIN-01, July 2018.

Joo-Yong Kim, "SME Innovation Policies in Korea," Pacific Economic Cooperation Council, 2007.

Charles Harvie and Boon-Chye Lee, "Public Policy and SME Development," University of Wollongong, 2005.

おわりに

ここまで読んでいただいた方の中には、現役の経営者の方も少なくないのではないかと想像します。おそらく、本書で私が提案した政策の変更には反対の意を唱えたいと考えた方も多いのではないでしょうか。

しかし、政府が政策を変更しなくても、好むと好まざるとにかかわらず、賃金の引き上げや生産性の向上、成長戦略の推進、そして合併・統合によってすでに大きく減少している企業の数がさらに大きく減ることは、今後は常識になると思います。

これからの時代は中小企業の経営者にとって地獄のような時代になることが予想されます。それは、人口減少によるマイナスの影響が、中小企業を集中攻撃するからです。

そもそも、中小企業には人をたくさん使う労働集約型の企業が多いのは、皆さんもご存じかと思います。人口が減ると、当然、労働集約型の企業ほどその影響を受けるのは道理です。

また、人口が減るということは、今までの「monopsony」の力関係が変わって、労働者の立場がますます強くなることを意味します。

人手が不足するので、労働者は仕事に困らなくなります。経営者が労働者を雇うには、今までは考えられないような好条件を提示せざるをえない世の中に変わります。

実際「新monopsony論」を用いて説明したように、「monopsony」の力が強くなった結果、規模の小さい中小企業が爆発的に増えました。当然「monopsony」の力が弱くなると、その力に一番頼っている中小企業がもっとも困るようになります。

つまり「新monopsony論」の理論のとおり、労使の力関係が是正されるので、労働者という資源は自ずと生産性の高い企業に集約されるのです。高い給料が出せるように、生産性を武器に競争せざるをえなくなるので、生産性向上がうまい企業ほど存続できる確率が高くなります。

その結果、経済学の大原則である「規模の経済」のとおり、規模のより大きい企業に労働力が集中するはずです。規模が小さければ小さいほど企業は不利となり、中堅企業と大企業はますます有利になります。

生産性向上が間に合わない中小企業には、労働者を労働市場で確保するだけではなく、合併という選択肢もあるでしょう。なぜなら、他企業と合併して労働者を会社ごと手に入れるほうが、労働市場で集めるより早道だからです。

人口が減少することによって、日本の産業構造はドイツと同じように大企業と中堅企業に集約されていくと、私は考えています。要するに、これからの時代は、規模の拡大ができるかどうかが勝ち抜く最大のポイントとなるのです。

このことは、経営者であればきちんと理解しておく必要があります。政府もこのことをしっかりと理解した上で、今後の政策を検討するべきだと考えます。

予想される大混乱を座視するか、事前に対応してその大変革が円滑に進むような政策を実施するか。政府は英断を迫られているのです。

この5年間、分析の長い道のりを歩んできました。その結果、生産性向上の特効薬は「企業の規模を拡大すること」であるという結論に辿り着きました。

企業の規模を拡大するための促進策という「飴」と、最低賃金という「鞭」を中核とした政策に切り替える、これが日本を救う道なのです。何十年もかかる長い道かもしれません。しかし、この道を行く以外に「勝算」はないのです。

日本と同じように非効率な産業構造をつくってしまった他の先進国で、低生産性・低所得均衡からの脱却に成功した国はありません。

日本が今の均衡状況から脱却できるかどうかは、これからの人口減少によって試されます。

日本が世界で初めての成功を果たすことを願ってやみません。

【著者紹介】
デービッド・アトキンソン
小西美術工藝社社長
1965年イギリス生まれ。日本在住31年。オックスフォード大学「日本学」専攻。裏千家茶名「宗真」拝受。
1992年ゴールドマン・サックス入社。金融調査室長として日本の不良債権の実態を暴くレポートを発表し、注目を集める。2006年に共同出資者となるが、マネーゲームを達観するに至り2007年に退社。2009年創立300年余りの国宝・重要文化財の補修を手掛ける小西美術工藝社に入社、2011年同社会長兼社長に就任。2017年から日本政府観光局特別顧問を務める。
『日本人の勝算』『デービッド・アトキンソン 新・観光立国論』（山本七平賞、不動産協会賞受賞）『新・生産性立国論』（いずれも東洋経済新報社）など著書多数。
2016年に『財界』「経営者賞」、2017年に「日英協会賞」受賞。

日本企業の勝算
人材確保×生産性×企業成長

2020年4月9日発行

著　者──デービッド・アトキンソン
発行者──駒橋憲一
発行所──東洋経済新報社
〒103-8345　東京都中央区日本橋本石町 1-2-1
電話＝東洋経済コールセンター　03(6386)1040
https://toyokeizai.net/

装　丁…………橋爪朋世
ＤＴＰ…………キャップス
印　刷…………東港出版印刷
製　本…………積信堂
編集協力………小関敦之
編集担当………桑原哲也

ISBN 978-4-492-39652-0